El
Pentateuco

Pablo Hoff

La misión de Editorial Vida es ser la compañía líder en comunicación cristiana que satisfaga las necesidades de las personas, con recursos cuyo contenido glorifique a Jesucristo y promueva principios bíblicos.

EL PENTATEUCO
Edición en español publicada por
Editorial Vida

Cubierta diseñada por: *Sarah Wenger*

ISBN: 978-0-8297-0876-9

CATEGORÍA: Vida Cristiana / Devocional

IMPRESO EN ESTADOS UNIDOS DE AMÉRICA
PRINTED IN THE UNITED STATES OF AMERICA

23 24 25 26 27 LBC 203 202 201 200 199

INDICE

P R O L O G O

Los que enseñan y predican la fe cristiana deben conocer mejor la Biblia que cualquier otro libro, pues es tanto una fuente de vida espiritual como la herramienta más importante para edificar la iglesia de Jesucristo. Para entender cabalmente el Nuevo Testamento, es necesario conocer a fondo el fundamento de toda la Biblia, formado por los cinco libros de Moisés. Sobre todo, son importantes porque señalan a Aquel que ofrece la vida eterna. El mismo Jesús dijo acerca del gran legislador Moisés: "... de mí escribió él" (Juan 5:46).

He procurado presentar el material en forma concisa, poniendo de relieve los descubrimientos arqueológicos y datos históricos y geográficos que arrojan luz sobre el texto, y observando estrictamente las leyes establecidas de la sana interpretación. Puesto que el Pentateuco es tan extenso (aproximadamente una quinta parte del Antiguo Testamento), no he procurado dedicar la misma atención a cada una de sus divisiones; he dado más énfasis a aquellas partes que son de mayor importancia.

Tal vez el lector apresurado se sienta tentado a estudiar las lecciones del libro sin leer previamente las partes correspondientes de la Biblia. Si así procede, se estará defraudando a sí mismo y no aprovechará al máximo este estudio, porque la Biblia es siempre más importante que lo que dicen los hombres acerca de ella.

En la mayoría de los ejercicios, las preguntas están divididas en dos categorías: unas que versan sobre la Biblia y las otras sobre el libro en cuestión. Las preguntas sobre la Biblia deben ser contestadas antes de leer la sección correspondiente de este libro, pues tienen el propósito de ayudar al lector a extraer por su propia cuenta las riquezas espirituales y a desarrollar su capacidad de exponer el significado de la Palabra. También puede ser que el lector aprenda más contestando las preguntas sobre la Biblia, que por la simple lectura de este libro. Las preguntas sobre la Biblia preparan al lector para aprovechar al máximo la lectura del libro. Sugiero al profesor de la materia que piense que las preguntas son muchas, que elija las mejores para asignarlas como deber. Además puede usar las preguntas para estimular la participación en la clase.

Quedo profundamente agradecido a Floyd C. Woodworth, redactor de materiales educativos del Programa de Educación Cristiana en América Latina y las Antillas por haber leído minuciosamente los originales. Sus observaciones y sugerencias valiosas han mejorado notablemente la obra. Quiero expresar también mi agradecimiento a Jorge Besso Pianetto por haber preparado los dibujos y mapas, a Cristina Kunsch de Sokoluk por haber corregido esmeradamente el lenguaje y mejorado el estilo de los originales, y a Mabel Ortiz por haberlos pasado a máquina.

Es mi deseo y oración ferviente que este estudio sea de gran bendición para el lector, estimulándole a buscar un conocimiento más profundo en las Sagradas Escrituras y proveyéndole un rico alimento espiritual para su vida.

CAPITULO 1

INTRODUCCION

A - LA BIBLIA:

La prueba concluyente del amor divino se encuentra en el hecho de que Dios se reveló al hombre, y esta revelación quedó registrada en la Biblia. Nacida en el Oriente, y revestida del lenguaje, el simbolismo y las formas de pensar típicamente orientales, la Biblia tiene no obstante un mensaje para toda la humanidad, cualquiera sea la raza, cultura o capacidad de la persona. Forma contraste con los libros de otras religiones por cuanto no narra una manifestación divina a un solo hombre, sino una revelación progresiva arraigada en la larga historia de un pueblo. Dios se reveló en determinados momentos de la historia humana. Dice C.O. Gillis: "No se puede entender la verdadera religión... sin entender el fondo histórico en el cual nos han llegado estas verdades espirituales."[1]

La Biblia es una biblioteca de 66 libros escritos por unos 40 autores a través de 1.500 años, y sin embargo se desarrolla en ella un solo tema, que une todas las partes, LA REDENCION del HOMBRE.

El tema se divide así:

1. El Antiguo Testamento: la preparación del Redentor.

2. Los Evangelios: la manifestación del Redentor.

3. Los Hechos: la proclamación del mensaje del Redentor.

4. Las Epístolas: la explicación de la obra del Redentor.

5. El Apocalipsis: la consumación de la obra del Redentor.

Más de tres cuartas partes de la Biblia corresponden al Antiguo Testamento. Con la excepción de los primeros once capítulos del Génesis, el libro de Job y ciertas partes de los profetas, el Antiguo Testamento se dedica al trato de Dios con la raza escogida. Dios eligió al pueblo hebreo con tres fines: para ser depositario de su Palabra; para ser el testigo del único Dios verdadero a las naciones; y para que por medio de él viniera el Redentor. El Antiguno Testamento se divide según su contenido:

El Pentateuco o ley:	Génesis hasta Deuteronomio	5 libros
La Historia:	Josué hasta Ester	12 libros
La Poesía:	Job hasta Cantares	5 libros
La Profecía:	Isaías hasta Malaquías	17 libros

B - EL PENTATEUCO

1. **Nombre:** El nombre Pentateuco viene de la Versión griega que se remonta al siglo III antes de Cristo. Quiere decir: "el libro en cinco tomos." Los judíos lo llamaban "la ley" o "la ley de Moisés", porque la legislación de Moisés forma una parte importante del mismo.

2. **Autor:** Aunque en el Pentateuco mismo no se afirma claramente que éste haya sido escrito por Moisés en su totalidad, otros libros del Antiguo Testamento lo citan como la obra de él. (Jos. 1:7-8; 23:6; 1 Rey. 2:3; 2 Rey. 14:6; Esd. 3:2; 6:18; Neh. 8:1; Dan. 9:11-13). Ciertas partes muy importantes del Pentateuco se le asignan a él (Ex. 17:14; 24:3-7; Deut. 31:24-26). Los escritores del Nuevo Testamento concuerdan exactamente con el testimonio de los del Antiguo. Hablan de los cinco libros en general como "la ley de Moisés" (Hech. 13:39; 15:5; Heb. 10:28). Para ellos, "leer a Moisés" equivale a leer el Pentateuco (ver 2 Cor. 3:15: "Cuando se lee a Moisés, el velo está puesto sobre el corazón de ellos"). Finalmente las palabras de Jesús mismo dan testimonio de que Moisés es el autor: "Si creyereis a Moisés, me creerías a mí, porque de mí escribió él" (Juan 5:46; ver también Mateo 8:4; 19:8; Mar. 7:10; Luc. 16:31; 24:27, 44).

Moisés, más que cualquier otro hombre, tenía la preparación, experiencia y genio que lo capacitaban para escribir el Pentateuco. Dado que fue criado en el palacio de los faraones, recibió instrucción "en toda la sabiduría de los egipcios; y era poderoso en sus palabras y obras" (Hech. 7:22). Era testigo ocular de los acontecimientos del éxodo, y el peregrinaje en el desierto. Mantenía la más íntima comunión con Dios y recibía revelaciones especiales. Como hebreo, Moisés tenía acceso a las genealogías y a las tradiciones orales y escritas de su pueblo, y durante los largos años de la peregrinación de Israel, tuvo el tiempo necesario para meditar y escribir. Y sobre todo, tenía notables dones y un genio extraordinario, de lo cual da testimonio su papel como caudillo, legislador y profeta.

3. La teoría documentaria de la Alta Crítica: Hace dos siglos, eruditos de tendencia racionalista pusieron en duda la paternidad mosaica del Pentateuco. Desarrollaron la Teoría Documentaria de la Alta Crítica, la cual considera que los primeros cinco libros de la Biblia son una compilación de documentos redactados en su mayor parte en el período de Esdras (444 A.C.)*. Según ellos, el documento más antiguo que se encuentra en el Pentateuco data del tiempo de Salomón. Consideran que Deuteronomio es un "fraude pío" escrito por los sacerdotes en el reinado de Josías con el fin de promover a un avivamiento; y que el Génesis consiste mayormente en leyendas nacionales de Israel.

Muchos estudiosos conservadores creen que es probable que Moisés empleara genealogías y tradiciones escritas al escribir el libro del Génesis (Moisés menciona específicamente "el libro de las generaciones de Adán", en Génesis 5:1). Guillermo Ross, observa que el tono personal que encontramos en la oración de Abraham por Sodoma, en el relato del sacrificio a Isaac, y en las palabras de José al darse a conocer a sus hermanos "es precisamente el que esperaríamos, si el libro de Moisés se hubiera basado en unas notas biográficas anteriores".[2] Probablemente, tales memorias valiosas fueron transmitidas de una generación a otra desde tiempos muy remotos. No debemos extrañarnos de que Dios tal vez haya guiado a Moisés a incorporar tales documentos en sus escritos. Igualmente serían inspirados y auténticos.

También es notable que hay algunas añadiduras y retoques insignificantes de palabras arcaicas, hechos a la obra original de Moisés. Es reconocido universalmente que el relato de la muerte de Moisés (Deut. 34) fue escrito por otra persona (el Talmud, libro de los rabíes, lo asigna a Josué). Génesis 36:31 indica que había rey en Israel, algo que no existía en la época de Moisés. En Génesis 14:14 se denomina "Dan" a la antigua ciudad de "Lais", nombre que le fue dado después de la conquista. Esto se puede atribuir a notas aclaratorias, o cambios de nombres geográficos arcaicos, que se introdujeron para hacer más claro el relato. Probablemente, fueron agregados por los copistas de las Escrituras, o por algún personaje (como el

---

* Ver el artículo "La Alta Crítica" en el apéndice para saber los detalles de la teoría documentaria.

profeta Samuel). Sin embargo, estos retoques no serían de mucha importancia ni afectarían la integridad del texto. Así es que tanto la evidencia interna como la externa de que Moisés escribió el Pentateuco es contundente. Muchos pasajes contienen frases, nombres y costumbres de Egipto que indican que el autor tenía un conocimiento personal de su cultura y geografía, algo que difícilmente tendría otro escritor en Canaán, varios siglos después de Moisés. Por ejemplo, consideremos los nombres egipcios: Potifar (regalo del dios sol Ra), Zafnat-panea (Dios habla; él vive), Asenat (pertenece a la diosa Neit) y On, antiguo nombre de Heliópolis (Gén. 37:36; 41:45, 50). Notemos, además que el autor menciona hasta los vasos de madera y los de piedra que los egipcios usaban para guardar el agua que sacaban del río Nilo. El célebre arqueólogo W. F. Albright dice que en el Exodo se encuentran en forma correcta tantos detalles arcaicos que sería insostenible atribuirlos a invenciones posteriores.[3]

También por las referencias que se hacen con relación a ciertos materiales del tabernáculo, deducimos que el autor conocía la Península del Sinaí. Por ejemplo, las pieles de tejones se refieren, según ciertos eruditos, a las pieles de un animal de la región del Mar Rojo; la "uña aromática", usada como ingrediente del incienso (Deut. 30:34), era de la concha de un caracol de la misma región. Evidentemente los pasajes fueron escritos por alguien que conocía la ruta del peregrinaje de Israel, más bien que por un escritor en el cautiverio babilónico, o en la restauración, siglos después.

Del mismo modo, los conservadores señalan que el Deuteronomio fue escrito en el período de Moisés. El punto de referencia del autor del libro es el de una persona que no ha entrado aún en Canaán. La forma en que está escrito, es la de los tratados entre los señores y sus vasallos del Medio Oriente en el segundo milenio antes de Cristo. Por eso, nos extraña que la Alta Crítica haya dado como fecha de estos libros unos setecientos o mil años después.

La arqueología también confirma que muchos de los acontecimientos del libro del Génesis son realmente históricos. Por ejemplo, los detalles de la toma de Sodoma, descrita en Génesis 14, concuerdan con asombrosa exactitud con lo que han descubierto los arqueólogos. (En esto están incluidos: los nombres de los cuatro reyes, el movimiento de los pueblos y la ruta que tomaron los invasores, llamada "el camino real". Después del año 1.200 a. de J.C., la condición de la región cambió radicalmente, y esa ruta de caravanas no se usó más.) El arqueólogo Albright declaró que algunos de los detalles del capítulo 14 nos remontan a la Edad del Bronce (período medio) (entre

2.100 y 1.560 a. de J.C.)[4] No es muy probable que un escritor que viviera siglos después supiera esos detalles.

Además, en las ruinas de Mari (sobre el río Eufrates) y de Nuzu (sobre un afluente del río Tigris), se han encontrado tablas de arcilla de la época de los patriarcas. En ellas se describen leyes y costumbres, tales como las que permitían que el hombre sin hijos diera su herencia a un esclavo fiel (Gén. 15:3), y una mujer estéril entregara su criada a su marido para dejar descendencia (Gén. 16:2). Del mismo modo, las tablas contienen nombres equivalentes o semejantes a los de Abraham, Nacor, Benjamín, y muchos otros. Así que, tales pruebas refutan la teoría de la Alta Crítica, de que el libro del Génesis es una colección de mitos y leyendas del primer milenio antes de Cristo. La arqueología demuestra cada vez más que el Pentateuco presenta detalles históricos exactos, y que fue escrito en la época de Moisés. ¿Queda razón aún para dudar de que el gran caudillo del éxodo fue su autor?

4. Ambiente del mundo bíblico: Cuando Abraham llegó a Palestina, ésta ya era un puente importante entre los centros culturales y políticos de aquella época. Al norte se hallaba el imperio hitita; al suroeste, Egipto; al oriente y al sur Babilonia; y al noreste el imperio asirio. O sea que los israelitas estaban ubicados en un lugar estratégico y no aislado geográficamente de las grandes civilizaciones.

La mayoría de los historiadores consideran que la llanura de Sinar, situada entre los ríos Eufrates y Tigris, era la cuna de la primera civilización importante, llamada Sumer. En el 2.800 a. de J. C. los sumerios ya habían edificado ciudades florecientes y habían organizado el gobierno en ciudades-estados; también habían utilizado metales y habían perfeccionado un sistema de escritura llamada cuneiforme. Casi al mismo tiempo, se desarrollaba en Egipto una civilización brillante. Es probable que cuando Abraham viajó a Egipto, viera pirámides que tendrían más de 500 años.

La región donde se desarrolló la primera civilización es llamada "la fértil media luna" (por la forma del territorio que abarca). Se extiende en forma semicircular entre el Golfo Pérsico y el Mar Mediterráneo, hasta el sur de Palestina. El territorio es regado constantemente por lluvias y ríos caudalosos, como el Eufrates, Tigris, Nilo y Orontes, lo cual hace posible una agricultura productiva. En el interior de esta región se encuentra el desierto arábigo, donde hay escasas lluvias y poca población. Allí, en la fértil media luna, surgieron los grandes imperios de los amorreos, los babilonios, los asirios y los per-

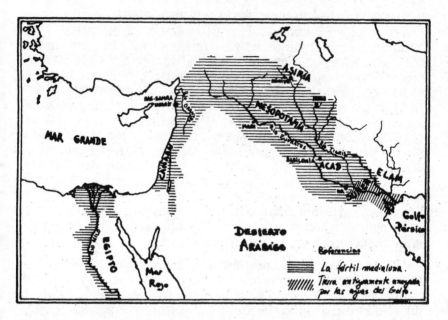

sas. Pero, lo más importante para nosotros es que allí habitó el pueblo escogido de Dios y nació aquel Hombre que sería el Salvador del mundo.

La región completa entre los ríos Eufrates y Tigris se llama Mesopotamia (meso: entre; potamos: río). Al principio se denominaba "Caldea" a la llanura de Sinar, desde la ciudad de Babilonia al sur hasta el Golfo Pérsico; pero posteriormente el término "Caldea" se empleó para designar toda la región de la Mesopotamia (la misma área se llamaba también Babilonia). Abarcaba mucho del territorio del actual país de Iraq, y era probablemente el sitio del huerto de Edén, y de la torre de Babel.

La tierra de Palestina es relativamente pequeña. Desde Dan hasta Beer-seba, los puntos extremos en el norte y el sur respectivamente, hay una distancia de solamente unos 250 km. El territorio tiene desde el Mar Mediterráneo hasta el Mar Muerto, 90 km. de ancho; y el Lago de Genesaret (Mar de Galilea) dista aproximadamente 50 km. del Mar Mediterráneo. El área total de Canaán equivale en tamaño a una séptima parte del Uruguay o un tercio de Panamá. Pero en esta porción tan pequeña del globo terráqueo, Dios se reveló al pueblo israelita, y allí el Verbo eterno moró entre los hombres y realizó la redención para toda la humanidad.

CAPITULO 2

GENESIS

1. Nombre: El nombre Génesis viene de la Septuaginta (Versión de los Setenta), antigua versión griega. Significa "principio", "origen" o "nacimiento". Los hebreos lo llamaban "En el principio", pues designaban a los libros de la ley según su primera palabra o frase.

2. Propósito: a) el libro del Génesis es la introducción a toda la Biblia. Es el libro de los principios, pues narra los principios de la creación, del hombre, del pecado, de la redención y de la raza escogida. Se lo ha llamado "el semillero de la Biblia" por el hecho de que en él están las semillas de todas las grandes doctrinas. Según Gillis, sin el Génesis la Biblia "resulta no sólo incompleta, sino incomprensible."[5]

Aunque el Génesis está ligado estrechamente a los otros libros del Antiguo Testamento, está más relacionado aún en cierto sentido con el Nuevo Testamento. Algunos temas del Génesis apenas vuelven a aparecer hasta que son tratados e interpretados en el Nuevo. Incluyen la caída del hombre, la institución del matrimonio, el juicio del diluvio, la justicia que Dios imparte al creyente, el contraste entre el hijo de la promesa y el de la carne, y el pueblo de Dios como extranjeros y peregrinos. El libro del Apocalipsis, en particular, narra el cumplimiento de grandes temas iniciados en el Génesis. La "antigua serpiente", la cual "engañaba al mundo entero", está derrotada; Babel (Babilonia) cae, y los redimidos son conducidos nuevamente al paraíso y tienen acceso al árbol de la vida.[6]

b) El Génesis narra cómo Dios estableció un pueblo para sí mismo. Relata la infancia de la humanidad, pero el autor no pretende presentar la historia de la raza entera; sólo destaca a aquellos personajes y sucesos que se relacionan con el plan de redención a través de la historia. Traza el linaje pío, que transmite la promesa de 3:15, y va descartando las líneas colaterales, no dándoles importancia. La historia de la humanidad se va restringiendo, cada vez más, hasta concentrarse el interés en Abraham, padre del pueblo escogido. A partir de allí, toda la historia del Antiguo Testamento trata, en gran parte, de la historia de Israel. Habla de otras naciones, pero incidentalmente y sólo en lo que se refiere a sus relaciones con Israel. En síntesis, podemos decir que el Génesis fue escrito principalmente para relatar cómo escogió Jehová a un pueblo que llevaría a cabo los propósitos divinos.

Sin embargo, este Dios no lo es sólo de Israel, sino del mundo entero. Llamó a Abraham, hizo pacto con él y le prometió multiplicar su descendencia hasta convertirlo en una nación, a la que instalaría en Canaán. ¿Cuál era el motivo divino al hacer todo esto? Que Israel se constituyera en una fuente de bendición para "todas las familias de la tierra" (12:3). O sea que Dios bendijo a un pueblo para que, luego, éste sea el medio de bendición universal.

3. Tema: El tema general es "el principio de todas las cosas", pero, a luz del tema de la Biblia entera, su tema es: DIOS COMIENZA LA REDENCION ESCOGIENDO A UN PUEBLO.

4. El contenido: El libro del Génesis abarca una época muy larga; desde los primeros orígenes de las cosas, hasta el establecimiento de Israel en Egipto. Se divide en dos secciones claramente distintas; la historia primitiva (1-11), que es como "un atrio previo" a la historia de la redención, y la historia patriarcal (12-50), que evoca la figura de los grandes antepasados de Israel.

El esquema del libro es el siguiente:

I - La historia primitiva 1-11

   A. La creación (1-2)
   B. La caída y sus consecuencias (3-4)
   C. El diluvio (5-9)
   D. La dispersión de las naciones (10-11)

II - La historia patriarcal 12-50

   A. Abraham (12:1—25:18)
   B. Isaac y Jacob (25:19—36:43)
   C. José (37-50)

5. Observaciones: a) Las genealogías de los hebreos no siempre son completas, pues mencionan sólo los nombres de los personajes destacados, omitiendo a menudo a personas de poca importancia. Por ejemplo, parece que Moisés es el bisnieto de Leví, según la genealogía de Exodo 6:16-24, aunque mediaron 430 años (Ex. 12:40). También, a veces, se usa el término "hijo" para dar a entender "descendiente" (a Jesús se lo llama "hijo de David", es decir, era el descendiente del rey David). De modo que a los acontecimientos registrados en el Génesis 1-11 no se les puede poner fecha sumando los años de las genealogías, ya que es probable que en ellas existan vacíos de largos períodos de tiempo.

b) Parece que algunos pasajes del Génesis no están en orden cronológico. Por ejemplo: el capítulo 11 relata la historia de la torre de Babel, pero es posible que según su verdadera ubicación cronológica corresponda al capítulo 10, dado que explica el porqué de la dispersión de los pueblos. También, muchos estudiosos ponen en tela de juicio la cronología bíblica del incidente en que Abraham negó ante Abimelec que Sara fuera su mujer (Gén. 20). Se puede suponer que ocurriera muchos años antes, pues a la altura del capítulo 20, Sara tendría noventa años y es improbable que a tal edad fuera aún atractiva al sexo opuesto. La falta de orden cronológico nada detrae de la veracidad de los incidentes pues escritores modernos usan tal técnica. Después de contar la historia general de un episodio, muchas veces relatan un incidente de interés no incluido en su descripción o amplían una parte ya contada para dar algún enfoque adicional.

PREGUNTAS

1—a) ¿Cuál es la característica fundamental que distingue a la Biblia de todos los demás libros llamados "sagrados"?

b) ¿Cuál es el tema de la Biblia?

2—a) Explique el origen de la palabra "Pentateuco".

b) Presente los argumentos que prueban que Moisés es el autor del Pentateuco.

c) ¿Cómo puede armonizar la doctrina de la inspiración divina con el hecho de que Moisés usó, aparte de la revelación directa del Espíritu, fuentes existentes para escribir el Pentateuco?

3—a) ¿En qué consiste la teoría documentaria de la Alta Crítica? (Defínala en pocas palabras.)

b) Si esta teoría tuviera razón ¿cuál sería el concepto de la Biblia?

c) Mencione tres puntos débiles de la teoría documentaria.

d) ¿Qué opina Ud. acerca de esta teoría? ¿Por qué?

4—a) ¿Qué importancia tenía Palestina por su ubicación geográfica?

b) ¿A qué se llamó "media luna fértil"? Describa su clima, el territorio que abarca y el papel histórico de las naciones.

5—a) ¿Cuál es el origen del nombre Génesis?

b) ¿Qué finalidad especial tiene el libro del Génesis?

c) ¿Con qué propósito bendijo Dios a un pueblo en particular (Israel)?

6—a) ¿Cuál es el tema del Génesis? (Distinga Ud. entre el tema general y el específico del libro.)

b) ¿Cuáles son las dos grandes secciones de su contenido y qué capítulos abarcan?

7—a) ¿Por qué no podemos valernos de las genealogías para poner fechas a los acontecimientos?

b) ¿Es completamente cronológico el orden del relato del Génesis?

c) ¿Cree Ud. que esto desvirtúa a la Biblia como Palabra de Dios? ¿Por qué?

LA HISTORIA PRIMITIVA

(Génesis 1-11)

A. LA CREACION. caps. 1-2

1. El Creador: ¿Cuál es la idea más importante que se encuentra en el relato de la creación? No es la descripción del proceso de crear, ni la de los detalles acerca del hombre, por más interesantes que sean. Dicha idea es: que hay un Dios, y por él fueron hechas todas las cosas. La frase "en el principio... Dios..." es la respuesta a los errores del politeísmo, materialismo, panteísmo y dualismo. Más allá del universo, hay un ser eterno que es superior a su creación.

La figura de Dios domina el primer capítulo de la Biblia. Su nombre se encuentra treinta y cinco veces, en los treinta y cuatro versículos. El término traducido Dios es **Elohim** forma plural; sin embargo, cuando se hace referencia a Dios, se usa siempre un verbo singular, el cual nos indica que Dios es uno. En el idioma hebreo, la forma plural expresa a veces intensidad o plenitud. Así que, la palabra **Elohim** indica su majestad, poder infinito y excelencia. El posee completamente todas las perfecciones divinas.

La segunda parte del relato de la creación (2:4-25) hace hincapié en el hecho de que Dios es un ser personal, pues esa sección muestra al hombre como su objetivo. Se emplea el título **Yahvéh-Elohim** (Jehová Dios). Aunque el nombre **Yahvéh*** significa que Dios es eterno y tiene existencia ilimitada en sí mismo (Ex. 3:14), también su uso indica que es el Dios del pacto, de gracia y misericordia.

Su obra creadora indica claramente que El es Dios de orden, designio y progreso. Saca orden del caos primitivo; todos sus pasos son ordenados y progresivos, y el resultado demuestra el designio admirable. Así que el Génesis, desde el comienzo, enseña que Dios es único, trascendente, personal y creador.

2. El relato bíblico y la ciencia moderna: ¿Cuántos años tiene la tierra? Los hombres de ciencia han encontrado evidencias de grandes cambios geológicos, estratificación de masas de piedras, y otros indicios que los han hecho llegar a la conclusión de que la tierra es antiquísima. Se crea un conflicto entre ellos, y ciertos cristianos que creen que la Biblia indica claramente que hace sólo seis mil años que Dios creó el universo. ¿Cómo puede resolverse este conflicto?

Según algunos estudiosos de la Biblia, el problema no radica tanto en la contradicción entre el relato bíblico y lo que la ciencia ha descubierto, sino entre la ciencia y el relato mal interpretado. Además, es preciso distinguir entre lo que la ciencia ha descubierto realmente y lo que es mera especulación o teoría que aún no ha sido comprobada (por ejemplo: la teoría de la evolución). La ciencia pura no consiste en teoría, sino en hechos demostrados y concretos.

El cristiano debe reconocer ciertos hechos al interpretar el relato de la creación: en primer lugar, el Génesis no da fechas, y las genealogías primitivas no se pueden tomar en cuenta para calcular pues hay en ellas grandes vacíos (ver la introducción al Génesis). En segundo lugar, la Biblia es primordialmente un libro de religión y no de ciencia. Da muy

---

* Para Israel, *Yahvéh* era el nombre propio e inefable del único Dios viviente. No lo repitió el creyente judío en la época después del cautiverio babilónico. El texto hebreo de los manuscritos originarios del Antiguo Testamento era sólo consonántico (sin vocales), aun las semivocales (y tan sólo eran cuatro) se usaban escasamente, de modo que se escribía el sagrado nombre YHWH *(Yahvéh)*. Varios siglos después de Cristo, los judíos masoretas prepararon el texto hebreo añadiendo las vocales. Al llegar al sagrado tetagrama YHWH lo vocalizaron, pero lo vistieron con traje ajeno, con las vocales de los nombres divinos *Elohim* o *Adonái*, dando origen al barbarismo "*Jehová*". El motivo de los masoretas era obligar al lector a pronunciar los sonidos de estos nombres silenciando el inefable nombre escrito. Es un ejemplo de exagerada pero admirable reverencia.

pocos detalles sobre la creación. Génesis 1 fue escrito no tanto para describir el proceso de la creación sino más bien para mostrar su causa y propósito. Recalca la gran verdad de que Dios es el Creador. Finalmente, es lógico creer que la revelación de Dios a Moisés haya sido dada en conceptos comprensibles a los hombres de esa época y no en altos términos técnicos o científicos comunes a los del siglo XX.* Sin embargo, podemos confiar que la Biblia habla correctamente sobre lo que concierne a la ciencia.

Estudiosos cristianos han desarrollado varias teorías procurando armonizar el relato bíblico con los conceptos de los científicos. Algunas son:

a) Teoría del vacío o del arruinamiento y re-creación: sucedió una catástrofe universal entre Génesis 1:1 y 1:2, que tiene que ver con la caída de Satanás y el juicio consiguiente de Dios. Como resultado, la tierra llegó a estar "desordenada y vacía". Dios re-creó la tierra en seis días literales. Podrían haber transcurrido millones de años entre la creación original y la re-creación.

b) Teoría de la creación progresiva: se interpreta el relato poéticamente. Los días representan períodos en un lapso indefinido en los cuales Dios realizó su obra creadora. Se hace notar que la Biblia no declara la duración de cada día, y que el término "día" no se refiere siempre a un período de veinticuatro horas. Su uso en 2:4: "el día que Jehová hizo la tierra" puede referirse a un período de tiempo corto o extenso en que cierta actividad se lleva a cabo. Se señala que los descubrimientos de la ciencia confirman el orden de la creación descrito en el Génesis.

c) Teoría de la alternancia día-era: los días fueron períodos de veinticuatro horas, o cortos lapsos de tiempo, separados por vastas eras geológicas. En estos períodos cortos, llamados días, tuvo lugar la actividad creadora.

d) Teoría de la catástrofe universal causada por el diluvio: los días de la creación eran de veinticuatro horas. Se explican los cambios geológicos, fósiles, yacimientos de car-

---

* Dice el arqueólogo W. F. Albright "El relato de la creación refleja un punto de vista adelantado y monoteísta con una serie de frases tan racionales que la ciencia no lo puede mejorar si se la limita al mismo lenguaje y alcance de ideas para presentar sus conclusiones".

bón, etc., como consecuencias del diluvio en la época de Noe.*

No obstante, debemos ser cautos en el intento de armonizar el relato de la creación con las teorías actuales de la ciencia y no apresurarnos en aceptar estas teorías. La ciencia está descubriendo aún nuevos datos, rechazando teorías anteriores y sacando nuevas conclusiones. No debemos correr el riesgo de identificar nuestra posición con algo tan cambiante como las teorías científicas. Por otra parte, podemos descansar en la confianza de que los descubrimientos futuros, bien interpretados, eliminarán muchas de las supuestas contradicciones de hoy y arrojarán más luz sobre el testimonio bíblico.

3. **La creación del universo.** Génesis 1:1-25: Es posible que Génesis 1:1 afirme que Dios creó la materia en un acto. El vocablo "bara", traducido "creó", se usa solamente en conexión con la actividad de Dios y significa crear de la nada, o crear algo completamente nuevo, sin precedentes. La palabra "bara" se halla en Génesis 1:1, 21, 27, y se refiere a la creación de la materia, de la vida animal y del ser humano. En otros casos, se usa "asa" que corresponde a "hacer". "Por la fe entendemos haber sido constituido el universo por la palabra de Dios, de modo que lo que se ve, fue hecho de lo que no se veía" (Heb. 11:3). La ciencia nos enseña que se puede transformar materia en energía, pero parece que Dios convirtió energía en materia. Luego, el relato nos enseña que la creación fue realizada progresivamente, paso a paso. Moisés usó una palabra para describir la participación del Espíritu, que sugiere el acto de un ave volando sobre el nido en el cual están sus polluelos (1:2). El Espíritu cobijaba la superficie de la tierra, caótica y sin forma, dándole forma y orden. Así Dios siempre saca orden del desorden.

Los días sucesivos de la creación fueron:

Primer día: aparición de la luz (día y noche).

Segundo día: cielo, atmósfera y mares.

Tercer día: surgimiento de los continentes y aparición de la vegetación.

Cuarto día: aparición de los cuerpos celestes que alumbran la tierra.

Quinto día: los animales del mar y las aves.

Sexto día: los mamíferos y el hombre.

---

* Para saber más detalles acerca de estas teorías, lea el artículo en el apéndice sobre las teorías acerca de la creación.

Séptimo día: terminada la actividad creadora, Dios descansa.

Cada etapa de la creación preparó el camino para la siguiente, y todas tenían el propósito de preparar el escenario para el punto culminante: la creación del hombre.

"Y dijo Dios: sea... y fue..." Al hablar Dios, infaliblemente se cumple su voluntad. Se recalca la perfección de lo que Dios creó... "Y vio Dios que era bueno." El resultado correspondió perfectamente a la intención divina. El gran propósito de la creación era preparar un hogar o ambiente adecuado para el hombre.

Al finalizar el sexto día de la creación, Dios observó que su obra creadora era buena en gran manera. "Demostraba equilibrio, orden, y estaba perfectamente adaptada para el desarrollo físico, mental y espiritual del hombre."[7]

4. La creación del hombre: Dios hizo al hombre como corona de la creación. El hecho de que los miembros de la Trinidad hablaron entre sí (1:26), indica que éste fue el acto trascendental y la consumación de la obra creadora.

Dios creó al hombre tanto para ser del mundo espiritual como del terrenal, pues tiene cuerpo y espíritu.

El cuerpo del hombre fue formado del polvo de la tierra, igual que los animales (2:7, 19), lo cual nos enseña que se relaciona con las otras criaturas. (La ciencia ha demostrado que la sustancia de su cuerpo contiene los mismos elementos químicos del suelo.) Su nombre en hebreo "Adam" (hombre), es semejante a "Adama" (suelo). Sin embargo no hay eslabón biológico entre el hombre y los animales.* Se usa la palabra "bara" (crear algo sin precedentes) 1:27, que indica que su creación fue algo especial.

El hombre fue hecho a la imagen de Dios, y por lo tanto tiene gran dignidad. ¿Qué significa "la imagen de Dios" en el hombre? No se refiere a su aspecto físico, ya que Dios es espíritu, y **no** tiene cuerpo. La imagen de Dios en el hombre,

---

* La teoría de la evolución enseña que el hombre es la cumbre de un lento proceso, en el que los animales más sencillos evolucionaron hasta llegar a ser altamente desarrollados. Esta teoría carece de evidencia conclusiva de eslabones entre los animales y el hombre. Los eruditos evangélicos, en su mayor parte, creen que los fósiles de hombres prehistóricos, tales como el de Neanderthal, representan razas degeneradas que habían descendido de Adán. Los inmensos períodos de antigüedad asignados a éstos por algunos antropólogos, descansan sobre fundamentos muy descartables, ya que los más prudentes científicos hablan cautelosamente de la edad que tienen los restos prehistóricos.

tiene cuatro aspectos: (a) sólo el hombre recibió el soplo de Dios, y por lo tanto tiene un espíritu inmortal, a través del cual, puede tener comunión con Dios. (b) Es un ser moral, no obligado a obedecer sus instintos, como los animales, sino que posee libre albedrío y conciencia. (c) Es un ser racional, con capacidad para pensar en lo abstracto y formar ideas. (d) Al igual que Dios, tiene dominio sobre la naturaleza y los seres vivientes. "Había de ser el representante de Dios, investido de autoridad y dominio, como visible monarca y cabeza del mundo".[8] Alguien ha observado que el hombre tiene un espíritu para tener comunión con Dios, una voluntad para obedecerle y un cuerpo para servirle.

El Nuevo Testamento recalca los aspectos espirituales y morales de la imagen de Dios en el hombre, tales como conocimiento espiritual, justicia y santidad. El gran propósito que Dios quiere realizar mediante la redención, es restaurar esta imagen en el hombre, hasta que sea perfecta, como se observa en CRISTO (Rom. 8:29; Col. 3:10; I Juan 3:2).

Dios descansó el séptimo día, no en el sentido de terminar toda la actividad, sino en el de terminar la actividad creadora (Juan 5:17). Observando el día de reposo, los hombres recuerdan que Dios es el Creador, y reservan tiempo para prestarle culto.

5. El hombre en el Edén: Gén. 2:4-25. Se ve la solicitud de Dios por el hombre, en los siguientes hechos:

a) Lo ubicó en el huerto de Edén (delicia o paraíso), un ambiente agradable, protegido y bien regado. El huerto estaba situado entre los ríos Hidekel (Tigris) y Eufrates, en un área que probablemente corresponde a la región de Babilonia, cerca del Golfo Pérsico. Dios le dio a Adán trabajo que hacer, para que no se aburriera. Algunas personas piensan que el trabajo es parte de la maldición, pero la Biblia no enseña tal cosa, sino que la maldición convirtió el trabajo bueno, en algo infructuoso y con fatiga.

b) Dios proveyó a Adán una compañera idónea, instituyendo así el matrimonio. En este capítulo se encuentra, en forma de germen, la enseñanza más avanzada de esa relación. El propósito primordial del matrimonio es proporcionar compañerismo y ayuda mutua: "No es bueno que el hombre esté solo; le haré ayuda idónea (semejante o adecuada) para él" (2:18). Debe ser monógamo, pues Dios creó a una sola mujer para el varón; debe ser exclusivista, porque "dejará el hombre a su padre y a su madre", debe ser una unión estrecha e indisoluble: "se unirá a su mujer y serán una sola carne". Dios, en su sabiduría infinita, instituyó el hogar para formar un ambiente ideal en el cual los hijos puedan ser criados cabalmente en todo aspecto: física, social y espiritualmente. Se enseña la igualdad y dependencia mutua de los sexos. "Ni el varón es sin la mujer, ni la mujer sin el varón" (1 Cor. 11:11). El uno sin el otro está incompleto.

El comentarista Mateo Henry observó que la mujer no fue formada de la cabeza del hombre, para que no ejerciera dominio sobre él, ni de sus pies, para que no fuera pisoteada, sino de su costado para ser igual a él y de cerca de su corazón, para ser amada por él. La mujer debe ser una compañera que comparta la responsabilidad de su marido, responda con comprensión y amor a la naturaleza de él, y colabore con él para llevar a cabo los planes de Dios.

c) Dios le dio a Adán amplia inteligencia, pues podía poner nombres a todos los animales. Esto demuestra el hecho de que tenía poderes de percepción, para comprender sus características.

d) Dios mantenía comunión con el hombre (3:8), y así el hombre podía cumplir su fin más elevado. Posiblemente Jehová tomaba la forma de un ángel para caminar en el huerto con la primera pareja. La esencia de la vida eterna consiste en conocer personalmente a Dios (Juan 17:3), y el privilegio más glorioso de este conocimiento es disfrutar de la comunión con él.

e) Dios lo puso a prueba en cuanto al árbol de la ciencia del bien y del mal. Pero ¿en qué forma nos revela esto que Dios tenía solicitud por los primeros hombres? A los hijos de Dios las pruebas les son oportunidades de demostrar su amor a Dios, obedeciéndole. También son un medio para desarrollar su carácter y santidad. Adán y Eva fueron creados inocentes, pero la santidad es más que la inocencia; es la pureza mantenida en la tentación.

PREGUNTAS

La Creación. Gén. 1 y 2

A. Sobre la Biblia

1—a) ¿Cuál fue el método usado por Dios para crear? (Tenga en cuenta que cierta frase se menciona ocho veces en el capítulo 1 y note también Salmo 33:9 y Hebreos 11:3.)

   b) ¿Cuál fue el agente que utilizó Dios en la creación? ¿En qué versículo se encuentra?

2—a) ¿Qué hace suponer la palabra "hagamos" en 1:26?

b) ¿Qué diferencias nota Ud. entre la creación del hombre y del resto de lo creado? (¿Cuáles son las características distintivas del hombre?)

3—a) ¿Cuál era el trabajo del primer hombre?

b) ¿Por qué Dios le dio trabajo?

B. Sobre el libro

1—a) Elija la respuesta más correcta: La idea más importante del relato de la creación es: (1) La creación revela que Dios es poderoso; (2) El relato nos enseña el proceso científico de la creación; (3) Jehová es el único Dios y es el creador de todo; (4) El universo tuvo un principio.

b) ¿Por qué empleó Moisés el nombre de Elohim para designar a Dios en Génesis 1:1-2:3 y añadió Yahvéh (Jehová) en 2:4-25? (Debe tener en cuenta el significado de los nombres y el énfasis de la segunda sección.)

2—a) ¿Por qué se origina un conflicto inevitable entre la ciencia y el relato bíblico? Explíquelo.

b) ¿En qué sentido yerra la ciencia?

c) ¿En qué sentido podemos errar al confrontar las enseñanzas de la ciencia? (¿Cuáles son los hechos que a veces no tenemos en cuenta al interpretar la Biblia?)

d) A su parecer ¿cuál es la teoría más correcta sobre la creación? ¿Por qué? (Consulte la evaluación de las teorías que se encuentra en el apéndice del libro).

e) ¿Por qué nos conviene ser prudentes en cuanto a armonizar el relato bíblico con las teorías actuales de la ciencia?

3—a) ¿Qué relación había entre un día y otro de la creación?

b) ¿Cuál fue el propósito de Dios al crear el universo?

c) ¿En qué sentido fue creado el hombre a la imagen de Dios? (Mencione los cuatro aspectos).

d) ¿Esa imagen de Dios está intacta aún, en el hombre actual? Explique.

4—a) ¿Por qué debemos guardar el día de descanso?

5—a) ¿Cuál fue el propósito primordial de Dios al instituir el matrimonio?

b) ¿Cuál es el propósito del hogar o de la familia?

6—a) ¿Cómo puede Ud. explicar el amor de Dios al poner a prueba al hombre frente al árbol de la ciencia del bien y del mal? (Debe incluir dos aspectos).

C. Para pensar:

Note Ud. el primer mandamiento dado al hombre por Dios (1:28). Lea ahora Génesis 9:1 (encontramos el mismo mandamiento) y observe las circunstancias en ambos casos. Luego piense y conteste las preguntas:

a) ¿Por qué dio Dios ese mandamiento en estas dos ocasiones?

b) ¿Dónde se encuentra nuevamente este mandamiento en el Nuevo Testamento?

c) ¿Rige actualmente? Dé sus razones para sostener su posición.

B. LA CAIDA Y SUS CONSECUENCIAS. Caps. 3-4

El capítulo 2 del Génesis nos presenta un cuadro hermoso de la vida del hombre en el Edén. Todo era bueno; sin embargo, la escena cambia radicalmente en el capítulo cuatro, pues ahora los hombres conocen la envidia, el odio y la violencia. ¿Cómo comenzó la maldad y todo el sufrimiento en el mundo? La única respuesta satisfactoria del origen del mal se encuentra en el capítulo 3 del Génesis. Relata como entró el pecado en el mundo y cómo ha producido consecuencias trágicas y universales.

1. El tentado y la tentación: 3:1-6: Aunque Moisés no dice aquí que el tentador era Satanás, se lo indica en el Nuevo Testamento (Juan 8:44; Apoc. 12:9; 20:2). La actual forma repulsiva de la serpiente y su veneno la hace un buen símbolo del enemigo del hombre. También sus movimientos sinuosos sugieren las insinuaciones insidiosas que el maligno empleó para tentar a la mujer.

Parece que Satanás tomó posesión de la serpiente y habló por medio de ella, realizando un milagro diabólico. Generalmente, él opera por medio de otros (Mat. 16:22-23), y es más peligroso cuando aparece como ángel de luz (2 Cor. 11:14).

La tentación siguió el proceso siguiente:

a) Comenzó con la insinuación de que Dios era demasiado severo "conque" (3:1) es una palabra que indica sorpresa ante el hecho de que un Dios solícito les prohibiera disfrutar del producto de cualquiera de los árboles en el huerto.

b) Luego, Satanás la llevó al terreno de la incredulidad, negando llanamente que hubiera peligro mortal en comerlo. Cuando uno duda de que la desobediencia produce consecuencias funestas, ya está en camino de la derrota.

c) Finalmente, el tentador acusó a Dios de motivos egoístas. Insinuó que Dios los privaba de algo bueno, es decir, de ser sabios como él. Así calumnió al Señor.

Mientras que Eva no dudaba de la Palabra de Dios y su bondad, no sentía fascinación por lo prohibido. Fue la incredulidad lo que quitó sus defensas. Entonces vio que "el árbol era bueno... agradable... codiciable", y "comió".

2. Las consecuencias del primer pecado: 3:7-24. Siguieron al pecado, resultados desastrosos, como un río impetuoso. ¿No eran desproporcionadamente severos en comparación con el delito? Evidentemente Dios había provisto todo para el bien del hombre y había prohibido una sola cosa. Al ceder a la voz

de Satanás, el hombre elegía agradarse a sí mismo, desobede-
ciendo deliberadamente a Dios. Era un acto de egoísmo y rebelión inexcusable. En efecto, era atribuirse el lugar de Dios.

Las consecuencias teológicas de la caída son las siguientes:

a) Adán y Eva conocieron personalmente el mal: sus ojos
"fueron abiertos". Las mentiras de Satanás estaban entrela-
zadas con un hilo de verdad. Adán y Eva llegaron a parecerse
a Dios, distinguiendo entre el bien y el mal, pero su conocimiento se diferencia del que tiene Dios en que el conocimiento
de ellos fue el de la experiencia pecaminosa y contaminada.
Dios, en cambio, conoce el mal como un médico conoce el
cáncer, pero el hombre caído conoce el mal como el paciente
su enfermedad. La conciencia de ellos se despertó a un sentimiento de culpabilidad y vergüenza.

b) Se cortó la comunión con Dios, y entonces huyeron de
su presencia. El pecado siempre despoja al alma de la pureza
y el gozo de la comunión con Dios. Esa es la muerte espiritual
y cumple, en el sentido más profundo, la advertencia de que
el hombre moriría el día que comiera del fruto prohibido
(2:17).

c) La naturaleza humana se corrompió y el hombre adquirió la tendencia de pecar. Ya no era inocente como un
niño, sino que su mente se había ensuciado y tenía vergüenza
de su cuerpo. Otra prueba fue que echó la culpa a otros; pues
Adán aun insinuó que Dios era el culpable: "La mujer que
me diste... me dio." Este es el pecado original, o la naturaleza
caída del hombre.

d) Dios castigó el pecado con dolor, sujeción y sufrimientos. Un Dios santo no puede pasar por alto la rebelión de sus
criaturas. La mujer sufriría dolores en el parto y estaría
sujeta a su marido. Pero ¿estar sujeta a su esposo es una maldición? ¿No debe tener la familia una cabeza? Además ¿no es
esto una figura de la relación entre Cristo y la Iglesia? (Efe.
5:22, 23). El mal consiste en que la naturaleza caída del varón
ya lo hace propenso a abusar de su autoridad sobre la mujer,
del mismo modo que la autoridad del marido sobre la mujer
puede traer sufrimientos, el deseo femenino respecto de su
esposo puede ser motivo de angustia. El deseo de la mujer no
se limita a la esfera física, sino que abarca todas sus aspira-
ciones, de esposa, madre y ama de casa. Si el matrimonio
falla, la mujer queda desolada.

Toda la raza y la naturaleza misma sigue aún sufriendo como consecuencia del juicio pronunciado sobre el primer pecado. El apóstol Pablo habla poéticamente de una creación que "gime a una, y a una que está con dolores de parto hasta ahora" (Rom. 8:22).

Surge la pregunta ¿era inmortal el hombre antes de caer? La Biblia no dice esto, pero parece insinuar que el hombre habría recibido vida eterna si hubiera pasado la prueba exitosamente. El "árbol de la vida" era un árbol literal, pero posiblemente, era también un símbolo visible de la recompensa por la obediencia. Reaparece en Apocalipsis 2:7 y 22:2, y su fruto es para los que vencen el mal. Simboliza a Cristo, el único que da vida eterna.

3. La primera promesa de la redención: 3:15: Una vez caído el hombre, Dios fue quien lo buscó, antes de que él buscara a Dios. Siempre ha sido así: el Buen Pastor busca a los perdidos. Génesis 3:15 es el primer destello de salvación.

En Génesis 3:14 encontramos la maldición sobre la serpiente. Jehová comienza maldiciéndola, pero en 3:15 es evidente que se dirige al diablo mismo. Provocaría enemistad entre la simiente de la serpiente (los que rechazan a Dios a través de los siglos - Juan 8:44) y la simiente de la mujer (la descendencia pía de Eva). Esta enemistad ha sido y será perpetua, desde la época de Abel hasta la segunda venida de Cristo. Uno de los descendientes píos daría un golpe mortal al enemigo, pero saldría herido (se considera que una herida en la cabeza es fatal, pero una en el calcañar no lo es). Es una promesa mesiánica que se cumplió en el Calvario (Heb. 2:14-15). La redención prometida en Génesis 3:15 llegó a ser el tema de la Biblia.

¿Fueron salvos espiritualmente Adán y Eva? La Biblia parece indicarlo afirmativamente. Adán creyó en la promesa de redención, pues puso a su esposa el nombre de "Eva" (vida). Probablemente, confió que, por medio de ella, vendrá el Libertador prometido. Parece que ella también tenía fe, pues nombró a su primer hijo "Caín" (adquirir o posesión). Es probable que Eva haya pensado que Caín sería el Redentor prometido por Dios. Jehová respondió a la fe de la pareja, proveyéndoles túnicas de piel para cubrir su desnudez. ¿Puede ser que eso indique el origen divino del sacrificio, y prefigure el manto de justicia provisto mediante la muerte de Jesús? Podemos sacar en conclusión por este relato que la fe en las promesas de Dios es, desde el principio, el único medio de ser aceptados por el Señor.

4. Arqueología: Ciertos arqueólogos encontraron dos sellos antiguos cerca de Nínive que representan una escena que sugiere la historia de la tentación. En el centro hay un árbol; a la derecha, un hombre; a la izquierda, una mujer, y detrás, una serpiente erguida, en actitud de hablarle. Aunque no han encontrado ningún texto babilónico que describa la tentación, se cree que indica que la raza aún recordaba la tentación en Edén. Diferentes epopeyas de la creación, escritas sobre tablillas de barro, fueron encontradas en las ruinas de Babilonia, Nínive, Nipur y Ashur. Contienen ciertas semejanzas con el relato del Génesis. Son siete tablillas y describen un "abismo" de aguas; cuentan que en el cuarto día fueron ordenadas las estrellas y que el hombre fue hecho de arcilla. Pero hay grandes diferencias entre estas epopeyas y el relato del Génesis.

Los exponentes de la Alta Crítica presentaron la teoría de que la historia primitiva del Génesis quizá tuviera su origen en estas epopeyas. Sin embargo, los relatos de las tablillas son burdamente politeístas y muy absurdos. Por ejemplo, el relato babilónico narra que la madre de los dioses, Tiamat, el abismo de las aguas, fue muerta por su hijo Marduc. Luego, él dividió en dos su cadáver, y empleó una mitad para formar la tierra, y la otra para cubrir los cielos.

La existencia de las epopeyas de la creación de ningún modo comprueba que el Génesis esté basado en las tradiciones mesopotámicas; más bien pone de relieve la inspiración del relato del Génesis, ya que está libre de ideas absurdas e indignas de ser creídas.

Henry Halley sugiere que se puede tomar la semejanza entre los relatos paganos y el bíblico como evidencia de que "algunas de las ideas del Génesis se grabaron en la memoria de los primeros habitantes de la tierra, y que las diferentes razas humanas, al apartarse del linaje escogido de Dios y caer en la idolatría, heredaron y transmitieron reliquias de verdades antiguas que entretejieron en sus culturas nacionales."[9]

5. El desarrollo de pecado, Cap. 4: El primer acto de violencia se relaciona con el culto religioso. Desgraciadamente, la historia de la humanidad está repleta de riñas, brutalidades y guerras motivadas por el celo religioso. Lo que debe unir a los hombres se tergiversa y los separa. Se nota aquí que Satanás emplea el pecado para envenenar las mismas fuentes de Dios.

¿Por qué Dios rechazó a Caín y su ofrenda y miró con agrado a Abel y su ofrenda? Había pecado en el corazón de

Caín: "las obras de Caín eran malas, y las de su hermano justas" (I Juan 3:12). Dios mira la actitud del oferente, la cual es más importante que su ofrenda. "Por su fe, Abel ofreció a Dios más excelente sacrificio" (Heb. 11:4), no de su propia idea, como Caín, sino un animal degollado, que cumplía el requisito de Dios. El culto de Caín era una forma religiosa sin fe, en cambio Abel ofrendó su corazón, se trajo a sí mismo.

Dios, sin embargo, trató a Caín con ternura, rogándole que dejara su petulancia infantil. La Biblia de Jerusalén da el sentido de la advertencia divina: "Mas si no obras bien, a la puerta está el pecado acechando como fiera que te codicia, y a quien tienes que dominar" (4:7).* Caín tiene que elegir entre dominar su envidia, o ser dominado y consumido por ella. Se niega a enfrentarse con el pecado, y es llevado por la violencia. Se ve el desarrollo del mal. Tras el fratricidio está el odio, tras el odio la envidia, y tras la envidia el orgullo herido.

La reacción divina ante el primer homicidio demuestra que Dios inexorablemente castiga el pecado, pero a la vez es misericordioso. Figurativamente, la sangre de Abel clama por justicia.** Aunque Dios le da a Caín la oportunidad de confesar su falta, él no lo hace. Por lo tanto, Jehová lo sentencia a sufrir una maldición. Tiene que ausentarse de su casa, sus trabajos aumentan y es condenado a vagar sin cesar. A pesar del corazón no arrepentido de Caín, Dios le muestra misericordia respondiendo a sus ruegos y dándole una señal para su protección.

Un escritor del Nuevo Testamento advierte en cuanto a falsos hermanos: "¡Ay de ellos!, porque han seguido el camino de Caín" (Judas 11). Parece que "el camino de Caín" incluye prestar culto según las inclinaciones del hombre natural, perseguir a los creyentes verdaderos, rehusar arrepentirse, y excluir a Dios de la propia vida.[10] El castigo de tales personas se traduce en habitar espiritualmente en la tierra de Nod (errante), sin paz ni sosiego, como el mar, cuyas "aguas arrojan cieno y lodo" (Isa. 57:20).

---

* Para algunos, la frase "el pecado está a la puerta" significa que Dios había provisto una ofrenda para quitar el pecado. Sin embargo, el contexto parece indicar que se refiere al pecado, como una fiera que espera arrojarse sobre Caín y dominarle.

** El escritor a los Hebreos alude a esta figura para señalar que la sangre de Jesús habla de "mejores cosas" (misericordia y perdón, 12:24).

6. **La primera civilización**: Gén. 4:17-26. Los descendientes de Caín* desarrollaron la primera civilización: Jabal adquirió ganado por lo que es llamado el padre de la agricultura. Jubal inventó instrumentos de música, y es considerado el fundador de las bellas artes; Tubal-Caín inventó herramientas y armas, comenzando así la industria en germen. Sin embargo, era una civilización que excluía a Dios. Lamec fue el primer polígamo, manchando la divina institución del matrimonio. Su impiedad llegó al colmo cuando se jactó de su violencia en el canto de la espada (4:23-24). Es evidente la ferocidad creciente del linaje de Caín. Con esto, desaparecen de la Biblia los cainitas, pues no tienen ya más lugar en el plan divino.

Parece que Satanás estaba por ganar por la fuerza bruta, pero Dios levantó a Set en lugar de Abel, para perpetuar el linaje de la mujer. Después de esto los hombres invocaban públicamente el nombre de Jehová.

PREGUNTAS

La caída y sus consecuencias, Gén. 3 y 4

A. Sobre la Biblia

1—a) ¿Qué nos enseña Génesis 3:1-4 acerca del método que utiliza Satanás para tentar a los hombres? (Note la forma que él asumió y sus argumentos)

   b) ¿Cómo calumnió Satanás a Dios?

2—a) ¿Cuál fue la reacción de Adán y Eva al oír la voz de Jehová después de comer del fruto?

   b) ¿En qué se puede comparar la reacción de ellos con la del hombre actual?

3—a) ¿Sobre qué y sobre quiénes cayó la maldición de Dios, en el capítulo 3?

   b) Siendo que Adán y Eva ya trabajaban antes de la caída, ¿cuál es la nueva relación entre ellos y el trabajo?

   c) ¿Qué indicio del plan de redención hay en este capítulo?

4—a) ¿Qué relación ve Ud. entre los hechos violentos del capítulo 4 y el relato del capítulo 3?

   b) A su parecer ¿por qué se desarrolló la civilización entre los descendientes de Caín y no entre los descendientes de Set? ¿Existe un paralelo visible hoy? ¿Por qué?

5—a) La reacción de Caín al ser rechazada su ofrenda, revela su carácter. ¿Cómo era su carácter?

---

* Se pregunta: ¿Dónde consiguió Caín a su esposa? Evidentemente, Adán y Eva tuvieron muchos hijos no mencionados en la Biblia. Además, es posible que hubieran transcurrido muchos años, entre el homicidio de Abel y el casamiento de Caín.

b) **A pesar de que Caín fue echado de la presencia de Dios, éste hizo algo por él. ¿Qué hizo?**

c) **¿Qué nos revela esto acerca del carácter de Dios?**

B. Sobre el libro

1—a) **¿Cómo sabemos que fue Satanás quien tentó a la mujer?**

b) **¿Cómo se puede explicar que la serpiente haya hablado?**

c) **¿En qué consistió concretamente el pecado del hombre?**

2—a) **¿En qué sentido se cumplió la advertencia divina de que el día que comieran del fruto morirían?**

b) **¿Qué diferencia hay entre el conocimiento del bien y del mal que adquirió el hombre y el de Dios? (Explíquelo).**

3—a) **¿Cuál es la gran importancia del Génesis 3:15? (¿Qué revela?)**

b) **¿A qué se refiere la "simiente de la mujer" y la "simiente de la serpiente"?**

c) **¿Quién sería herido en el calcañar?**

d) **¿En qué sentido la serpiente fue herida en la cabeza?**

e) **¿Qué evidencia tenemos de que Adán y Eva creyeron en la promesa?**

4—a) **¿Qué nos demuestra el hecho de que existen relatos paganos de la creación, los cuales tienen semejanzas con el relato bíblico?**

5—a) **¿Por qué fue aceptado el sacrificio de Abel y rechazado el de Caín? (I Juan 3:12; Heb. 11:4. Note las cosas que a Caín le faltaban).**

b) **Indique cuatro pecados que se encontraban en el linaje de Caín.**

c) **¿Cómo frustró Dios el intento satánico de destruir el linaje de la mujer?**

C. Proyecto

En Gén. 3-4 busque las pruebas del interés que Dios tiene en el hombre. Escríbalas en forma de bosquejo.

C. EL DILUVIO. Gén. 5-9

1. Las generaciones de los antediluvianos: Cap. 5: Según Myer Pearlman, el propósito principal de la genealogía que se encuentra en este capítulo (como otras genealogías bíblicas) es el de "conservar un registro del linaje del cual vendría la simiente prometida (Cristo)".[11] Traza la línea de Set hasta Noé.

Los antediluvianos vivían de 365 hasta 969 años, posiblemente porque la raza era joven y el pecado no había debilitado tanto el cuerpo. Delitzsch añade otra explicación: quizás el clima y otras condiciones naturales eran diferentes de las que existieron en la época posterior al diluvio.[12]

La descripción de la mayoría de los antediluvianos se limita a la expresión lúgubre y monótona, "vivió... engendró... murió". Señala la consecuencia mortífera del pecado, pues por más años que un hombre viva, finalmente muere. Sin embargo, en la lista de los mortales se encuentra la esperanza de la inmortalidad: "Caminó Enoc con Dios, y desapareció... le llevó Dios."

La vida de Enoc se destaca por tres rasgos: a) Su vida es más corta que la de los otros de su generación ya que fue de 365 años. Aunque una vida larga puede presentar mayores oportunidades de encontrar la gracia salvadora, un hijo de Dios no debe aferrarse demasiado a este mundo que ha sido maldecido, cargado de pecado y dolor.

b) Camina con Dios en un ambiente de maldad y de infidelidad. Enoc tiene comunión con Dios llevando una vida de fe y pureza, no separado de los suyos sino como jefe de una familia.

c) Desaparece repentinamente, arrebatado al cielo como Elías. La vida de comunión con Dios no finaliza pues hay que seguir realizándola y perfeccionándola en el cielo. ¿Qué otro acontecimiento prefigura el rapto de Enoc? (1 Tes. 4:16, 17).

2. La corrupción de la humanidad y el dolor divino. Cap. 6:1-8: Con el transcurso del tiempo la separación entre los setitas y los cainitas cesó a raíz del casamiento de los dos linajes (6:2). La unión de los píos con mujeres incrédulas fue motivada por la atracción física de ellas.*

Sin madres pías, la descendencia setita se degeneró espiritualmente.

Los hijos de los matrimonios mixtos eran "gigantes" (personas extraordinarias) y parece que se destacaban por la violencia. Se exaltaban a sí mismos, cada uno procuraba ser un "valiente" ("héroe", Biblia de Jerusalén) y también un varón de renombre. Corrompieron la tierra con su inmoralidad. Llegó el momento cuando la familia de Noé fue la única que cumplía las normas morales y espirituales de Dios. Parecía que Satanás, al ver que no había podido destruir la línea mesiánica por la fuerza bruta en el caso de Abel, ahora procuraba extinguirla mediante matrimonios mixtos; y por poco tuvo éxito.

La corrupción y violencia de los hombres le dolieron a

---

* Algunos expositores piensan que "los hijos de Dios" son ángeles, refiriéndose a aquellos que "abandonaron su propia morada" (Judas 6), pero es improbable porque Jesús se declara que los ángeles no tienen sexo ni vida matrimonial (Mat. 22:30).

Dios y le pesaba haberlos creado.* Determinó destruir a la malvada generación. Horton observa que su ira procedió de un corazón quebrantado.[13] Dios dio a estos hombres un plazo de ciento veinte años para arrepentirse (6:3). Luego, si no lo hacían, retiraría de ellos su espíritu.**

El propósito del diluvio era tanto destructivo como constructivo. El linaje de la mujer corría el peligro de ser acabado completamente por la maldad. Así que Dios exterminó la incorregible raza vieja para establecer una nueva raza. El diluvio fue además el juicio contra una generación que había rechazado totalmente la justicia y la verdad. Esto nos enseña que la paciencia de Dios tiene límites.

3. Noé construye el arca. 6:9-22: Noé constituye un rayo de esperanza en una época oscura. Su padre Lamec atesoraba probablemente la promesa del Gén. 3:15 en su corazón, pues puso el nombre de Noé (descanso, consuelo) a su hijo con la esperanza de que éste llegara a ser un libertador (6:29), pero nunca soñó de qué manera Jehová llevaría a cabo su deseo expresado.

Noé se destaca en la Biblia como uno de los más cabales varones de Dios. Solamente él entre sus contemporáneos halló la gracia y el favor de Dios en forma personal (6:8), es decir entabló amistad con Dios y disfrutó de la comunión divina. Era "justo" y "perfecto" (6:9), una persona de conducta intachable, de integridad moral y espiritual en medio de una generación perversa. Finalmente era un predicador de justicia (2 Pedro 2:5). El secreto de su carácter y constancia se encuentra en su diario andar con Jehová.

Dios le reveló a Noé su plan de destruir a la raza corrupta y salvarlo a él junto con su familia y por él a la humanidad entera. Noé vendría a ser el segundo padre de la raza. Recibió directivas para la construcción de una nave flotante bien proporcionada que sería el medio de escape. Según ciertos

---

* Gén. 6:6 "Se arrepintió Jehová". No se arrepintió en el sentido de cambiar sus actitudes básicas, sino que sentía tristeza al ver el pecado (ver Núm. 23:19). A menudo la Biblia atribuye a Dios rasgos humanos; ojos, oídos, manos o actividades humanas. Estos se llaman antropomorfismos. No quiere decir que es corpóreo; más bien el lenguaje se acomoda al entendimiento humano.

** El significado de 6:3 no es muy claro. Podría significar que Dios quitaría el principio de vida en el hombre, o que quitaría el Espíritu divino. Tampoco es clara la referencia a los 120 años, puede significar el período de gracia antes de enviar el diluvio o bien indicar que Dios limitaría los años de la vida del hombre a 120.

cálculos, el arca tendría 135 m. de largo, 22,50 m. de ancho y 13,50 m. de alto y correspondería en tamaño al moderno transatlántico. Constaba de tres pisos divididos en compartimientos y un ventanal de 45 cm. de alto alrededor, ubicado entre espacios de pared en la parte superior; se cree que tenía la forma de un cajón alargado. Algunos estudiosos calculan que el arca tendría capacidad para 7.000 especies de animales.

"Por la fe Noé... preparó el arca" (Heb. 11:7). La Palabra de Dios fue la única garantía de que se produciría un diluvio. Debe de haber sido un proyecto enorme y de larga duración construir el arca y almacenar los alimentos necesarios. Entre tanto que construía la nave, Noé predicaba (2 Pedro 2:5) pero nadie le quiso hacer caso. Indudablemente Noé y sus hijos eran el blanco de incesantes burlas, pero no vacilaron en su fe. Se recalca su completa obediencia: "hizo conforme a todo lo que le mandó Jehová" (6:22; 7:5).

4. Dios limpia la tierra con el diluvio. Cap. 7:1-8:14: Siete días antes de comenzar el diluvio, Dios mandó que Noé, su familia y los animales entrasen en el arca. Posiblemente Dios haya hecho que los animales presintieran la inminente catástrofe y se volvieran mansos. Noé debía llevar en el arca una pareja de animales de cada especie (6:19) y siete parejas de los animales limpios (7:2); los adicionales probablemente eran para suplir carne y animales para sacrificar. Se supone que gran parte de los animales estaban invernando mientras estaban en el arca.

"Jehová les cerró la puerta" (7:16), significó que el período de gracia ya había terminado; esto nos habla de salvación y juicio. Noé quedó adentro, protegido, y los pecadores impenitentes afuera, expuestos al juicio.

"Fueron rotas todas las fuentes del gran abismo" (7:11); parece indicar que se produjeron terremotos y estos hicieron que subieran impetuosamente las aguas subterráneas mientras que caían lluvias torrenciales. Se piensa que la tierra, al resquebrajarse, produjo cambios en la superficie de la misma. Algunos creen que esos verdaderos cataclismos fueron acompañados de gigantescas marejadas que atravesaron los océanos y continentes hasta que nada quedó en la civilización de aquel entonces. Fue un juicio cabal contra el mundo pecaminoso. Luego, Dios envió un viento para hacer bajar las aguas. Cinco meses después del comienzo del diluvio, el arca reposó sobre el monte Ararat, pero Noé no salió en seguida sino que obedientemente esperó hasta recibir el permiso divino. El y su familia se quedaron en el arca aproximadamente un año solar.

¿Cuál fue la extensión del diluvio? ¿Fue universal o limitado al área del Medio Oriente? El Génesis dice que las aguas cubrieron las montañas más altas y destruyeron a toda criatura (fuera del arca) bajo los cielos (7:19-23). Sin embargo, hay una diferencia de opiniones entre eruditos evangélicos. Algunos piensan que se refiere solamente a la tierra habitada de aquel entonces, pues el propósito divino era destruir a la humanidad pecaminosa. Señalan que el uso bíblico del término "toda la tierra" a menudo significa la tierra conocida por el autor (Gén. 41:57; Deut. 2:25; Rom. 10:18).

En cambio, los que creen que el diluvio fue universal notan que el relato bíblico emplea expresiones fuertes y las repite dando la impresión de un diluvio universal. Preguntan: ¿Cuál fue la extensión de la población humana? Les parece posible que ésta se hubiera extendido ya hasta Europa y Africa. Además ciertos estudiosos creen que los grandes cambios en la corteza de la tierra y repentinos y drásticos cambios en el clima de áreas geográficas, como Alaska y Siberia, pueden atribuirse al diluvio.* Quizás con el transcurso del tiempo, los geólogos encuentren evidencias conclusivas para determinar cuál es la interpretación correcta.

Se han encontrado en distintos continentes tradiciones que aluden a un gran diluvio, inclusive detalles de la destrucción de toda la humanidad excepto una sola familia y el escape en un barco. La famosa epopeya de Gilgames, un poema babilónico, contiene muchas semejanzas con el relato bíblico, aunque es politeísta su enfoque. Parece que el diluvio dejó una impresión indeleble en la memoria de la raza, y que las tradiciones, por más corrompidas que estén, testifican del hecho de que hubo un diluvio.

5. El uso neotestamentario del diluvio: La referencia al diluvio en el N. Testamento sirve como advertencia de que Dios es el justo Juez de todo el mundo y castigará inexorablemente el pecado y librará de la prueba a los piadosos (2 Pedro 2:5-9). En el tiempo de Noé, Dios destruyó al mundo con agua, pero en el futuro lo hará con fuego (2 Pedro 3:4-14). Será el preludio para establecer un nuevo orden, en el que morará la justicia.

---

* Ver el artículo II en el apéndice "Las teorías de la creación", y en particular la sección que se trata de la teoría de una catástrofe universal relacionada con el diluvio.

El carácter repentino e inesperado del diluvio ilustra la manera en que ocurrirá la segunda venida de Cristo, y enseña que el creyente debe estar preparado en todo momento para aquel día (Mat. 24:36-42).

También el apóstol Pedro vio un paralelo entre el bautismo en agua y la salvación de Noé y su familia en medio de las aguas (1 Pedro 3:20-22). El agua simboliza tanto el juicio de Dios sobre el pecado como su resultado (el del pecado), la muerte. El bautismo significa que el creyente se une espiritualmente a Jesús en su muerte y resurrección. Al igual que Noé en el arca, el creyente en Cristo pasa ileso por las aguas de juicio y muerte para habitar en una nueva creación. En el Calvario todas las fuentes del gran abismo fueron rotas, y las aguas del juicio subieron sobre Cristo, pero ninguna gota alcanza al creyente pues Dios ha cerrado la puerta.

6. Se establece el nuevo orden del mundo: Cap. 8:15-9:17: Al salir del arca, Noé entró en un mundo purificado por el juicio de Dios; figurativamente era una nueva creación y la humanidad comenzaría de nuevo. Lo primero que hizo Noé fue ofrecer un gran sacrificio a Dios como señal de su agradecimiento por la gran liberación pasada y como consagración de su vida a Dios para el futuro.

Dios estableció el nuevo orden dando provisiones básicas por las cuales la vida del hombre se regiría en la tierra después del diluvio:

a) Para dar seguridad al hombre prometió que las estaciones del año quedarían restablecidas para siempre.

b) Reiteró el mandamiento de que el hombre se multiplicara.

c) Confirmó el dominio sobre los animales dándoles permiso de comer su carne pero no su sangre.

d) Estableció la pena capital.

e) Hizo pacto con el hombre prometiendo que jamás volvería a destruir la tierra por medio de un diluvio.

¿Por qué se prohibió comer la sangre? Algunos estudiosos creen que la sangre es el símbolo de la vida, la cual sólo Dios puede dar; por lo tanto la sangre pertenece a Dios y el hombre no debe tomarla. Pero hay una explicación más bíblica. La prohibición preparó el camino para enseñar la importancia de la sangre como medio de expiación (Lev. 17:10-14). La sangre representa una vida entregada en la muerte.

Dios estableció la pena capital para restringir la violencia. El hombre es de gran valor y la vida es sagrada pues "a imagen de Dios es hecho el hombre". Martín Lutero vio en este mandamiento la base del gobierno humano. Si el hombre recibe autoridad sobre la vida de otros bajo ciertas circunstancias, también tiene autoridad sobre cosas menores tales como propiedad e impuestos. El apóstol Pablo confirma que tal poder es de Dios y que la pena capital queda en vigencia (Rom. 13:1-7). El magistrado no lleva en vano su espada (instrumento de ejecución).

Dios hizo pacto con Noé y con toda la humanidad prometiendo no destruir más al mundo por un diluvio. Al presenciar la terrible destrucción por el juicio de Dios, el hombre podría preguntarse: "¿Valdrá la pena edificar y sembrar? Puede ser que haya otro diluvio que lleve todo." Pero para darle seguridad de que la raza continuaría y el hombre tendría un futuro seguro, Dios hizo pacto con él. Dejó el arco iris como señal de su fidelidad. Probablemente ya había existido el arco iris, pero ahora lo revistió de un nuevo significado. Al ver el arco iris en las nubes de tormenta, el hombre se acordaría de la promesa misericordiosa de Dios.

El pacto con Noé es el primero que se encuentra en la Biblia. La relación de Dios con su pueblo mediante pactos llegó a ser un tema importantísimo. Dios estableció su pacto sucesivamente con Noé, con Abraham, con Israel (por medio de Moisés) y con David.

¿Qué es un pacto? Un pacto humano es por lo general un acuerdo mutuo entre dos partes iguales; pero no es así en cuanto a los pactos divinos, porque Dios es el que toma la iniciativa, estipula las condiciones y hace una solemne promesa por la cual se ata voluntariamente en beneficio del hombre. Aunque en el pacto con Noé se impuso a sí mismo la obligación de guardar el pacto a pesar de los fracasos del hombre, por regla general no es así. Dios exige como contrapartida la fidelidad de su pueblo, la desobediencia de Israel podía romper el vínculo de la alianza, por lo menos temporalmente. Los pactos se relacionan entre sí y cada pacto se enriqueció progresivamente en su promesa hasta que Cristo vino e inauguró el nuevo pacto.

7. Noé bendice a Sem y a Jafet. Cap. 9:18-29: Noé, el hombre impecable delante del mundo, cayó en el pecado de embriaguez en su propio hogar. Los largos años de fidelidad no garantizan que el hombre sea invulnerable a las tentaciones nuevas. Las distintas reacciones de los hijos le dieron ocasión de maldecir a Canaán (puede ser que estuviera siguiendo los pasos de su padre, burlándose de él) y bendecir a Jafet y a Sem.

Se nota que la maldición se aplica a Canaán y a los cananeos solamente y no a los otros hijos de Cam. Aparentemente Canaán era el único hijo que compartía la actitud irrespetuosa de su padre. La maldición por lo tanto no se puede aplicar a los egipcios o a otros camitas africanos.

Además, es probable que los cananeos fueron maldecidos no tanto por el pecado de Cam y su hijo Canaán, sino por la notoria impureza que caracterizaría a los cananeos en los siglos venideros. Los descendientes de Canaán se radicaron en Palestina y Fenicia (10:15-19), y eran notablemente inmorales. Mirando adelante, Dios vio el carácter que tendrían e inspiró a Noé a pronunciar su castigo. Jehová empleó a una nación semita, los hebreos, para retribuirlos por su maldad mediante la conquista de Canaán por Josué. En referencias posteriores al juicio divino sobre los cananeos, Moisés lo relaciona con la extrema impiedad de ellos (Gén. 15:16; 19:5; Lev. 20:2; Deut. 9:5).

La bendición sobre Sem traducida literalmente es: "Bendito sea Jehová, el Dios de Sem" (9:26a) e implica que Jehová sería el Dios de los semitas. Se cumplió notablemente en el pueblo hebreo, una raza semita. Los descendientes de Jafet (los indoeuropeos) serían los huéspedes de los semitas, dándoles éstos protección y uniéndose incluso con ellos en el servicio a Dios. Es decir, la promesa mesiánica pasaría a los semitas, y se ve el primer anuncio de la entrada de los gentiles (Jafet) en la comunidad cristiana que nació de los hebreos (Sem).

PREGUNTAS

El Diluvio. Gén. 5-9

A. Sobre la Biblia

1—a) ¿Cuál es el caso biográfico alentador en la monótona lista de los antediluvianos que se encuentra en el capítulo 5?

   b) ¿Qué nueva luz arroja Hebreos 11:5, 6 sobre Enoc?

   c) ¿Qué quiere decir "caminar con Dios"?

   d) ¿Qué es lo que demuestra que el padre de Noé tenía la esperanza de que su hijo fuera un libertador?

2—a) ¿Cuál fue el error de los setitas? ¿En qué se corrompieron sus descendientes? (cap. 6).

   b) ¿Qué aplicación haría usted en su predicación sobre este error?

   c) Indique las dos reacciones de Dios al ver la maldad de los hombres.

d) Explique el arrepentimiento de Dios (Gén. 6:6) a la luz de Números 23:19. (Hay una frase en Génesis 6:6 que aclara el arrepentimiento divino).

3—a) Escriba las tres frases que describen el carácter de Noé.

b) Una frase acerca de Noé se repite dos veces (caps. 6 y 7); ésta describe el secreto de cómo agradar a Dios. Escríbala y dé las referencias.

c) ¿Qué obstáculos para la obediencia a Dios encontró Noé en su camino?

d) ¿Qué hizo Noé al salir del arca? ¿Qué luz arroja este acto sobre su carácter?

e) ¿A qué acto cristiano corresponden los sacrificios de Noé? (Ver Hech. 28:15 y Heb. 13:15-16).

4— En el capítulo 9 encontramos nuevas promesas y mandatos.

a) ¿Por qué se prohibió ingerir sangre?

b) Si la vida verdadera reside en el espíritu (Ecles. 12:7), ¿en qué sentido se puede decir que "la vida en la sangre está"? (Note el uso de la sangre en Lev. 17:11).

c) ¿Cuál era la nueva responsabilidad humana? (Gén. 9:5-6).

5—a) ¿Qué lección práctica extrae Ud. del relato de la embriaguez de Noé?

b) Muestre por este relato cómo nuestra actitud hacia el pecado de otros revela nuestro carácter.

B. Sobre el libro

1—a) ¿Cómo se explica que la vida de los antediluvianos fuera tan larga?

b) ¿Qué hecho importante prefigura el rapto de Enoc?

2—a) ¿Cuál fue la nueva estratagema de Satanás para destruir el linaje mesiánico al ver que no podía hacerlo por la violencia?

b) ¿Qué paralelo del mismo intento ve Ud. en la actualidad?

c) ¿Cuáles fueron los dos propósitos de Dios al enviar el diluvio?

3— ¿Opina Ud. que el diluvio fue universal o regional? Defienda su posición.

4— ¿Cómo se menciona el diluvio en el Nuevo Testamento? ¿A qué se compara?

5—a) ¿Cuál fue el pacto hecho por Dios con Noé al salir del arca?

b) ¿Por qué fue necesario que Dios le asegurara que las estaciones del año no se cambiarían?

c) ¿Cómo difiere un pacto de Dios de uno hecho entre hombres?

6—a) ¿Qué autoridad se le otorgó al hombre para ejercer el gobierno?

b) Según el Nuevo Testamento, ¿queda en vigencia la pena capital? (Mencione dónde se encuentra la referencia neotestamentaria.)

7—a) Explique el elemento profético que se encuentra en la maldición sobre Canaán.

b) ¿Cuál es la nueva revelación aquí de la promesa mesiánica que se encuentra en Génesis 9?

C. Ejercicios

1— Haga una comparación entre Enoc y Noé.

2— Haga una lista de las lecciones prácticas que se pueden extraer de la vida de Noé.

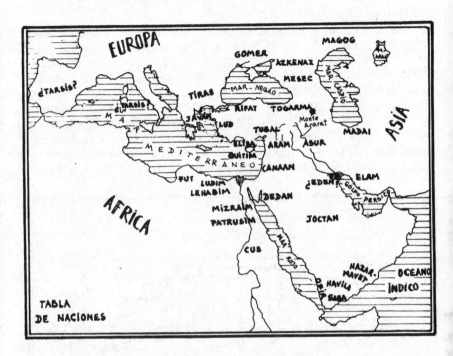

TABLA DE NACIONES

D. LA DISPERSION DE LAS NACIONES. Cap. 10-11

1. La tabla de las naciones. Cap. 10: Si la promesa de redención sería realizada por el linaje de Sem ¿por qué dedicó el escritor sagrado tanto espacio a trazar el origen de las otras naciones? Para demostrar que la humanidad es una: Dios "de una sangre ha hecho todo el linaje de los hombres" (Hechos 17:26). También insinúa el escritor que en el plan de Dios las naciones no serían excluidas para siempre de su misericordia. A través del pueblo escogido serían benditas y llegarían a ser participantes de la "común salvación" (salvación para todos).

Se agrupan los pueblos no tanto por sus afinidades étnicas sino según sus relaciones históricas y distribución geográfica. Los descendientes de Jafet ocuparon Asia Menor y las islas del Mediterráneo; formaron incluso grupos como los celtas, escitas, medos, persas y griegos. Los hijos de Cam poblaron las tierras meridionales tales como: Egipto, Etiopía y Arabia. Canaán constituyó el antiguo pueblo de Palestina y Siria Meridional antes de ser conquistados por los hebreos. Las naciones semitas (los elamitas, asirios, arameos y los antepasados de los hebreos) se radicaron en Asia, desde las playas del Mar Mediterráneo hasta el Océano Indico, ocupando la mayor parte del terreno entre Jafet y Cam.

Se menciona a Nimrod como el fundador del Imperio Babilónico y constructor de Nínive y otras ciudades (10:8-12). Según Delitzsch, su nombre significa "nos rebelaremos" pero posiblemente se lo adjudicaron sus contemporáneos porque más parece un sobrenombre que su propio nombre.[14] Se destacó por ser el "primer poderoso en la tierra" (se hizo "prepotente", Biblia de Jerusalén) y "vigoroso cazador". Algunos piensan que figurativamente significa que era "cazador de hombres". Babel (Babilonia) llegó a ser el símbolo del opresor del pueblo de Dios después del cautiverio Babilónico. En Apo-

✴ ZIGGURAT EN LAS RUINAS DE LA CIUDAD DE UR. ✴

calipsis se usa el término "Babilonia" para designar a una confederación impía, cuya caída marca la victoria final de Cristo. Algunos estudiosos piensan que Nimrod prefigura al hombre "sin ley" el cual será el último y peor enemigo del pueblo de Dios (2 Tes. 2:3-10).

2. La torre de Babel, cap. 11:1-9: La ciudad de Babel fue edificada en la llanura que se encuentra entre los ríos Tigris y Eufrates. ¿Por qué le desagradó a Dios la construcción de la torre de Babel?*

a) Los hombres pasaron por alto el mandamiento de que debían esparcirse y llenar la tierra (9:11; 11:4); uno de los motivos que los impulsaban y por el cual llevaron a cabo la

---

* La torre de Babel probablemente tenía un significado religioso relacionado con la astrología. Todavía existen las ruinas de grandes torres escalonadas en la misma región.

construcción era que querían quedarse juntos. Sabían que los edificios permanentes y una colectividad firmemente establecida produciría un modelo común de vida que les ayudaría a permanecer juntos.

b) Fueron motivados por la intención de exaltación personal ("hagamos un nombre" —dijeron—) y de culto al poder que caracterizó posteriormente a Babilonia. Una torre elevada y así visible para todas las naciones sería un símbolo de su grandeza y de su poder para dominar a los habitantes de la tierra.

c) Excluían a Dios de sus planes; al glorificar su propio nombre se olvidaban del nombre de Dios, nombre por excelencia: Jehová.

Dios desbarató sus planes no sólo para frustrar su orgullo e independencia sino también para esparcirlos, a fin de que poblasen la tierra. Con burla se llama Babel (confusión) la ciudad; originalmente quería decir "Puerta de Dios". A través de este relato se enseña la insensatez de edificar sin Dios.

Alguien observó que se puede considerar el otorgamiento de lenguas en el día de Pentecostés como lo contrario de la confusión de lenguas en Babel: "Cuando los hombres, motivados por el orgullo, se jactan de sus logros, nada resulta salvo división, confusión y falta de comprensión; pero cuando se proclaman las obras maravillosas de Dios, todo hombre puede oír el evangelio apostólico en su propio idioma."

3. Las genealogías de Sem y de Abraham. Cap. 11:10-32: La historia de las naciones gira ahora en torno de la genealogía de los semitas, el linaje de la promesa divina hecha a través de Noé (9:26a). Luego el horizonte se reduce a los antepasados de Abraham. Así se prepara el camino para comenzar la historia del pueblo escogido de Dios.

La mayoría de los estudiosos identifican la ciudad natal de Abraham, Ur de los caldeos, con las ruinas de Mukayyar ("montículo de betún") a unos 225 km. al sudeste de Babilonia. Estaba sobre el río Eufrates y se calcula que tenía unos 24.000 habitantes. Era la antigua capital de la región civilizada y próspera de Sumer, la que se considera la cuna de la civilización. Era también el centro del culto inmoral a la diosa lunar Nanar-sin. Todavía se ven algunas ruinas de edificios bien elaborados en el sitio religioso de la ciudad. Entre ellos está un ziggurat (torre escalonada). Había casas de dos pisos, poseían sistemas de cloacas y también escuelas. Han sido hallados en el cementerio de esta ciudad tesoros que se remontan a

3.000 años. Existen pruebas, sin embargo de otra Ur al norte de Harán, situada donde se encuentra actualmente la ciudad de Edesa. En cualquier caso, Abraham procedía de una civilización altamente desarrollada.

PREGUNTAS

La dispersión de las naciones. Gén. 10 y 11

A. Sobre la Biblia

1— ¿Quién se destaca en el capítulo 10?

2— Muchos estudiosos creen que se puede ubicar cronológicamente el relato de la torre de Babel en el capítulo 10. Lea el capítulo 10 e indique el versículo que parece referirse a aquel momento histórico.

3—a) Note el contraste entre 11:4 y 11:7. Sintetice en una oración la verdad que Ud. encuentre.

   b) ¿De qué doctrina es un indicio del versículo 7 del capítulo 11?

4— Note la proporción de espacio que el escritor dedica a los fundadores de las naciones, a la torre de Babel y a los descendientes de Sem. ¿Por qué se dedica tanto espacio a los descendientes de Sem?

B. Sobre el libro

1—a) ¿Por qué traza el escritor bíblico el origen de las naciones que no eran de la línea mesiánica?

   b) ¿Cómo se agrupaban las naciones? ¿Por qué era así, en su opinión? ¿Arroja luz sobre la manera en que Dios considera las razas?

2—a) ¿Por qué se menciona Nimrod en el capítulo 10? ¿Cómo se relacionó su actividad con las historias de Israel?

   b) ¿En qué manera se asemeja el significado del nombre Nimrod con el carácter del anticristo? (2 Tes. 2:4).

3—a) Mencione los motivos por los cuales a Dios le desagradó la construcción de la torre.

   b) ¿Con qué propósito Dios echó a perder los planes de estos hombres?

4— ¿Qué notamos a partir de 11:10? ¿De qué acontecimiento es esta sección una preparación?

C. Ejercicio

Haga una comparación entre el espíritu de los edificadores de la torre de Babel y el de nuestra generación. Debe responder a preguntas como: ¿Qué piensa Dios de los que "edifican" sin tenerlo en cuenta? ¿De qué manera podría ser que los hombres "edifiquen" sin Dios? (Lea la última parte del Sermón del Monte). ¿Cómo pueden los hombres "edificar" con Dios?

LA HISTORIA PATRIARCAL. Gén. 12-50

Aspectos de la historia patriarcal: Al comenzar la historia de Abraham, el escritor inspirado deja atrás la historia primitiva de la raza en general para relatar la de una familia. Reúne los recuerdos que se conservan de los grandes antepasados de Israel: Abraham, Isaac, Jacob y José. Todos ellos se destacan como hombres que oyen la voz de Dios y la obedecen; todos sus momentos están señalados por la intervención divina. El gran propósito de Dios al elegir a esas personas es formar un pueblo que lleve a cabo su voluntad en la tierra y sea el medio de cumplir el plan de la salvación.

El período patriarcal comienza alrededor del año 2.000 a. de J. C., y dura más o menos tres siglos.

A. ABRAHAM. Gén. 12:1-25:18

El llamamiento de Abraham, según Alejandro MacLaren, es el acontecimiento más importante en el Antiguo Testamento.[15] Aquí se pone en marcha la obra de la redención que se había insinuado en el huerto de Edén (Gén. 3:15). Los primeros once capítulos del Génesis demuestran que Dios se relacionaba con la humanidad en general, sin hacer distinción entre las razas. Tanto el mundo antediluviano como el de la torre de Babel ponen en relieve que no obstante el progreso material y el nacimiento de las civilizaciones, el hombre fracasaba moral y espiritualmente. Hasta ese momento, Jehová había puesto la mirada sobre distintos individuos, que eran los medios apropiados para conservar "la simiente de la mujer" y el conocimiento de Dios. Ahora cambia sus métodos. Llama a un hombre para fundar la raza escogida a través de la cual llevaría a cabo la restauración de la humanidad. El espacio que el libro del Génesis concede a este paso demuestra su importancia. Los primeros once capítulos abarcan más tiempo que todo el resto del Antiguo Testamento, pero treinta y nueve capítulos tratan sobre los comienzos de la nación escogida, de la cual vendría el Redentor.

Abraham es el personaje más importante del Génesis, y uno de los más importantes de la Biblia entera. Moisés dedicó meramente once capítulos a lo que aconteció antes de Abraham, mientras que trece capítulos se refieren casi exclusivamente a la vida personal del patriarca. Dios usó a Abraham para fundar tanto la familia de Israel como la fe de los hebreos. Las tres grandes religiones monoteístas: el judaísmo, el cristianismo y el islamismo, lo reverencian como el padre de su fe. En efecto, la Biblia declara que "el pueblo elegido" no se refiere solamente a la descendencia carnal del patriarca, sino a todos aquellos que tienen la misma fe de Abraham. Es decir que él es el padre espiritual de todos los creyentes (Rom.

4:16; Gal. 3:7). Sólo a Abraham se le llama "amigo de Dios" (2 Crón. 20:7; Isa. 41:8; Sant. 2:23).

Puesto que la religión de Jehová consiste en el acto de depositar la fe en un Dios personal, Abraham tenía que aprender a confiar en él implícitamente. Dios cultivó la fe de Abraham de tres maneras: dándole grandes promesas, poniéndole a prueba cada vez más, y concediéndole muchas apariciones divinas. Dice Guillermo Ross: Era preciso que Abraham conociera a Dios, pues ese conocimiento era la base de su fe.[16]

1. Dios llama a Abraham: la primera prueba. Cap. 12:1-9: La familia de Abraham y probablemente Abraham mismo, prestaba culto a varios dioses (Josué 24:2). Sin embargo, las Escrituras insinúan que aun así tenían cierto conocimiento de Jehová, pues Abraham en su vejez envió a su siervo a buscar entre ellos una esposa para Isaac su hijo. Su motivo era religioso; quería tener una nuera que adorara a Jehová. Así que, en medio de la idolatría universal, Dios se manifestó a Abraham llamándole a una vida de fe y separación.

Las promesas personales hechas a Abraham son interesantes. Abraham sería famoso y reverenciado, no por su propia virtud sino por el favor de Dios, quien dijo: "te bendeciré y engrandeceré tu nombre." Abraham tenía la responsabilidad de ser un cauce de bendición a otros: "serás (deberás ser) bendición." (Dios nos bendice para que seamos de bendición.) Finalmente, Dios prometió bendecir o maldecir a los hombres según la actitud que tuvieren hacia Abraham: "Bendeciré a los que te bendijeren, y a los que te maldijeren, maldeciré." Así Dios le protegería.

Las trascendentales promesas hechas a Abraham y a sus descendientes son tres:

a) Heredarían la tierra de Canaán.

b) Llegarían a ser una gran nación (la grandeza prometida implica mucho más que una población numerosa).

c) Por medio de ellos, todos los linajes de la tierra serían benditos (ésta es la promesa mesiánica).

La primera prueba a la cual Dios sometió a Abraham fue la separación de su patria y de su familia. Tenía que volver las espaldas a la idolatría para poder tener comunión con Dios. La vida de fe comienza con la obediencia y la separación: "o nuestra fe nos separa del mundo, o el mundo nos separa de nuestra fe." Abraham fue el Cristóbal Colón del Antiguo

Testamento, pues "salió sin saber a dónde iba" (Heb. 11:8). Tenía que confiar incondicionalmente en Jehová.

Parece que al principio la obediencia de Abraham fue sólo parcial. Llevó consigo a Taré, su padre, hasta Harán, un centro de reunión de caravanas y también del impuro culto a Sin, la diosa lunar. Taré había renunciado a su país, pero aparentemente no había abandonado del todo su idolatría. En Harán se radicó como para vivir el resto de su vida, pero luego Dios guió a Abraham a seguir rumbo a Canaán, distante unos 650 km.

Por fin, llegó a la tierra que Dios le había señalado. Ahora vivía como extranjero y peregrino, viajando de un lugar a otro. Nunca fue dueño de un metro cuadrado de tierra, a no ser el sitio de su sepultura. Siquem, la encrucijada de Palestina, situada a unos 50 km. al norte de Jerusalén, fue su primera parada. Luego llegó a la encina de More, considerado centro de adivinación e idolatría. Allí Dios se le apareció a Abraham, asegurándole de nuevo su presencia y confirmándole que su descendencia heredaría a Canaán. Así Dios le recompensó por su obediencia. Abraham respondió construyendo un altar y presentando culto público a Jehová. Dondequiera que iba, levantaba su carpa y edificaba un altar. Según Stanley Horton, la expresión hebrea indica que Abraham invocó en alta voz el nombre de Jehová; una proclamación del nombre, la naturaleza y el carácter de Dios.[17] De modo que Abraham tenía comunión con Jehová, y a la vez testificaba ante el mundo.

2. El hambre: la segunda prueba. Cap. 12:10-20: Por falta de fe, Abraham fue a Egipto. Dios no le había mandado salir de Palestina. Recurrió a la mentira para escapar del peligro (aunque había un elemento de verdad en lo que dijo; ver Génesis 20:12). "No dudó por incredulidad" hacia las grandes

Familia semita llegando a Egipto (detalle de la tabla del príncipe Egipcio Beni Hasan - 1900 A.D.J.C.)

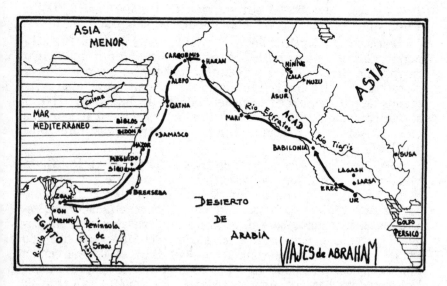

VIAJES de ABRAHAM

promesas, pero sí tropezó en las pequeñas cosas. Nos sorprende que Sara haya sido considerada mujer atractiva, dado que tenía 65 años; pero como vivió 127 años, a aquella altura sería como otra mujer a los cuarenta.

Abraham no edificó ningún altar en Egipto. Salió humillado, dándose cuenta de que Dios es santo. Hasta la esclava egipcia Agar y el aumento de ganados obtenidos en Egipto le causaron problemas posteriores. Aprendió cuán peligroso es alejarse de Dios. Al igual que en el episodio de Génesis 20 Dios demostró su fidelidad. Trajo su juicio sobre los que amenazaban el plan divino de que Sarai fuera la antecesora de Israel.

3. La contienda sobre los pastos: la tercera prueba. Cap. 13: Lot, el sobrino de Abraham, le había acompañado desde su partida de Ur. Al igual que su tío, Lot había adquirido gran cantidad de ganado y siervos. Se produjo una contienda entre los pastores de los dos amos porque se hacía difícil encontrar agua y pastos suficientes para ambos. A Abraham le pareció mejor separarse antes que reñir. Presentó su argumento: "somos hermanos". Aunque por derecho de antigüedad, Abraham podría haber escogido su parte del terreno, permitió que su sobrino eligiera; así demostró la generosidad del hombre que vivía por fe. Lot escogió egoístamente, guiándose por las apariencias y tuvo que sufrir las consecuencias después. Es ejemplo del hombre carnal que busca primeramente las cosas del mundo y al fin lo pierde todo. En cambio Dios premió a Abraham: le dijo que mirara en su derredor pues toda la tierra al alcance de su vista sería suya, aún la parte de su sobrino Lot. También debía andar a lo largo y ancho de Canaán. "Significa que Abraham podía sentirse tan libre en la tierra como si tuviera en sus manos las escrituras legales".[18] Seguramente se gozaría por fe en lo que Dios le había dado. Además Dios prometió que sus descendientes serían innumerables. ¡Cuánto mejor fue para Abraham haber ocupado el segundo lugar dejando su futuro en las manos de Dios!

4. Abraham libera a Lot. Cap. 14: Como Lot escogió la mejor tierra de pastoreo antes que la voluntad de Dios, muy pronto se encontró en Sodoma. Esta ciudad fue atacada luego por fuerzas enemigas y Lot sufrió el castigo por su necedad.

LOT ESCOGIO PARA SI TODA LA LLANURA del JORDAN

Los detalles históricos del capítulo 14 concuerdan exactamente con lo que la arqueología ha descubierto acerca de aquella región en esa época. El área de Canaán estaba bien poblada y había ciudades-estados gobernadas por jeques (señores locales). Por regla general, eran vasallos de otros reyes, los cuales, a su vez, eran vasallos de los reyes más fuertes. Elam, el país al oriente de Sumer, tenía dominio sobre Babilonia y los otros países de la región. Las ciudades al sur del Mar Muerto eran sus vasallos. Los invasores tomaron el camino real, bajando por el este del Jordán hasta el desierto y luego subiendo hacia el Mar Muerto. El valle de Sidim, (14:3,10), al sur del Mar Muerto, tenía pozos de asfalto (14:10); ahora están cubiertos por las aguas, pero todavía el Mar Muerto, en esa área, arroja betún o asfalto en cantidad.

Al ser avisado del desastre militar que habían sufrido las ciudades del valle, Abraham armó a sus 318 criados, consiguió la ayuda de sus aliados los amorreos y persiguió a los invasores. Recobró a los cautivos y el botín, mediante un ataque sorpresivo nocturno. En parte la excesiva confianza que tenían los vencedores en sí mismos, nacida de sus fáciles triunfos anteriores y la resolución inesperada de Abraham y sus aliados, influyeron en la victoria sobre el formidable ejército; sin embargo, el elemento más importante fue la intervención de Dios (14:20).

Se nota que Abraham, el hombre separado del mundo, no era indiferente a los sufrimientos de los que estaban a su alrededor. Estaba dispuesto a proteger a su indigno sobrino y a los de Sodoma. Esto demuestra que los que mantienen su vida separada de la pecaminosidad son los que actúan con más prontitud y éxito en favor de otros en el momento de crisis.

También el relato pone de relieve el prestigio y el poder de Abraham. El hecho de que pudiera reunir una fuerza de 318 siervos adiestrados para librar batalla contra el enemigo indica que contaba con amplios recursos (14:14). La frase del 12:5b: "todos sus bienes que habían ganado y las personas que habían adquirido en Harán", señala la abundancia de sus riquezas. El siervo de Abraham podía tomar de los camellos del patriarca una caravana de 10 para viajar a Mesopotamia (24:10). El precio de un camello sobrepasaba las posibilidades de una persona común de aquel entonces. Además, iba aumentando la cantidad de sus siervos mediante compras, obsequios y nacimientos (16:1; 17:23, 27; 20:14). Varios señores de Canaán reconocieron a Abraham como príncipe e hicieron con él alianzas y tratados (14:13; 21:32; 23:6).[19] ¡Cómo era prosperado por Dios!

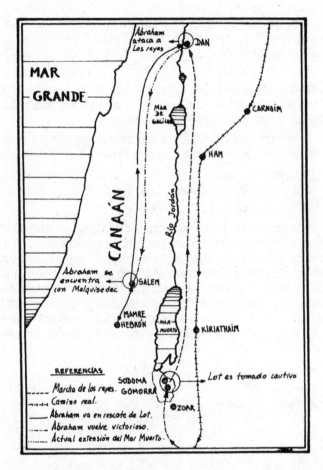

Durante el viaje de regreso a su tierra, Abraham fue bendecido y fortalecido para hacer frente a la tentación presentada por el rey de Sodoma (ver Gen. 14:21-24). Se sabe poco respecto de Melquisedec, quien agasajó a Abraham con alimentos. Aunque parece que era cananeo, servía al Dios verdadero, **El Elyon** (Dios Altísimo). Se trata de una de las figuras proféticas más extraordinarias de CRISTO, por su nombre y posición como rey-sacerdote (Heb. 7:1-3). Su nombre significa "Rey de Justicia" y era rey de Salem* (paz), es decir que también era "Rey de Paz". Dado que la Biblia no menciona su genealogía, su sacerdocio era singular en su orden. No dependía de su genea-

---

* Salem es el nombre abreviado de Jerusalén (ver Sal. 76:2).

logía sino de su nombramiento directo por Dios (Sal. 110:4;
Heb. 7:1-3, 11, 15-18) y simboliza un sacerdocio perpetuo. Así
Melquisedec prefiguraba al Rey-sacerdote eterno. "Le dio Abraham los diezmos de todo" (14:20b). Aunque ésta es la primera
vez que se encuentra la idea de diezmos en la Biblia, este
relato ya esboza los grandes principios de la doctrina:

a) Como manifestación de adoración y sometimiento en
reconocimiento a Dios el Creador y dueño de todo. Los súb-
ditos traen tributos y presentes a su rey.

b) También como manifestación de gratitud, pues Dios
había entregado sus enemigos en manos de Abraham (14:20).

c) Finalmente, como manifestación del creyente que sirve
al Dios del cielo, de que reconoce y sostiene a su representante
en la tierra.

Fortalecido por su encuentro con Melquisedec, Abraham
se negó a aceptar como botín los bienes de Sodoma que había
recuperado y así dio buen testimonio al rey de Sodoma. La
costumbre de aquel entonces era que el libertador guardaba
para sí el botín cuando rescataba a otros del enemigo; pero
Abraham no quiso que nadie, excepto Dios, pudiera decir que
lo había enriquecido. Demostró que él no dependía de un rey
humano sino del Rey del cielo a quien había "alzado su
mano".

5. Dios hace pacto con Abraham. Cap. 15: ¿Por qué le
dijo Jehová a Abraham: "no temas"? Parece que Abraham
se encontraba en un estado depresivo después de llegar a la
cumbre de un testimonio intrépido. ¿Volverían los cuatro
reyes para vengarse de él? ¿Había sido necio al no tomar el
botín de Sodoma, que bien le pertenecía? Dios le dio confianza diciendo que El mismo sería su defensor y le premiaría
grandemente. Pero a Abraham le entristecía no tener un hijo.
¿Eliezer sería su heredero? En aquel entonces, si uno no tenía
hijos, la herencia podía recaer sobre un siervo fiel.* Pero le
prometió que tendría un hijo propio y sus descendientes serían
innumerables, como las estrellas del cielo. Abraham se dio cuenta de que la promesa era humanamente irrealizable, pero "creyó a Jehová y le fue contado por justicia". Este es uno de los
versículos más significativos de la Biblia. Al ver la fe de Abra-

---

* Tablas encontradas en Nuzu que datan alrededor del 1.500 a. de J. C. contienen leyes
que permitían que un hombre que no tenía hijos adoptara un siervo como hijo. El
siervo tendría plenos derechos de hijo, inclusive el de recibir la herencia, a cambio del
cuidado constante y la sepultura apropiada de su amo a la hora de morir.

ham, Dios lo aceptó como si fuera un hombre justo. Es la primera indicación clara de la doctrina de la justificación por fe. La frase "creyó a Jehová" significa literalmente en hebreo "se apoyó sobre Jehová". Era más que aceptar intelectualmente la promesa; se refiere a confiar incondicionalmente en la persona de Dios y en su promesa. Abraham se puso a sí mismo y su futuro en las manos de Dios. Esta es la clase de fe que salva. Gálatas 3:6-8 enseña que Dios nos acepta en virtud de nuestra fe sin considerar las obras como en el caso de Abraham.

Luego Dios le prometió una tierra que se extendería desde el Nilo hasta el Eufrates. Israel nunca ha ocupado toda la tierra que Dios le prometió y parece que la promesa se cumplirá cabalmente en el período del milenio. Sin embargo, los hebreos ocuparon Canaán en el tiempo de Josué y su nación llegó al apogeo en cuanto a extensión territorial en la época de David.

Canaán es la encrucijada entre tres continentes: Europa, Asia y Africa. Dios podría haber puesto a su pueblo en un lugar más protegido, pero eligió una tierra estratégica donde los israelitas pudieran ejercer mayor influencia en el mundo.

Dios confirmó su promesa haciendo un pacto solemne con Abraham. Se confirmó según las costumbres de aquella época (Jer. 34:17-20). Las partes pactantes se ponían cada una al extremo de la res dividida y pasaban entre las piezas. Así expresaban que "si no cumplí mi parte del pacto, puedo ser cortado en pedazos como este sacrificio". Pero en este caso, sólo pasó Jehová, en forma de un horno humeante y una antorcha pues su pacto era unilateral, una iniciativa divina, y sólo El podría cumplirlo. Lo que correspondía a Abraham era meramente aceptar el pacto y seguir creyendo en Dios.

El cumplimiento del pacto no comenzaría hasta que los descendientes de Abraham hubieran estado radicados en tierra ajena 400 años. Allí sufrirían opresión y servidumbre,* pero sus opresores serían juzgados y los hebreos saldrían con gran riqueza. Así preparó Dios a su pueblo para soportar los padecimientos antes de adueñarse de Canaán. "A través de muchas tribulaciones entremos en el reino de Dios". El Nuevo Tes-

---

* El temor de una grande oscuridad (15:12) que cayó sobre Abraham, tal vez se relacione con el aspecto sombrío de la profecía tocante a los padecimientos de Israel en Egipto. Posiblemente, Dios se manifestara como fuego para representar su santidad y cabal juicio ("Dios es fuego consumidor" Deut. 4:24). Las aves de rapiña o buitres, también parecen relacionarse con el juicio: "Dondequiera que estuviere el cuerpo muerto, allí se juntarán las águilas" (buitres) Mat. 24:28.

tamento también anima a los creyentes con la esperanza de que Dios juzgará a los malos para librar a los suyos a tiempo (ver 2 Tes. 2:5-10; Apoc. 13:5-10; 19:11-21). "Con vuestra paciencia ganaréis vuestras almas" (Luc. 21:19).

Esto arroja luz sobre el principio divino de juicio sobre los impíos. Dios demora pacientemente hasta que la corrupción humana madure. Los cananeos no serían destruidos todavía, pues su maldad no había llegado al colmo (15:16). Tendrían un plazo de más de 600 años para arrepentirse (ver 2 Ped. 3:9).

PREGUNTAS

Abraham. Gén. 12-15

A. Sobre la Biblia

1—a) Note la primera y la última promesa de Génesis 12:2-3. ¿Cuál es la relación entre estas promesas y la de 12:7?

 b) ¿Cuántos años tenía Abraham al salir de Harán? ¿Qué significado ve Ud. en su edad?

2—a) ¿Cuál fue la primera prueba por la que Dios hizo pasar a Abraham?

 b) ¿Tiene esta prueba alguna semejanza con el llamamiento de Cristo a la conversión? Mencione los aspectos comunes.

 c) En su opinión ¿qué rasgo sobresaliente de Abraham se ve en el capítulo 12?

 d) ¿Cuál fue su debilidad?

 e) ¿Qué lección aprendió Abraham en Egipto? (¿O en verdad no aprendió mucho? Ver capítulo 20).

 f) ¿Qué lección podemos sacar del episodio en Egipto que nos ayude en la vida cristiana?

 g) ¿Qué significado espiritual ve Ud. en 13:3, 4? (Ver Apocalipsis 2:5).

3—a) ¿Cuál fue la razón por la cual Abraham estuvo dispuesto a ceder su oportunidad de elección a su sobrino?

 b) ¿Cuál es la confianza que uno tiene que tener para estar dispuesto a perder lo material a fin de ganar lo espiritual?

 c) ¿Cómo recompensó Dios a Abraham? (Ver Mat. 16:25).

4—a) ¿Qué lección espiritual nos enseña la acción de Abraham frente a la captura de Lot y los sodomitas? (Fíjese en la actitud anterior de Abraham hacia los pecadores).

 b) ¿Qué dos observaciones hace Melquisedec en cuanto a Dios?

 c) ¿Cómo prepararon estas observaciones a Abraham para que pudiera hacer frente a la tentación del rey de Sodoma?

 d) Se describe por primera vez en Génesis 14 un acto de culto a Dios que tiene gran significado. ¿Cuál es?

5—a) ¿Cuál era el mayor anhelo de Abraham expresado en el capítulo 15?

 b) ¿Por qué parecía imposible que Abraham tuviera un hijo?

 c) ¿Qué gran verdad del evangelio se encuentra en el capítulo 15? (Ver Rom. 4 y Gál. 3:6-8).

d) ¿Qué revelación dio Dios a Abraham acerca del futuro de Israel?

e) ¿Por qué demoraría cuatrocientos años la entrega de la tierra de Canaán a los descendientes de Abraham? ¿Qué verdad nos enseña esto en cuanto al juicio de Dios?

B. Sobre el libro

1—a) ¿Cuál es la importancia trascendental del llamamiento de Abraham?

b) ¿En qué sentido cambia aquí el método divino?

c) Mencione tres aspectos de la importancia de Abraham.

d) ¿Por qué era que Abraham tenía que confiar implícitamente en Dios?

e) ¿Cómo cultivó Dios la fe de Abraham?

2—a) ¿Cuáles son las tres grandes promesas dadas a Abraham y a sus descendientes?

b) Mencione una costumbre religiosa de Abraham que nutría su fe.

3— ¿Cómo fue que la estratagema de Abraham en Egipto puso en peligro la redención? Explíquelo.

4— ¿Qué luz arroja el capítulo 13 sobre el carácter de Lot?

5—a) ¿Qué influyó para que Abraham venciera al poderoso ejército enemigo que tenía capturado a Lot?

b) ¿Quién era Melquisedec?

c) ¿Qué significó el hecho de que Abraham diera los diezmos a Melquisedec?

d) Mencione algunos principios permanentes acerca de diezmar, que se encuentran aquí.

6—a) ¿Cuál fue la promesa del pacto que Dios hizo con Abraham?

b) ¿Por qué escogió Dios la tierra de Canaán y no otro lugar?

c) Explique el acto de Dios en 15:17.

C. Proyectos

1— Haga dos listas poniendo en una columna los mandatos de Dios a Abraham y en la otra las promesas. (12:1-3; 13:14-17; 15:1, 4, 5, 7). ¿Cuál de las dos es más larga? Extraiga una conclusión u observación sobre esto.

2— Escriba un pequeño ensayo sobre el Dios de Abraham basándolo en los capítulos 12-15.

6. Agar e Ismael. Cap. 16: Una de las pruebas más difíciles que tuvieron que soportar Abraham y Sara fue la larga demora antes de recibir un hijo. ¿Por qué tardó tanto tiempo en cumplirse la promesa? Dios quería que ellos supieran que el cumplimiento de la promesa no sería el resultado de esfuerzos humanos sino de la pura gracia, un milagro. Al pasar diez años en Canaán sin tener hijos, Sara trató de ayudar a Dios para que se cumpliera la promesa. Según la ley mesopotámica de aquel entonces, una esposa estéril podía dar a su marido una sierva como mujer y reconocer como suyos a los hijos nacidos de esa unión. Abraham, en un momento de incredulidad, cedió al plan de Sara, pero las consecuencias fueron tristes. Había envidia y roces en el hogar. Agar reaccionó ante el trato duro de Sara conforme a su nombre, pues la palabra Agar significa "huye".

El trato de Dios hacia Agar contrasta con el que recibía de Sara y Abraham. La habían considerado tan sólo un objeto para llevar a cabo el propósito de ellos, una mera sierva nada más. Dios, en cambio, la consideraba una persona digna de su atención. Vio su angustia y envió al Angel de Jehová para consolarla y salvarla de su rebeldía e insensatez. Agar quería evitar la disciplina y escaparse del yugo pero Dios le dijo: "Vuélvete a tu señora y ponte sumisa". Muchas veces es así en cuanto a nosotros, "venceremos sometiéndonos. Escaparemos, volviendo".[20] ¡Cuánto necesitan muchas personas aprender esta lección!

La promesa de un hijo y una descendencia numerosa debe de haber sido motivo de gran gozo. Agar había orado a Jehová y el nombre de su hijo, Ismael (Dios oye), le haría recordar que Dios la había escuchado. Fue ocasión de formular un nuevo título para Dios: **El Roi**, "Dios que ve" (16:13). Significa que Dios ve la aflicción de sus criaturas y actúa para ayudarlos.

La descripción de Ismael como "hombre fiero" (literalmente asno salvaje) es una comparación muy apropiada para caracterizar a Ismael y a sus descendientes, los árabes (ver Job 39:5-8). A través de los siglos han sido nómadas del desierto, amantes de su libertad, evitando toda sujeción, dispuestos a pelear contra cualquiera y prontos para lanzarse sobre los incautos viajeros.

Se menciona por primera vez el Angel de Jehová. ¿Es éste meramente un ángel? Se identifica con Jehová (16:13), recibe culto como un ser divino y es el mismo Dios en forma visible con que se aparece a los hombres (ver Gén. 32:30; Ex. 3:2; 14:19; 32:30 y Josué 5:13-15). Algunos creen que era la aparición de la segunda persona de la Trinidad.

7. El pacto sellado con la circuncisión. Cap. 17:1-18:15: Abraham tenía setenta y cinco años cuando salió de Harán y ahora tenía noventa y nueve. Había caminado trece años por fe desde la última revelación divina. La perspectiva de tener un hijo por medio de Sara parecía muy remota y Génesis 17:18 indica que Abraham ya pensaba en Ismael como el sustituto del hijo prometido.

Dios apareció a Abraham para fortalecer su fe menguante, para darle una suave represión y renovar el pacto. Se reveló como **El Saddai**. "El" significa "Dios" y recalca su poder; el significado exacto de Saddai es incierto pero se sabe que se refiere a su omnipotencia y suficiencia. Así Dios animó a Abraham mostrándose como el Dios "poderoso para hacer todo lo que había prometido". "Anda delante de mí y sé perfecto" (intachable, desarrollado en todo aspecto), era la condición para que el pacto fuera cumplido. Abraham debía dejar de "racionalizar" las promesas y llevar una vida digna de su alta vocación.

Dios dio a Abraham dos señales para confirmar el pacto: el cambio de nombres y la circuncisión. Ya no se llamaría Abram (padre enaltecido) sino Abraham (padre de una multitud). Aparentemente, el cambio de Sarai a Sara era meramente cambiar de una forma a otra palabras que tienen el mismo significado. Sin embargo, el cambio la elevó a una posición de alta dignidad en el pacto. Un cambio de nombres es una señal del favor divino, pero ¡cómo se burlarían los cananeos de las pretensiones inherentes en los nuevos nombres de esta anciana pareja! Dios denomina lo que aún no es como si ya fuese hecho.

Aunque la circuncisión era practicada por otros pueblos, aquí se da como señal del pacto entre Jehová y su pueblo. También tenía gran significado simbólico. Los profetas hablaron de la circuncisión del corazón y de los oídos, refiriéndose a la obediencia a la ley divina. Representaba purificación y renovación del corazón (Deut. 10:16; 30;6; Jer. 4:4; Rom. 2:29; Col. 2:11). De nada servía si no era acompañada de fe y obediencia. Así como la circuncisión era la señal en el antiguo pacto de ser miembro del pueblo de Dios, así el bautismo es la señal externa del nuevo pacto.

Al oír la promesa de que Sara daría a luz un hijo, Abraham se rio; puso en tela de juicio la capacidad generativa de sí mismo y de su esposa y exclamó: "¡Ojalá Ismael viva delante de ti!" ¡Cómo se parece a muchos creyentes, que quieren sustituir el plan de Dios por sus planes y las obras de la carne! Pero Dios es demasiado sabio y bondadoso como para otorgar las peticiones erradas de sus hijos. Por fin, el patriarca creyó firmemente y circuncidó a todo varón de su casa.

A la risa de Abraham haría eco la risa de Sara (18:12). Por lo tanto, Dios dio al hijo prometido el nombre de Isaac, que significa "risa". Cuando Isaac nació, la risa incrédula de Sara se convirtió en risa de gozo: "Dios me ha hecho reír" (21:6). Fue necesario que Dios reprendiera a Sara a fin de que ella creyese. El cumplimiento de la promesa dependía de la fe de ellos. "¿Hay para Dios alguna cosa difícil?" Como el nacimiento de Isaac fue un caso sobrenatural, así fue el de Jesús. Dios tuvo que obrar un milagro. Jehová tuvo mucha paciencia con la anciana pareja, pues ellos luchaban contra fuertes dudas por la larga demora del advenimiento del hijo.

Al hermoso relato de cómo el patriarca y su esposa hospedaron al Señor y a los dos ángeles sin saberlo se refiere el Nuevo Testamento como un ejemplo de la bendición que trae el brindar hospitalidad (Heb. 13:2).

8. La destrucción de Sodoma y la liberación de Lot. Cap. 18:16-19:38: El pecado de los sodomitas había llegado a su colmo y Dios estaba por castigarlos. El Señor le reveló a Abraham que había determinado destruir a Sodoma y Gomorra.

¿Por qué comunicó Dios su plan a Abraham? En virtud de que Abraham se había hecho amigo de Dios y mantenía comunión con él, fue que le dio un anticipo de su propósito. Los amigos comparten los secretos entre sí (Juan 15:15) y "la comunión íntima de Jehová es con los que le temen" (Salmo 25:14). También era necesario que Abraham comprendiera que la destrucción de las ciudades no era un accidente natural sino el juicio divino sobre la repugnante inmundicia de los pecadores que habitaban en ellas, para poder inculcar en sus descendientes el temor a Jehová, pues "la paga del pecado es muerte" (ver. 18:19).

La intercesión de Abraham pone de relieve que el amigo de Dios lo era también de los hombres. Indudablemente le daría asco la impureza de los habitantes de estas ciudades al sur del Mar Muerto y se sentiría como un extraño entre ellos; no obstante, la comunión con Dios había despertado en él un profundo amor hacia su prójimo.

En su intercesión, Abraham presentó el problema de todas las épocas: ¿Cómo podía el justo juez castigar a los buenos junto con los malos? Una nota en la Biblia de Jerusalén observa: "Era tan fuerte en el antiguo Israel el sentimiento de la responsabilidad colectiva, que no se pregunta aquí si los justos podrían ser liberados individualmente". Puesto que todos habrían de sufrir la misma suerte, Abraham preguntó si acaso la presencia de los justos no apartaría el juicio de los culpables. Jehová contestó afirmativamente pero no había siquiera diez justos en Sodoma.

La intercesión de Abraham puede sernos de modelo. El patriarca combinó en esta intercesión la intrepidez con reverencia, consideró el carácter de Jehová y su justicia y persistió intercediendo hasta tener la seguridad de que Dios perdonaría la ciudad si hubiera en ella diez justos. Luego dejó los resul-

LOT Y SUS HIJAS HUYEN DE LA CIUDAD DE SODOMA

tados en las manos de Dios. ¿Tuvo éxito su intercesión? Aunque Dios no salvó a Sodoma, respondió liberando a Lot y su familia.

El "justo Lot" fue afligido por la mala conducta de los sodomitas (2 Pedro 2:7-8). Sin embargo, se le podía encontrar sentado a la puerta de la ciudad, es decir que se inmiscuía en los negocios y escuchaba los chismes de la ciudad. También permitió que sus hijas se desposaran con hombres de Sodoma. Así fue cediendo más y más. No pudo convencer a sus futuros yernos de que Dios juzgaría el pecado. Demoró y vaciló. Se sentía tan apegado a los beneficios materiales que ni aun la amenaza del azufre y del fuego le hizo recapacitar. Por el contrario, Abraham había aprendido a disfrutar de las cosas materiales pero sin olvidarse de la esperanza espiritual.

¿Por qué la esposa de Lot miró hacia atrás? Porque su tesoro estaba en Sodoma; allí también estaba su corazón. Parece que se rezagó en la llanura de Sodoma y fue alcanzada por la lluvia destructora. Probablemente se formó sobre su cuerpo una costra de sal y quedó allí convertida en estatua como una advertencia para aquellas personas cuyos corazones están en el mundo (Lucas 17:31, 32). La destrucción de Sodoma es también una advertencia de que Dios no soporta indefinidamente la maldad.

A ambos lados del Mar Muerto existen todavía yacimientos de petróleo que se derrite y arde. En la misma área se ha encontrado también una capa de sal mezclada con azufre. Se conjetura que Dios encendió los gases para producir una explosión enorme, y que así sal y azufre ardientes fueron arrojados sobre las ciudades de modo que literalmente "llovió fuego y azufre desde los cielos". Todavía hay columnas de sal en las cercanías del extremo sur del Mar Muerto, las cuales llevan el nombre de "la esposa de Lot". Actualmente el sitio de las ciudades juzgadas está cubierto por las aguas del Mar Muerto.

¡Pobre Lot!, perdió a su esposa y su hogar; sus hijas se corrompieron y mediante un truco planeado por ellas, Lot vino a ser el antepasado incestuoso de los grandes enemigos de Israel: los moabitas y los amonitas. Estos pueblos fueron notorios por sus abominaciones idolátricas y constituyeron el peligro de contagio para Israel a través de los siglos (Núm. 25:1-3; 1 Reyes 11:7, 33; Lev. 18:21; 2 Reyes 3:27). Lot es una muestra del hombre carnal que procura ganarse el mundo y a su vez retener lo espiritual. Lo perdió todo, salvo su propia alma.

PREGUNTAS

Abraham. Gén. 16-20

A. Sobre la Biblia

1—a) ¿Por qué pensó Sara que Dios no le daría un hijo propio? (Ver 16:3).

b) ¿Cuántos años tenía Abraham a esta altura?

c) ¿Cuáles fueron las consecuencias del plan de Sara para tener un hijo?

d) ¿Cómo se revela en el episodio de Agar el carácter de Dios? Señale dos o tres rasgos divinos manifestados en su trato con Agar.

2—a) En su opinión ¿por qué Dios se reveló a Abraham como "el Dios Todopoderoso"? (17:1). (Compare 16:16 con 17:1.)

b) En el capítulo 15, Dios no estipuló ninguna condición para que se cumpliera su pacto con Abraham. ¿Cuál es la condición que Dios le pone ahora?

c) ¿Cómo selló Dios el pacto con Abraham?

d) Dé el significado de los nombres: Ismael, Abram, Abraham, Sara e Isaac.

3—a) ¿Cómo reaccionó Abraham al anuncio de que Sara sería madre de naciones?

b) ¿Por qué le puso Dios el nombre Isaac al hijo que nacería (ver 17:17 y 18:12).

4—a) ¿Quiénes eran los tres varones que visitaron a Abraham? (ver 18:1, 16, 33; 19:1).

b) ¿Por qué Dios le reveló a Abraham su plan tocante a Sodoma y Gomorra?

c) De esta intimidad, otros escritores inspirados sacaron una conclusión acerca de Abraham. ¿Cómo lo llamaban? (ver Juan 15:15).

5—a) ¿Cuáles son los rasgos del carácter de Abraham que se ven en 18:16-32?

b) ¿A qué atributo de Dios apeló Abraham?

c) ¿Qué resultado dio la intercesión de Abraham?

6—a) ¿Qué lección práctica deriva usted del capítulo 20 en cuanto a la naturaleza humana, aun de creyentes, y la manera en que Dios obra frente a la debilidad de los suyos?

b) ¿Qué se dice acerca de la sanidad divina? Haga dos o más observaciones.

B. Sobre el libro

1—a) ¿Por qué razón Dios tardó tanto en darle a Abraham un hijo?

b) ¿Qué luz arroja la arqueología sobre el plan de Sara?

2—a) ¿En qué sentido cumplieron los descendientes de Ismael la descripción de "hombre fiero"?

b) ¿Quién era el Angel de Jehová?

3—a) ¿Por qué cambió Dios el nombre de Abraham?

b) ¿De qué era señal la circuncisión?

c) ¿Cuál era el significado espiritual de la circuncisión?

4— ¿Por qué era necesario levantar la fe de Sara reprendiéndola? ¿Qué parte tenía Sara en el cumplimiento de la promesa?

5—a) ¿Qué efecto produjo en su familia la decisión de Lot de residir en Sodoma?

b) ¿Cuáles fueron las tristes consecuencias en la historia de Israel que resultaron de la mundanalidad de Lot? Haga una aplicación práctica.

6— Note la treta de Abraham en el capítulo 20.

a) ¿Mintió realmente Abraham a Abimelec? (20:12). Si no, ¿cómo describe Ud. lo que Abraham hizo? ¿Es un pecado tan grave como mentir?

b) ¿Cuáles fueron las consecuencias de la treta de Abraham?

c) ¿Por qué Dios denominó "profeta" a Abraham?

C. Proyecto

Escriba un ensayo sobre Lot y los resultados de su egoísmo. Debe señalar sus grandes privilegios, su actitud ante la tentación, los pasos en descenso, su torpeza al no prestar atención a las lecciones de la vida, su ruina y las consecuencias en relación con los demás. También es interesante notar lo que dice el Nuevo Testamento referente a Lot.

9. Abraham y Abimelec. Cap. 20: Abraham, movido por el temor, recurrió al engaño como había hecho en Egipto. Puso así en peligro el cumplimiento del plan de la redención. Algunos creen que este relato no se halla en correcto orden cronológico, pues a esta altura Sara tendría noventa años. Es posible que haya ocurrido en los primeros años en que la pareja se encontraba en Canaán. A Abraham Dios lo denomina "profeta" (20:7), no en el sentido de ser como los otros profetas del Antiguo Testamento, sino porque tenía relaciones privilegiadas con Dios y era un intercesor poderoso. En este capítulo se encuentra la primera referencia a la sanidad divina como respuesta a la oración (20:17).

10. Nacimiento de Isaac; expulsión de Ismael. Cap. 21: Jehová premió grandemente la fe que tuvo Abraham a través de los veinticinco años de su peregrinaje a Canaán. También intervino milagrosamente para darle un hijo. El nombre Isaac, puesto al recién nacido, que parecía como un reproche a la risa incrédula de la pareja anciana, ahora tiene nuevo significado: era la risa de alegría por tener un hijo.

La presencia de Isaac en el hogar trajo otra prueba para el patriarca. Ismael, quien tendría aproximadamente dieciséis años, demostró su carácter burlándose de Isaac. Parece ser que fue motivado por su incredulidad y por su envidia. Sara percibió que la naturaleza del muchacho no concordaba con el espíritu de fe prevalente en la familia. Los dos linajes tenían que estar marcadamente separados. Sara pidió a su marido que expulsara a Ismael. Era penoso para Abraham echarlo, pero

Dios lo consolaba diciéndole que por medio de Isaac vendría su descendencia. Además, por amor a Abraham Dios cuidaría del joven y su descendencia formaría una nación grande.

Agar e Ismael aprendieron que aunque expulsados de las tiendas y sin la protección de Abraham, no estaban por eso alejados de la solicitud de Dios. El estaba con Ismael y lo cuidó en su juventud, haciendo así posible el cumplimiento de la promesa hecha por El mismo de que por medio de Ismael haría una gran nación. Sin embargo al casarse con una egipcia y al habitar en Parán, Ismael se alejó de la familia de Abraham.

El apóstol Pablo señala el incidente de la expulsión de la sierva y su hijo como una ilustración alegórica de la enemistad entre lo que corresponde al esfuerzo de la carne y lo que viene de la gracia o de la promesa. Agar representa el sistema por el cual los hombres procuran salvarse, por las obras de la ley, y Sara representa la doctrina de la gracia. Son incompatibles entre sí. Así como era necesario que la esclava y su hijo fueran echados para dar lugar al hijo de la mujer libre, es necesario desechar el sistema de las obras para heredar la gracia (Gál. 4:21-31).

El incidente por el cual los filisteos hicieron pacto con Abraham demuestra claramente que éste, con la bendición de Jehová, había llegado a ser un personaje de gran importancia e influencia a los ojos de los señores paganos. Estos reconocieron que Dios estaba con él en todo cuanto hacía (21:22). Deseaban su buena voluntad y ser sus aliados. Este relato recalca también la importancia de los pozos en aquella región donde la cantidad de lluvia llega a ser de 100 mm. durante el mes de enero y disminuye hasta llegar a nada en los cuatro meses del verano. La posesión de los pozos sería en el futuro motivo de roces entre los filisteos e Isaac (Gén. 26:17-33).

11. El sacrificio de Isaac. Cap. 22: El pedido de Jehová de que Abraham ofreciera a Isaac como sacrificio fue la prueba suprema de la fe del patriarca. Horton observa que le era difícil porque:

a) Se desgarraba el alma de Abraham ante el conflicto de su amor paternal y la obediencia a Dios.

b) Le parecía extraño porque Abraham ya sabía que no agradaba a Dios el concepto pagano de ganar el favor de los dioses sacrificando seres humanos.

c) Dios no le dio razón alguna que respaldara su pedido como había hecho cuando animó a Abraham a expulsar a Ismael.

d) El pedido era contrario a la promesa de que solamente por Isaac se formaría la nación escogida.[21]

Dice Mac Laren, "Parece que Dios estaba contra Dios, fe contra fe y promesa contra mandato."[22]

El propósito de la prueba era aumentar la fe de Abraham, darle la oportunidad de alcanzar una victoria mayor y recibir una revelación más profunda aún de Dios y su plan. Dios no tentó a Abraham como algunas versiones de la Biblia traducen Génesis 22:1. La tentación es del diablo y tiene el propósito de conducir al hombre al pecado (Sant. 1:12-15). En cambio, Dios **pone a prueba** al hombre para darle la oportunidad de demostrar su obediencia y crecer espiritualmente. Antes de exponer a Abraham a la prueba final, le había sometido a una larga preparación.

Aunque Abraham no entendió la razón del mandato de Dios, le obedeció inmediatamente. Parece que mientras viajaba hacia el monte Moríah meditaba sobre el conflicto entre el mandato de sacrificar a Isaac y las promesas de perpetuar el pacto por medio de él. Habrá pensado que la solución era creer que aun cuando atravesara con el cuchillo el corazón de Isaac y encendiera el fuego para que el cuerpo de su hijo quedara reducido a cenizas, Dios resucitaría a Isaac del montón de cenizas. Por eso cuando dejó a sus criados, les dijo que **volve-rían** a ellos (22:5; Heb. 11:19). Creer en el poder divino para resucitar a los muertos fue la cumbre de su fe. Tal clase de fe es indispensable al creyente para alcanzar la salvación (Rom. 10:9,10).

Lo que pasó después nos enseña que Dios no quiere que le ofrezcamos un cuerpo muerto sino un sacrificio vivo, una vida consagrada a EL (Rom. 12:1). "No extiendas tu mano sobre el muchacho... porque ya conozco que temes a Dios, por cuanto no me rehusaste tu hijo, tu único". Todo lo que Dios quería era la rendición de Abraham, un sacrificio en espíritu. Quería que Abraham mostrara que amaba más a Dios que a su propio hijo y las promesas dadas. ¿Exige Dios algo de nosotros que El mismo no esté dispuesto a dar? Nos amó de tal manera que no "escatimó ni a su propio hijo, sino que lo entregó por todos nosotros" (Rom. 8:32). Fue premiada grandemente la fe de Abraham. Recibió a su hijo simbólicamente de entre los muertos y le fue de allí en adelante más precioso que nunca. De la misma manera, lo que entregamos a Dios, él nos lo devuelve mucho más enriquecido y elevado que antes.

Abraham tuvo también una revelación más amplia de Dios y su plan. Llamó a aquel lugar **Jehová-jireh**, que significa "Je-

hová proveerá". El nuevo título de Dios llegaría a su plena expresión cuando otro Hijo, también prometido, sufriría la muerte en la proximidad del monte Moríah.* Tal vez se refiriera Jesús a esta revelación al decir: "Abraham... se gozó de que habría de ver mi día; lo vio y se gozó" (Juan 8:56). Probablemente Abraham vislumbró que Dios proveería un substituto, pero por supuesto no tenía la visión clara de la persona de Jesucristo.

12. La muerte y sepultura de Sara. Cap. 23: Sara es la única mujer de la Biblia de quien se menciona la edad que tenía al morir. ¿Por qué se dedica tanto espacio a su fallecimiento y sepultura? Tenía la misma fe que Abraham y es la

---

* La Biblia menciona el monte Moríah una vez más en 2 Crónicas 3:1. Era el sitio donde Jehová detuvo la peste sobre Israel. David lo compró y fue el lugar donde se edificó el templo de Salomón.

madre de los creyentes (1 Pedro 3:6), por eso merece un lugar de importancia en las Escrituras.

El significado principal de este capítulo estriba en el hecho de que al comprar Abraham la sepultura para Sara, demostró que creía que sus descendientes heredarían Canaán. No enviaría el cuerpo al sepulcro familiar en Mesopotamia, pues en este caso su tumba no estaría en la residencia permanente de los descendientes.

La primera propiedad adquirida en Canaán por los patriarcas fue un cementerio. Allí fueron enterrados Abraham, Isaac, Rebeca y Lea. Jacob estando en Egipto expresó el deseo de ser sepultado en Hebrón (49:29-32); su deseo fue acatado y sus hijos realizaron un peregrinaje especial a aquel lugar. Por esta causa Macpela llegó a ser el centro de la tierra prometida; el símbolo de la posesión de la tierra por el pueblo escogido.

Todos los detalles del negocio de la compra del lote de Macpela corresponden exactamente a las leyes ya conocidas de los heteos: se mencionan los árboles, se pesa la plata según las medidas de aquel entonces y los testigos anuncian la compra en la puerta de la ciudad. La costumbre hetea era enterrar a los miembros de la familia en una cueva o en perforaciones hechas en la roca. Actualmente se encuentra una mezquita musulmana en el sitio que se atribuye tradicionalmente a la cueva de Macpela.

13. Abraham busca esposa para Isaac. Cap. 24: Cuando llegó la hora en que Isaac debía casarse, se produjo en la vida de Abraham otra oportunidad para ejercitar su fe. Según las costumbres de aquel entonces, le correspondía a Abraham hacer los arreglos para el casamiento de su hijo.

Era muy importante que Isaac, como heredero de la promesa se casase con una creyente, una mujer que valorara el pacto de Dios. Abraham quería que la futura esposa de Isaac fuera de su parentela y no una de las cananeas paganas. Abraham no envió a Isaac a la Mesopotamia probablemente porque no quiso que su hijo fuera tentado a quedar allí y abandonar la tierra prometida. Por lo tanto envió allí a su criado más anciano y fiel, quien probablemente era Eliezer (15:2). En las palabras que dice Abraham a su siervo se nota la confianza implícita del patriarca en Dios: "Jehová enviará su ángel delante de ti y tú traerás de allá mujer para mi hijo" (24:7). La historia es tan importante, que del libro de Génesis, ocupa el capítulo más largo.

Guillermo Ross señala las lecciones prácticas del capítulo para el matrimonio:

1) Es responsabilidad de los padres procurar que sus hijos se casen en el círculo de la religión cristiana y de acuerdo con la voluntad de Dios.

2) Los cristianos no deben casarse con los no cristianos (Gén. 24:3-4; 2 Cor. 6:14-17).

3) Es importante escoger bien el lugar de su residencia (Gén. 24:4-9; 37-41); Lot se equivocó funestamente al escoger la morada para su familia. Abraham insistió en que su mayordomo trajese a la esposa de Isaac a la tierra prometida.

4) La oración debe tener un lugar importante al concertar un matrimonio. Hay amplios indicios de que Abraham e Isaac estaban orando.[23]

La oración del mayordomo pidiendo dirección es muy instructiva. Propuso una señal que en sí misma demostraría que la joven era una persona digna. Rebeca era en realidad mejor de lo que había pedido. No era solamente hospitalaria y bondadosa sino extraordinariamente hermosa y pura. Además de eso, era una mujer de carácter que no vaciló en cuanto a hacer la voluntad de Dios (24:58). Creyó y de buena voluntad se ofreció a ir a un país lejano para casarse con un hombre al cual nunca había visto. Cuando Rebeca divisó el que sería su futuro hogar, Isaac se encontraba en el campo meditando (tal vez orando para que Dios le diera éxito a su siervo en la misión encomendada). Ella se acercó a Isaac con humildad y respeto (24:65). Isaac la recibió con igual cortesía y respeto dándole el sitio de honor en la tienda de su madre. Se casaron e Isaac la amó. Fue un matrimonio planeado en el cielo.*

Se ve un hermoso paralelo entre la misión del siervo de conseguir una esposa para Isaac y la obra del Espíritu en preparar a una novia para Jesucristo. Al igual que el siervo no habló de sí mismo, el Espíritu no habla por su propia cuenta sino que habla acerca del Hijo de la promesa (Juan 16:13-15); de la misma manera que el siervo le obsequió a Rebeca cosas preciosas como un anticipo de las riquezas de Isaac, el Espíritu da dones y las arras del Espíritu a la Iglesia (2 Cor. 1:22); como Rebeca creyó y amó a Isaac su prometido sin haberlo

---

* No debemos suponer que si Dios guía a una persona a elegir a su compañera, la pareja resultante no tendrá ninguna dificultad matrimonial. No era así en el caso de Isaac y Rebeca, pues no obraban unidos en su relación con los hijos (25:28; Cap. 27). Eran seres humanos con defectos humanos. Para tener éxito en el matrimonio, cada uno de los contrayentes tienen que hacer su parte.

visto, el creyente, sin verlo, cree en Cristo, lo ama y se alegra con gozo inefable y glorioso (1 Pedro 1:8). Finalmente se ve en el largo viaje que tenía que hacer Rebeca la imagen de la jornada del cristiano a su hogar celestial.

14. La muerte de Abraham. Cap. 25:1-11: El hecho de que Abraham, cuyo cuerpo "estaba ya como muerto" (Rom. 4:19) haya podido engendrar seis hijos más con Cetura indica que recibió nuevos poderes procreativos al engendrar a Isaac. Los hijos de esa unión llegaron a ser los ascendientes de algunas tribus arábigas, las cuales se radicaron mayormente en el norte y noroeste de Arabia. Así Abraham fue padre de muchas naciones. El último acto de Abraham fue entregar todo cuanto tenía a Isaac haciéndole así heredero de las promesas.

Abraham murió a los ciento setenta y cinco años. "Fue unido a su pueblo. Y lo sepultaron Isaac e Ismael... en la cueva de Macpela" (Gén. 25:8, 9). Puesto que el pueblo de Abraham había sido sepultado en Mesopotamia, la frase "Abraham fue unido a su pueblo" no se refiere al sitio de su sepultura sino al encuentro con sus antepasados en la habitación de los espíritus de los muertos, llamado Seol. Esto nos enseña que existía la esperanza de la inmortalidad en este punto de la historia bíblica.

Dice Halley: "En términos generales, Abraham fue el más grande, el más puro y el más venerable de los patriarcas... Era 'amigo de Dios' y 'padre de los creyentes'; generoso, desprendido, un carácter magnífico y hombre cuya fe en Dios no tenía límites; y todo esto, en la vecindad y ambiente de Sodoma y Gomorra".[24]

Aunque técnicamente hablando, Isaac no es una figura profética* de Jesucristo hay puntos notables de comparación entre las dos personas. Igual a Jesús, Isaac tenía ciertas características:

---

* En el Antiguo Testamento se encuentran personas, instituciones, lugares, ceremonias y sucesos, que prefiguran correspondientes personas, objetos, etc. en el Nuevo Testamento. (Ver 1 Cor. 10:1-4; Heb. 8:4-5; 9:8-9; 10:1-2.) Se llaman tipos, símbolos o figuras proféticas. Un símbolo profético reúne ciertas características: 1) Debe haber una semejanza o punto notable de comparación entre el símbolo y lo que el símbolo prefigura. 2) Tiene que ser señalado como símbolo en el Nuevo Testamento. Es decir, tiene que haber una alusión o referencia neotestamentaria tal como la declaración de Jesús, "Yo soy el pan de vida", indicando que El fue el cumplimiento simbólico del maná (Juan 6:31-35). En cambio, Isaac no es un símbolo auténtico de Cristo pues no existe referencia o alusión a él como tal, aunque sí sirve como una ilustración de Jesús. 3) Cada símbolo tiene un solo significado. Por ejemplo, el candelabro del tabernáculo prefigura a la iglesia como una lámpara (Apoc. 1:20) pero no a la iglesia y a Cristo a la vez.

1) Era el hijo de la promesa cuyo nacimiento fue milagroso.

2) Fue llamado "único" y "amado hijo" de su padre (Gén. 22:2).

3) Fue presentado como sacrificio por su padre (Juan 3:16 y Rom. 8:32, 34).

4) Fue un hijo obediente y sumiso (Heb. 5:8 y Fil. 2:8, 5).

5) Fue resucitado en sentido figurado (Heb. 11:19).

6) Fue hecho heredero de todo lo que tenía su padre (Gén. 25:5; Heb. 1:2).

PREGUNTAS

Abraham. Gén. 21:1-25:18

A. Sobre la Biblia

1—a) ¿De qué manera cumplió Dios su promesa a Abraham? (17:16).

b) ¿Cuántos años transcurrieron desde que Abraham y Sara llegaron a Canaán?

c) ¿Qué significaba que Abraham circuncidara a Isaac?

2—a) ¿Cuál fue la nueva prueba que surgió en el hogar de Abraham?

b) ¿Cuál fue el motivo por el cual Dios lo animó a renunciar a Ismael?

c) ¿Cómo demostró Dios que tenía solicitud por Agar e Ismael?

3— ¿Cuál fue el testimonio acerca de Abraham que expresaron los príncipes cananeos?

4—a) ¿Cuál fue el motivo de Dios para pedirle a Abraham que ofreciera a su hijo en sacrificio? (Dios mismo expresa el motivo de la prueba.)

b) ¿Qué lección práctica ve Ud. en el pedido de Dios a Abraham? ¿Qué quiere Dios de nosotros?)

c) ¿Qué rasgo del carácter de Abraham evidencia el hecho de que haya salido temprano por la mañana para ir al Monte Moríah?

d) ¿Cómo sabía el escritor a los Hebreos que Abraham creía que Dios resucitaría a Isaac? (Heb. 11:19).

e) ¿Qué gran lección nos enseña la provisión de Dios de un cordero para el sacrificio? (Ver 22:14).

f) ¿Qué lección espiritual debería haber aprendido Isaac de su experiencia en el Monte Moríah?

5—a) ¿Nota Ud. en el capítulo 23 algún indicio de que Abraham creía que sus descendientes ocuparían la tierra de Canaán? ¿Cuál es? (Ver Heb. 11:13).

b) Describa el carácter de Sara. ¿Qué aspectos de ella deben imitar las mujeres? (Ver Heb. 11:11 y 1 Ped. 3:6).

6—a) ¿Cuál fue la actitud del siervo de Abraham hacia su amo y hacia la misión encomendada?

b) ¿Cómo percibió el siervo de Abraham la voluntad divina al elegir esposa para Isaac?

c) ¿Qué podemos aprender de él en cuanto a servir a Cristo? (Mencione algunos aspectos del servicio del siervo).

7—a) Indique por lo menos cuatro rasgos del carácter de Rebeca.

b) ¿Qué luz arroja el capítulo 24 sobre el carácter de Isaac?

   c) Extraiga de este capítulo tres lecciones prácticas en cuanto al matrimonio.

8—a) ¿En qué sentido fue Abraham "unido a su pueblo", al morir? (Note bien los términos de 25:8-10).

   b) ¿Cómo sabemos que no significa ser sepultado con sus antepasados?

   c) A su parecer ¿qué gran verdad nos enseña este pasaje?

B. Sobre el Libro

1—a) ¿Qué nuevo significado del nombre Isaac (risa) apuntó Sara al darle a luz?

   b) ¿Cómo emplea Pablo el incidente de la expulsión de Agar e Ismael para enseñar una verdad espiritual? ¿Tenemos nosotros el mismo derecho de hacer alegorías de las historias del Antiguo Testamento?

2— ¿Por qué la posesión de los pozos era frecuentemente causa de riñas en el libro de Génesis?

3—a) Mencione las razones por las cuales le era tan difícil a Abraham sacrificar a Isaac.

   b) ¿Cuál fue la cúspide de la fe de Abraham? (¿A qué conclusión llegó el patriarca al meditar sobre la imposibilidad del cumplimiento del pacto si su hijo moría.)

   c) ¿Cómo se relaciona este elemento de fe con la salvación? (Rom. 10:9,10).

   d) ¿En qué sentido vio Abraham el día de Jesucristo? (Juan 8:56).

   e) ¿Cuál era el sacrificio que Dios realmente quería?

4—a) ¿Por qué es importante que Abraham haya enviado a su siervo a la Mesopotamia para buscar esposa para Isaac en vez de darle una cananea? ¿Cómo se relaciona esta determinación con la fe de Abraham?

C. Proyectos

1— Haga una comparación entre el episodio del Monte Moríah y el del Monte Calvario. Incluya referencias del Nuevo Testamento.

2— Note el motivo y las consecuencias de las decisiones de Abraham y Sara. (Gén. 12-25).
Haga un diagrama de tres columnas: a) las decisiones, b) los motivos, c) los resultados.

B. ISAAC Y JACOB. Gén. 25:19 - 36:43

Isaac pasó la mayor parte de su vida en el sur de Palestina, en las cercanías de Gerar, Rehobot y Beerseba. Era un hombre meditabundo, conciliador, sosegado y aun pasivo. Su vida parece ser "sólo un eco de la de su padre". Cometió sus mismos errores, pero buscó a Dios. Con la excepción del capítulo 26, Isaac siempre ocupa un lugar secundario en el relato del Génesis. Sin embargo fue un hombre de fe y obediencia. Cumplió el propósito de Dios para su vida siendo guardián de sus promesas y transmitiéndolas a Jacob. Fue "un eslabón necesario" para cumplir el pacto hecho a Abraham.

1. El nacimiento de Jacob y Esaú, y la rivalidad entre ambos.
Cap. 25:19-34: Rebeca resultó ser estéril. Al compararse el versículo 20 con el 26 se ve que transcurrieron veinte años entre
el casamiento de Isaac con Rebeca y el nacimiento de Esaú y
Jacob. Al igual que el nacimiento de José, Sansón y Samuel,
el de los mellizos tuvo lugar después de un largo período de
tristeza y oración. Fue dada a Rebeca la profecía de que los
dos hijos serían fundadores de dos naciones antagónicas: la
nación que descendería del mayor serviría o dependería de la
nación que surgiría del más joven. En este caso Dios trocó la
costumbre de aquella época que favorecía al hijo mayor.

"Esaú" significa "velloso" y es el mismo patriarca que después fue llamado "Edom" o sea **rojo,** por haber comido un guiso
rojizo (25:30). Esaú fue el antepasado de los edomitas que ocuparon la región al oriente de Judá. El vocablo "Jacob" significa
"el que toma por el calcañar" pero más tarde Esaú lo interpretó
como "suplantador" (27:36). Esaú se convirtió en hábil cazador
siguiendo un alocado llamado en pos de emociones y aventuras.
Era impulsivo y aun generoso, pero sin dominio propio e incapaz
de apreciar los valores espirituales. Es una muestra del carácter del hombre natural. En notable contraste con Esaú, Jacob era un hombre pacífico que amaba la vida hogareña, eficien-
te en el manejo de los asuntos de la familia pero interesado,
mañoso y astuto en el trato con los demás. A pesar de esto,
le preocupaba lo espiritual. La diferencia entre los dos se
acentuaba por el hecho de que los padres mostraban parcialidad, cada cual por uno de los hijos y no actuaban como "una
sola carne". El matrimonio planeado en el cielo no era un
éxito absoluto en la tierra porque fallaban los esposos.

La venta de la primogenitura a cambio de un plato de
lentejas revela que Esaú no asignaba valor alguno a la misma
porque no tenía ideales fuera de la satisfacción física e inmediata. Posteriormente despreció el concepto de separación que
tenían sus padres y se casó con una hetea pagana (26:34). Se lo
denomina "profano" (Heb. 12:16) que significa carente de espiritualidad. En cambio Jacob anhelaba lo espiritual pero se
equivocó al suponer que hacía falta alguna estratagema humana
para colaborar con Dios en el cumplimiento de su promesa.
Los derechos y privilegios del primogénito por lo general abar-
caban una porción doble de la herencia y la jefatura de la familia durante la guerra y en el culto. En este caso incluía velar
por el pacto y perpetuar la línea mesiánica.

Tablas encontradas en Nuzu indican que en aquel entonces
la primogenitura era transferible, y en un contrato tal un hermano pagó tres ovejas para recibir una parte de la herencia.

2. Isaac bendecido en Gerar. Cap. 26: Este capítulo registra tres tentaciones a las cuales Isaac tuvo que hacer frente: abandonar la tierra prometida en un período de hambre, simular que Rebeca no era su esposa en un momento de peligro y reaccionar violentamente a la provocación de los filisteos. Falló en una de las pruebas (la segunda), pero salió victorioso en las otras dos. ¿Por qué le permitió Dios ser tentado en la misma manera en que Abraham había sido tentado? Quiso darle la oportunidad de demostrar si dependía de la fe de su padre o estaba dispuesto a confiar él mismo, implícitmente, en Dios. Tenía que aprender las lecciones de fe y consagración. Cada nueva generación necesita aprender por propia experiencia lo que Dios puede hacer por ella.

El mismo temor de una terrible hambre en Canaán que sobrecogió a Abraham en la generación anterior por poco abrumó a Isaac y lo tentó a seguir el ejemplo de su padre. Pero Jehová se le apareció a Isaac y le advirtió que no se trasladara a Egipto. Las promesas que le dio eran mayormente una repetición de las ya dadas a Abraham (26:2-5). ¿Rechazaría Isaac la perspectiva de beneficiarse con la abundancia de Egipto para alcanzar las invisibles bendiciones del lejano futuro? ¿Estaría dispuesto a perder las riquezas que su padre había acumulado? ¿Asignaría valor supremo a lo espiritual?

Isaac demostró que tenía la misma índole de fe que Abraham, morando como extranjero en la tierra prometida (Heb. 11:9, 10). Indudablemente perdió muchas riquezas, pero Dios empleó estas pérdidas para enseñarle lecciones espirituales. Después de la prueba, Jehová lo enriqueció con una cosecha extraordinaria y lo bendijo (26:12, 13). Al igual que Salomón, Isaac podía decir: "La bendición de Jehová es la que enriquece" (Prov. 10:22).

En la segunda prueba, Isaac cometió el mismo pecado en que su padre había caído al simular que Rebeca era su hermana. Abimelec lo descubrió acariciando a su esposa y ese descuido fue la evidencia que Dios usó para proteger a Rebeca. El Abimelec de este relato no era el Abimelec de la época de Abraham, pues parece que ese nombre era un título dinástico de los filisteos de esa región.

Los filisteos eran un pueblo comerciante del Mar Mediterráneo. Invadieron Egipto en el siglo XII A.C. pero fueron repelidos con gran matanza. Luego se radicaron en la costa oriental del Mediterráneo; Palestina derivó su nombre de ellos. Los filisteos de la región de Gerar son probablemente uno de los primeros habitantes que se establecieron en Canaán y no eran tan belicosos como los filisteos que vivieron posteriormente allí.

El relato en que se manifiesta la envidia de los filisteos arroja luz sobre el carácter de Isaac. El patriarca demostró el espíritu del Sermón del Monte dos mil años antes de que éste fuera pronunciado. Los filisteos lo consideraban un extraño y un intruso. Reclamaron para sí el territorio. Cegar los pozos era un acto de gran provocación ya que el agua era de vital importancia por ser un elemento escaso en aquella parte de Palestina. Isaac podría haberse defendido porque era "mucho más poderoso" que los filisteos (26:16), pero prefirió ceder que reñir, considerando que más valen la paz con los hombres y la bendición divina que el agua. Sin embargo llamó a los pozos "contención" y "enemistad" como una suave represión. Por fin los filisteos se cansaron de perseguirlo.

La paciencia de Isaac fue premiada grandemente por Dios. Encontró la paz que deseaba, no en el estrecho valle en el cual halló el primer pozo sino en un amplio y extenso valle donde había mucho territorio para ocupar. Dios se le apareció confirmándole el pacto. Isaac enriqueció su vida espiritual edificando un altar e invocando el nombre de Jehová. Sus antiguos enemigos procedentes de Gerar vieron que Jehová lo estaba bendiciendo. Llegaron buscando concertar un pacto con él y dieron un extraordinario testimonio de este pacificador (26:28). Así el relato nos enseña que Dios permite que sus hijos sufran pérdidas para darles algo mejor y para que resalte su carácter en los suyos.

3. Jacob suplanta a Esaú. Cap. 27:1-40: El complot de Isaac para entregar la bendición a Esaú y la contratreta de Rebeca y Jacob ponen en relieve la carnalidad de toda la familia. Enceguecido por los impulsos carnales y la parcialidad, Isaac estaba decidido a dar a Esaú lo que él bien sabía no pertenecía al hijo mayor, según la profecía (25:23). Esaú a su vez estaba dispuesto a recibir lo que había vendido por un plato de lentejas. Rebeca y Jacob no estaban dispuestos a dejar la situación en manos de Dios ni a confiar en que El era capaz de llevar a cabo la promesa sino que quisieron aportar sus métodos carnales. Como resultado, todos sufrieron. Al comprender que Dios había prevalecido sobre sus planes, Isaac se estremeció. Esaú se desilusionó y se amargó contra Jacob. Debido a las amenazas formuladas por Esaú, Jacob tuvo muy pronto que abandonar el hogar que tanto amaba y trasladarse a tierra extraña. Allí sufrió mucho bajo la mano correctora del Señor. Rebeca a su vez tuvo que despedirse del hijo amado para no verlo más: murió antes de que él volviera.

Es interesante analizar las tres bendiciones pronunciadas por Isaac:

a) La bendición transmitida a Jacob (27:27-29) revela que Isaac pensaba en la parte material que deseaba Esaú, pues no mencionó las promesas más importantes que Dios había hecho a Abraham. Pidió solamente la riqueza que nace de los campos, el señorío sobre sus hermanos y sobre los cananeos.

b) La bendición dada a Esaú (27:39-40) se refería principalmente a los descendientes de éste: los edomitas. Estos habitarían donde era difícil cultivar la tierra, fuera de la Palestina fértil. Volverían sus rejas de arado en espadas para vivir de la rapiña como bandoleros. Si se sometían a Israel serían librados de esa situación. Históricamente se cumplió pues Israel dominó a Edom desde la monarquía en adelante (ver Núm. 24:18; 2 Sam. 8:13-14; 1 Reyes 11:15, 16) y Edom se libró de Israel poco a poco (2 Reyes 8:20-22; Ezq. 35:3).

c) La bendición que Isaac transmitió a Jacob cuando éste estaba por irse a Padan-aram (28:3, 4) fue la verdadera bendición de Abraham porque incluyó tanto la tierra como la descendencia. En la visión de Bet-el, Dios mismo añadió la promesa mesiánica (28:14). Jacob fue desde entonces el heredero del pacto.

4. Jacob viaja a la Mesopotamia. Cap. 27:41-28:22: Motivada en parte por el temor de lo que pudiera hacerle Esaú a Jacob si éste se quedaba en su casa y en parte por el interés de que Jacob no se casara con una cananea, Rebeca animó a Isaac a que enviara a Jacob a la casa de Labán en Padan-aram Cuando Jacob dejó la casa, Isaac lo alentó impartiéndole la bendición del pacto y aconsejándole que buscara una esposa que fuera digna de compartir las bendiciones divinas.

En el camino hacia la casa de Labán, Dios dio a Jacob un maravilloso sueño con el fin de animarle y establecer su fe para que no vacilara en los largos y duros años venideros. En la visión, la escalera simbolizaba que existía una comunicación entre el cielo y la tierra. Jacob tenía el cielo abierto. Dios oiría sus oraciones y lo ayudaría. Los ángeles subían y bajaban por la escalera como mensajeros y ministros del gobierno de Dios sobre la tierra. Jesús aludió a esa visión diciendo a sus discípulos que verían "el cielo abierto y a los ángeles de Dios que suben y descienden sobre el Hijo del Hombre" (Juan 1:51); así que la escalera prefiguraba a Jesús, el verdadero Mediador entre el cielo y la tierra. Sólo por él tiene el creyente acceso al Padre (Juan 14:6).

Jehová confirmó a Jacob las promesas del pacto que su padre la había hecho al bendecirlo. Le prometió que lo acompañaría, guardaría y traería de vuelta a la tierra prometida. Estaría con él en forma activa y continua. Esto no significaba que Jehová aprobaría todo lo que hiciera Jacob, sino que lo acompañaría para llevar a cabo completamente su elevado propósito en él. La revelación divina en Bet-el era por pura gracia (un favor inmerecido). Jacob fracasó muchas veces, no obstante había algo en él que respondía a Dios y algo que Dios podía cambiar.

Al despertar, Jacob tuvo miedo pensando que había llegado por casualidad a la habitación terrenal de Dios y a la puerta del cielo. Luego su temor se convirtió en sobrecogimiento pues reconoció en forma reverente la presencia de Dios. Ungió una piedra como un acto de culto a Dios y también para dejar un monumento recordatorio del sitio hecho santo por la visión. Parece que Jacob trató de negociar con Jehová (28:20, 21), pero es poco probable que hiciera tal cosa pues fue movido por el temor, reverencia y gratitud. Además, todo lo mencionado por Jacob en 28:20, 21 Dios ya se lo había prometido en términos generales (28:15). Admirado, Jacob respondió a las promesas divinas diciendo que si Dios iba a hacer todo esto por él, no le quedaba nada más que adorarle.

PREGUNTAS

Isaac y Jacob. Gén. 25:19-28:22

A. Sobre la Biblia

1—a) ¿Qué problema semejante al de Abraham y Sara tuvieron Isaac y Rebeca?

b) ¿Cómo fue resuelto? (Note la actividad de Isaac.)

c) ¿Cuántos años transcurrieron entre el matrimonio de Isaac y Rebeca y el nacimiento de los gemelos? (Compare 25:20 con 25:26). ¿Qué enseña esto acerca de la oración de Isaac?

2—a) Indique los rasgos del carácter de Jacob y de Esaú manifestados en el incidente en que Esaú vendió su primogenitura.

b) ¿Qué lección extrae el escritor de Hebreos de la conducta de Esaú? (Heb. 12:14-17).

3—a) ¿Cuáles fueron las tres pruebas de Isaac que resaltan en el capítulo 26? ¿Cómo reaccionó ante cada una?

b) En su opinión ¿por qué fracasó Isaac (al mentir en cuanto a Rebeca) tan pronto después de haber recibido las promesas de Dios?

c) ¿Cómo recompensó Dios a Isaac por haber vencido la primera y la tercera prueba?

d) ¿Qué hizo Isaac, después de la segunda aparición, que no había hecho al oír la voz de Dios por primera vez? (Ver 26:24, 25; Sal. 116:12-14).

e) ¿Qué aplicación puede hacer en cuanto a los pozos espirituales que cavaron nuestros padres? ¿Qué debemos hacer para destaparlos?

4—a) ¿Qué motivo tenía Isaac para darle la bendición a Esaú?

b) Si Jacob no hubiera engañado a su padre, ¿habría sido heredero del pacto? Explique sus razones. (Analice bien la bendición que Isaac pensaba darle a Esaú). (27:27-29).

c) ¿Qué dos motivos impulsaron a Rebeca al mandar a Jacob a Padan-aram?

5—a) A su parecer ¿por qué Dios se manifestó a Jacob en Bet-el?

b) ¿Por qué Jacob estaba asustado cuando se despertó?

c) ¿Quiso Jacob negociar con Dios? Explique.

B. Sobre el libro

1— ¿Cuál era el propósito de Dios para la vida de Isaac?

2—a) ¿Cuál es el significado de la profecía dada a Rebeca? (25:23).

b) A pesar de sus grandes faltas de carácter, Jacob tenía un deseo muy bueno. ¿Cuál era?

c) ¿Cuál era el factor en el matrimonio de Isaac y Rebeca que contribuía a las discordias de los gemelos?

d) ¿Cuáles eran los privilegios que generalmente incluía la primogenitura?

e) ¿Cuál era el privilegio peculiar en la primogenitura recibida de los patriarcas Isaac y Jacob?

3—a) ¿Qué lección espiritual se puede extraer del hecho de que Isaac fue tentado en la misma manera que su padre?

b) ¿Qué rasgo admirable del carácter de Isaac sale a la luz en su reacción frente a la envidia de los filisteos contenciosos?

c) ¿Qué lección práctica extrae Ud. de este incidente?

4—a) En el capítulo 27, ¿cuál era el mal de cada una de las tres personas?

b) Demuestre cómo se cumplió la verdad de Números 32:23 en la vida de las tres.

c) ¿Cuándo fue que Isaac impartió a Jacob la verdadera bendición del pacto abrahámico?

d) ¿Cómo se cumplió la profecía de la bendición de Esaú?

5—a) A la luz de los acontecimientos posteriores en la vida de Jacob, ¿cuál fue el gran beneficio de la visión de la escalera?

b) ¿Qué prefiguraba la escalera?

C. Proyectos

1— Indique las semejanzas y diferencias entre Abraham e Isaac.

2— Escriba las semejanzas entre el carácter de Esaú y el del hombre natural. (Ver 1 Cor. 2:14).

5. Jacob en casa de Labán. Cap. 29 y 30: Los veinte años que pasó Jacob en casa de Labán fueron duros. Labán empleó contra Jacob la vieja arma del engaño que Jacob mismo anteriormente había utilizado. Dios usó las experiencias de estos años como una escuela para disciplinar y preparar a Jacob a fin de que éste fuera heredero de las promesas del pacto.

En la providencia de Dios, el primer miembro de la familia con que Jacob se encontró fue la hermosa Raquel. Parece que la quiso desde el primer momento de su encuentro. Dado que Jacob no tenía dinero para comprarla como novia, pagaría su precio con su trabajo. El gran valor que Jacob asignaba a Raquel, el trabajo de siete años que "le parecieron como pocos días", y la intensidad de su amor, arrojan luz sobre el carácter del patriarca. A raíz de ser engañado por Labán, Jacob seguramente comprendió cómo se sintió Esaú al darse cuenta de que había perdido la bendición que consideraba que le correspondía; Jacob no protestó mucho probablemente porque vio en ello la retribución de Dios. En vez de recibir a la querida Raquel, se había casado con Lea que era menos atractiva. Después de una semana también se le dio por esposa a Raquel pero tuvo que trabajar otros siete años más y sin recibir sueldo.

El matrimonio con las dos hermanas trajo consigo dificultades, celos y rozamientos. Tales matrimonios no fueron prohibidos sino hasta la ley de Levítico 18:18. De la unión polígama salieron los padres de las doce tribus de Israel. Dios demostró su desagrado por el trato que Jacob dio a Lea haciendo estéril a Raquel y fructífera a Lea. A la despreciada esposa deben su origen seis de las tribus y entre ellas la de Judá. Lo que a Jacob le parecía una treta cruel era realmente un gran medio de bendición.

La rivalidad entre Lea y Raquel explica los nombres de sus hijos, ya que éstos fueron dados de acuerdo con las circunstancias o sentimientos de las madres:

Rubén	significa	ved un hijo
Simeón	„	ha oído,
Leví	„	juntado,
Judá	„	alabanza,
Dan	„	juez o juzgó,
Neftalí	„	mi lucha,
Gad	„	buena fortuna,
Aser	„	bienaventuranza o feliz,
Isacar	„	hay una recompensa,
Zabulón	„	morada,
José	„	añadidura,
Benjamín	„	hijo de la diestra.

Los últimos dos hijos fueron de Raquel; Benjamín nació años después en la tierra de Canaán (35:16-20).

Durante los catorce años que Jacob sirvió a Labán para conseguir a Raquel, Dios bendijo a Labán por causa de su yerno. Jacob quiso volver a Canaán pero su suegro le insistió en que se quedara prometiendo pagarle como él indicara. Lo impresionó el hecho de que Jehová estaba con Jacob, pero él mismo no buscó a Dios, sino más bien pensó en beneficiarse con la relación entre su yerno y Jehová. Jacob pidió para sí el ganado anormal (ovejas negras y cabras moteadas) pues el color normal de las ovejas era el blanco y el de las cabras el negro (Cant. 4:2; 6:6; 4:1). Labán creyó hacer un buen negocio y actuó con astucia y prontitud mandando lejos los animales que le proporcionarían a Jacob un aumento de salario. En los años siguientes cambió repetidamente su paga (31:7), pero con la ayuda de Jehová Jacob iba tomando pago de su suegro. Jacob atribuyó a un sueño divino la ciencia de cómo aparear el ganado para producir más con el que Labán le había asignado (31:10-12), pero es mejor considerar que Dios obró un milagro para frustrar la viveza de Labán y bendecir a Jacob. Así fue que Jacob prosperó grandemente a expensas de su suegro y éste menguó.

6. **Jacob vuelve a la tierra prometida.** Cap. 31:1-33:17: Después de pasar veinte años en la casa de Labán, Jacob se dio cuenta de que era tiempo de salir de Padan-aram. Como Jacob prosperaba, Labán y sus hijos comenzaron a sentir envidia. Dios intervino y ordenó a Jacob que volviese a la tierra prometida. Raquel y Lea dieron su consentimiento a la decisión de Jacob. Recordaron que Labán había exigido catorce años de labor a Jacob como el precio de sus hijas y no les había dado a ellas la dote correspondiente a las novias; ellas ya no apreciaban a Labán. Antes de partir, Raquel robó algunas pequeñas imágenes familiares (terafim) pertenecientes a su padre, mediante las cuales esperaba reclamar su herencia, según la costumbre de aquel entonces.* Parece que Raquel no respetaba mucho los terafim pues se sentó encima de ellos habiéndolos escondido debajo de la albarda de su camello (31:34). Jacob se fugó clandestinamente, por temor. Preocupado principalmente por el robo de las imágenes, Labán lo persiguió pero Jehová le advirtió que no le hiciera daño a su yerno.

El pacto que hicieron Labán y Jacob demuestra que no se tenían confianza. Levantaron una piedra como señal que sirviera de límite entre los dos, hicieron un majano que serviría como testimonio del pacto e invocaron a Dios para que actuase

---

* Según las tablas de Nuzu, el heredero principal recibía los terafim. Al poseedor le daban ventajas legales y podía reclamar en los tribunales la herencia de la familia.

como centinela velando por el uno y por el otro mientras estaban separados.

Jacob no estaba en condiciones de volver a la tierra prometida y recibir las promesas del pacto de su padre Isaac, sin embargo Dios lo bendijo en el camino. Lo animó con una visión de ángeles protectores. Jacob llamó al lugar "Mahanaim", vocablo que significa "dos campamentos"; uno era su propio e indefenso campamento y el otro el de Jehová que rodeaba al de Jacob con su presencia y poder. El sitio de Mahanaim quedó comprendido después en el límite entre Manasés y Gad y fue una ciudad de refugio (Jos. 21:38).

Se espantó Jacob al oír que su hermano ofendido salía a su encuentro con cuatrocientos hombres (se supone que venían armados). No podía huir pues sus hijos y esposas lo acompañaban. Tomó precauciones para que en caso de ataque no fueran destruidos. Envió mensajes amistosos y luego mandó astutamente regalos para apaciguar la ira de Esaú, pero su hermano no le contestó ni siquiera una palabra; al parecer Jacob estaba entre la espada y la pared. Oró en una buena manera, echando mano de las promesas de Dios, reconociendo su propia indignidad y la divina fidelidad; pero no se dio cuenta de la causa fundamental de sus dificultades. Quiso ser liberado de Esaú pero su verdadero enemigo era Jacob mismo. Fue Jacob el que había engañado y erigido obstáculos en su propio camino. Dios quiso librarlo de su espíritu egoísta y carnal antes de permitirle entrar en la tierra prometida.

En la lucha con el ángel cerca del arroyo Jaboc, se aprecia en conjunto la vida de Jacob hasta esta altura. Siempre confió en sus propias fuerzas, en su astucia y en las armas carnales y había ganado. Ahora de nada le servían. Bastó un toque del ángel para que Jacob quedara cojo e incapaz de seguir luchando. Se arrojó en los brazos de Dios no pidiendo liberación de su hermano ni de ninguna otra cosa material sino pidiendo la bendición de Dios. Cambió las armas carnales por las de rendición, oración y confianza en Dios. Confesó que fue un "Jacob", que fue un "suplantador". Su victoria fue el sometimiento a Dios.

El Angel de Jehová cambió su nombre y esto indica un cambio de carácter (Juan 1:42; Gén. 17:5 y 15). Ahora es "el que lucha con Dios" y el significado de su nuevo nombre da la pauta de la manera en que venció. De aquí en adelante no era el engañador luchando astutamente con los hombres sino el hombre que obtenía victorias con Dios por medio de la fe. Su nuevo nombre fue transmitido a sus descendientes los cuales fueron llamados "israelitas" e "Israel" la nación del pacto.

Su cojera simbolizaba la derrota de su propio yo, su "espíritu quebrantado" y "un corazón contrito y humillado" (Sal. 51:17).

Jacob ya estaba preparado para entrar en Canaán. Posiblemente Dios haya usado la cojera de Jacob para tocar el corazón de su hermano Esaú de modo que éste al verle rengueando cambiara su actitud; parece que fue así porque toda su ira y resentimiento desaparecieron. Los dos se abrazaron y lloraron. Se ilustra la verdad de Proverbios 16:7 "Cuando los caminos del hombre son agradables a Jehová, aun a sus enemigos hace estar en paz con él". Sin embargo Jacob prudentemente rechazó la escolta ofrecida por Esaú y se fue por otro lado. Aunque los dos hermanos se reconciliaron, eran muy diferentes en espíritu y en carácter; el uno era hombre de mundo y el otro un siervo de Dios. Convenía que estuviesen separados.

7. Jacob y su familia en la tierra prometida. Cap. 33:18-36:43: Jacob había prometido a Dios que volvería a Bet-el (Gén. 28:22) pero fue solamente hasta Siquem. Allí compró una propiedad muy cerca de la ciudad cananea y se radicó cómodamente durante diez años aproximadamente. También edificó un altar tal vez para testificar de que Dios había sido fiel al permitirle regresar a Canaán y para expresar su fe en la promesa de poseer la tierra de Palestina. Sin embargo el edificar un altar no compensaba el incumplimiento de no regresar a Bet-el.

Jacob pagó un elevado costo por no cumplir su voto. Su hija Dina fue violada y por la influencia cananea sus hijos Simeón y Leví se convirtieron en seres crueles, traidores y vengativos. Nos extrañamos de que Jacob permitiera la unión de sus hijos con las cananeas, porque ellos debían permanecer separados, puesto que eran el pueblo escogido de Dios. La poca autoridad que él ejercía en su casa en aquel entonces, está demostrada por la forma de hablar y obrar. El ultraje perpetrado en los indefensos habitantes de la ciudad llenó el corazón de Jacob con el temor de una venganza colectiva de los cananeos, esto lo despertó para oír la voz de Dios que le mandó volver a Bet-el.

El patriarca respondió inmediatamente al mandato divino exhortando a su familia a quitar todo rastro del culto idólatra. Los zarcillos a veces indicaban su determinado estado social o elevado rango. Algunos tenían la figura de alguna divinidad y los consideraban amuletos. Jacob no podía obedecer a Dios y adorarle de todo corazón hasta que estos símbolos paganos estuvieran sepultados. Luego regresó a Bet-el. Jehová intervino sembrando terror en los corazones de los cananeos y protegiendo así a la familia de Jacob de la venganza de los paganos. En Bet-el Jacob edificó un altar efectuando nuevamente sus primeras obras (Apoc. 2:5). Dios se le manifestó y le confirmó su nuevo nombre y las promesas del pacto. Luego se trasladó a Hebrón, hogar de su padre Isaac. Allí tuvo comunión con Dios y algunas experiencias tristes que lo maduraron espiritualmente haciéndole así digno de su nombre "Israel". Raquel, su querida esposa, murió en el camino a Hebrón. Su hijo mayor Rubén, trajo vergüenza a su padre cometiendo incesto; por eso perdió su preeminencia entre las tribus hebreas y ésta fue pasada a Judá (49:3-5). Isaac, su anciano padre, murió también después de haber vivido algunos años con Jacob. Finalmente José fue vendido mientras que Jacob residía en Hebrón.

Se los ve a Jacob y a Esaú juntos por última vez en el entierro de su padre Isaac. Esaú y sus descendientes ocuparon la tierra de Seir (valle entre el Mar Muerto, el Golfo de Acaba y la región montañosa situada a ambos lados del valle). Así se formó la nación de Edom. Después del capítulo 36 ya no se habla más de Esaú. A lo largo de la historia de la nación de Israel, los edomitas fueron sus perpetuos enemigos (Abdías 10-14) y aun fue edomita (idumeo) el rey Herodes que vivió en el tiempo en que nació Jesús.

8. La importancia de Jacob: Las lecciones de la vida de Jacob son las siguientes:

a) Ilustra magníficamente la gracia de Dios. La elección de Jacob para continuar el linaje mesiánico y el pacto abrahámico no dependía del mérito humano sino de la voluntad de Dios (Rom. 9:10-12). Era hijo menor y tenía graves debilidades de carácter. Dios obró en la vida de Jacob revelándosele, guiándole en la casa de Labán (Gén. 31:13), protegiéndole de Labán (31:24), y por fin transformándole en Peniel. Todo fue hecho por gracia.

b) Enseña que Dios usa a los hombres, tales como son, para cumplir sus propósitos. Parece que Dios tiene que hacer lo mejor posible con el material que usa. Echó mano de Jacob con todas las imperfecciones de éste e hizo de él uno de sus grandes siervos.

c) La lucha con el ángel en Peniel nos enseña que las victorias espirituales no se ganan por medios dudosos tales como la fuerza y la astucia, sino aceptando la propia impotencia y echándose en las manos de Dios.

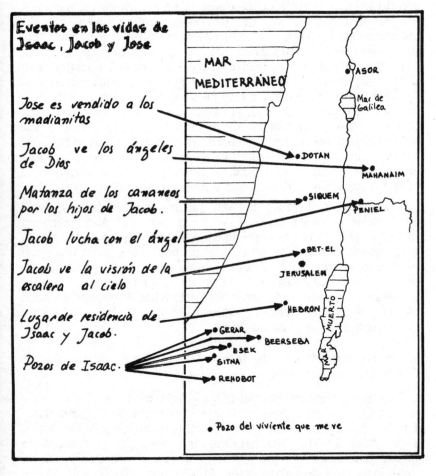

d) Ilustra la ley inexorable de la siembra y la cosecha. Jacob engañó a su padre anciano y ciego, pero él fue engañado por Labán y, después, cruelmente por sus hijos, al hacer desaparecer a José.

e) Demuestra la grandeza del plan mesiánico. Mediante la familia polígama de Jacob con muchos incidentes vergonzosos, Dios formaría la nación mesiánica y escogida por la cual vendría el Salvador del mundo.[25] En las familias de Abraham e Isaac solamente una persona fue heredera de las promesas por cada familia. Pero no hubo eliminación de personas en la de Jacob. Todos los hijos eran herederos de la promesa y llegaron a ser padres de las doce tribus.

PREGUNTAS

Jacob. Gén. 29-36

A. Sobre la Biblia

1—a) ¿Qué rasgo de carácter que singularizaba a Jacob se nota también en Labán?

 b) Dios no se menciona en 29:1-30, pero ¿qué evidencia ve Ud. en este pasaje de que Dios estaba obrando en la vida de Jacob?

 c) ¿Cuál era el designio de Dios al obrar así?

 d) ¿Qué luz arroja 29:20, 28 sobre el carácter de Jacob?

2—a) ¿Qué puntos ve en 29:31-30:24 que nos enseñan los males de la poligamia? (Tener más de una mujer).

 b) ¿Cómo desaprobó Dios la actitud de Jacob hacia Lea?

 c) ¿Qué nos enseña esto acerca del carácter de Dios?

 d) ¿Cuál de las esposas fue antepasada de Jesucristo?

 e) ¿Cuál fue el factor principal al elegir los nombres para los hijos de Jacob?

3—a) ¿Por qué quería Labán que Jacob siguiera trabajando para él después de que éste había cumplido los catorce años de trabajo?

 b) En su opinión, ¿cómo se puede explicar el éxito de Jacob al usar métodos que son en realidad inútiles en cuanto a la reproducción de animales?

 c) ¿Qué fue lo que produjo tensiones entre Labán y Jacob?

 d) ¿Qué rasgo del carácter de Labán se ve también en Raquel? (Mencione el incidente en que se revela.)

 e) A pesar de los defectos del carácter de Jacob, él tenía algunas virtudes notables. ¿Cuáles son? (31:6; 38-42).

4—a) A su parecer, ¿por qué Dios le dio a Jacob la visión del campamento de ángeles a su alrededor? (32:1-2).

 b) Dios luchó con Jacob antes de que éste hubiera entrado en la tierra prometida. ¿Ve Ud. el propósito divino en la lucha con Jacob? (¿Qué cambio era el que Dios quería obrar en Jacob?)

 c) ¿Cómo prevaleció Jacob contra Dios? (¿Fue un triunfo de su propia fuerza o de la fe? (Ver Oseas 12:3-6).

 d) En su opinión ¿qué nuevo rasgo de carácter simbolizaba la cojera de Jacob? (Sal. 51:17).

 e) ¿Cuál es la importancia del nuevo nombre que Jacob le puso a Dios? (33:20). Note cómo Jacob se había referido a Dios hasta este punto. (Gén. 31:5, 42, 53; 32:9).

5—a) En su opinión ¿quiénes se portaban más honradamente en el capítulo 34, Siquem y su padre o los hijos de Jacob? Explique, (ver 1 Ped. 2:12; 4:15).

 b) ¿Qué enseña este relato en cuanto al dominio que Jacob tenía sobre sus hijos?

6—a) A su parecer, ¿por qué mandó Dios que Jacob fuera a Bet-el? (Comparar 35:1 con 28:22).

 b) ¿Cómo preparó Jacob a su familia para volver a Bet-el? Haga una aplicación práctica.

 c) ¿Qué hizo Dios cuando Jacob le obedeció?

 d) Mencione las tristes experiencias de Jacob en Canaán descritas en el cap. 35.

B. Sobre el libro

1—a) ¿Cómo utilizó Dios los veinte duros años que Jacob pasó en la casa de Labán?

b) Al ser engañado la primera vez por Labán (29:25), ¿qué habrá sentido Jacob?

2—a) ¿Qué luz arroja la arqueología sobre el motivo que tuvo Raquel al robar las imágenes de la casa de su padre?

b) ¿Cuál fue el motivo principal por el que Labán persiguiera a su yerno?

3—a) ¿Por qué Jacob no estaba en condiciones de entrar en la tierra prometida? ¿Cuál fue la causa principal de sus dificultades?

b) ¿Cómo se puede aplicar esa situación de Jacob a la de muchos creyentes actuales?

c) ¿En qué usó Dios a Esaú para preparar a Jacob para heredar la tierra prometida?

d) ¿Qué cambio de armas hubo por el cual logró la victoria en la lucha con el ángel?

e) ¿Qué cambio efectuó Dios en Esaú?

f) ¿Por qué no se quedaron juntos Jacob y Esaú?

4—a) ¿Cómo expresó Jacob su fe en Dios al llegar a Siquem?

b) ¿Qué fue lo que despertó a Jacob para oír la voz de Jehová enviándolo a Bet-el?

5—a) ¿Cómo aprovechó Dios las experiencias penosas de Jacob en Hebrón?

b) ¿Cuál fue el castigo de Rubén por haber traído vergüenza a su padre?

c) ¿Qué importancia histórica tiene Esaú?

d) ¿En qué se diferencia el modo de heredar las promesas en la familia de Jacob del método que Dios usó para las familias de Abraham e Isaac?

e) ¿Qué importancia mesiánica tiene la familia de Jacob?

6— A su parecer, ¿cuál es la lección más importante de la vida de Jacob?

C. Proyecto

Explique Ud. los principios de la dirección divina que se ven en la partida de Jacob de la casa de Labán (31:1-16). (La coordinación del deseo, las circunstancias favorables y la Palabra del Señor).

C. JOSE. Gén. 37-50

1. **Introducción:** José es uno de los personajes más atrayentes de la Biblia. Ross observa que era un "idealista práctico", que tuvo al principio de su vida sueños que lo animaron y guiaron en el resto de su existencia.[26] El manifestó tal vez el carácter más cristiano de todas las personas descriptas en el Antiguo Testamento. Se nota la importancia de José en el hecho de que se le dedica casi tanto espacio en el Génesis como a Abraham. José es importante porque fue el eslabón

entre la vida nómada de los hebreos en Canaán y su vida sedentaria en Egipto.

Dios había revelado a Abraham que su descendencia pasaría cuatro siglos en tierra ajena (Gén. 15:13-16). La paciencia de Dios esperaría hasta que la maldad del amorreo llegara a su colmo antes de destruirlo y entregar a Canaán a los hebreos. Es evidente también la necesidad de que Israel fuera a Egipto. La alianza matrimonial de Judá con una cananea y su conducta vergonzosa descriptas en el capítulo 38, nos indican el peligro que había en Canaán de que los hebreos se corrompieran completamente y perdiesen su carácter especial. En Egipto los hebreos no serían tentados a casarse con mujeres egipcias ni a mezclarse con los egipcios pues estos despreciaban a los pueblos pastores (Gén. 46:34). Además, tan pronto como los cananeos se hubieran dado cuenta de los planes de los israelitas de establecerse permanentemente en Canaán y adueñarse de ella, los hubieran exterminado. Tal cosa no sucedería en Gosén. Allí, bajo la protección del poderoso Egipto, los hebreos podrían multiplicarse y desarrollarse hasta llegar a ser una nación numerosa.

Dios usó a José como instrumento para llevar a cabo su plan de trasladar su pueblo a Egipto. En toda la vida de José se destaca la providencia divina. La palabra providencia deriva de una latina — **providere: videre** significa "ver" y **pro,** "antes". De modo que quiere decir "ver por adelantado" o "prever". Dios prevé, y con ello también prepara los pasos necesarios para realizar todo aquello que El prevé. El diccionario Larousse define la providencia como la "suprema sabiduría de Dios que dirige todas las cosas". En ningún otro relato de la Biblia brilla más la providencia de Dios que en esta historia. El echa mano de los designios tergiversados de los hombres y los convierte en medios para efectuar su plan (Gén. 50:20). Dispone todas las cosas para el bien de los que le aman (Rom. 8:28).

2. José es vendido por sus hermanos. Cap. 37: El primer paso para situar a José en Egipto fue ser vendido como esclavo por sus hermanos envidiosos. Sus hermanos lo odiaban por varios motivos:

a) José comunicó a su padre lo mal que se hablaba de sus hermanos. A los diecisiete años fue enviado a sus hermanos para aprender a pastorear ovejas. La irreverencia y la baja moralidad de ellos lo escandalizaron. Los hijos mayores de Jacob habían cedido a ciertas prácticas paganas, un hecho que se ve en la conducta de Judá relatada en el capítulo 38. Parece que entre los hijos de Jacob sólo José mantuvo en alto las elevadas normas de la religión de Jehová. Si José hubiera participado en las conversaciones inmundas y la conducta mundana, lo habrían aceptado como uno de ellos.

b) Jacob lo amaba más que a sus otros hijos pues José nació en la vejez de Jacob y era el primogénito de su esposa predilecta, Raquel. Expresó abiertamente su favoritismo regalándole a José una túnica de colores que le llegaba hasta los tobillos y de mangas hasta las palmas de las manos. Esta clase de vestimenta la llevaban los gobernantes, sacerdotes y otras personas de distinción que no tenían que trabajar manualmente. La túnica de los obreros y pastores no tenía mangas y apenas bajaba de la rodilla. Los hermanos se habrían preguntado entre sí: "¿No será que nuestro padre entregará la primogenitura a José haciéndolo nuestro jefe en el culto y en la guerra?" Así provocó Jacob la envidia de sus hijos mayores.

c) José contó ingenuamente los sueños que profetizaban que el resto de su familia se inclinaría ante él en la misma forma que la gente rendía homenaje a los reyes en aquel tiempo. Por regla general, no conviene contar tales revelaciones hasta que se vea de qué manera Dios las llevará a cabo o hasta que Dios señale que deben contarse (ver Mat. 7:6). ¿Cuál fue el propósito de Dios al darle esos sueños? Los sueños dieron a José la convicción de que Dios tenía algún alto propósito para su vida y más tarde los mismos lo sostendrían en sus largos años de prueba.

Al enviar Jacob a José a obtener información respecto del bienestar de sus hermanos, les dio a éstos la oportunidad que esperaban. Pero se percibe que la mano de Dios lo guiaba aun en medio de las malas pasiones de sus hermanos. Se habían trasladado de Siquem hasta Dotán, situada unos 18 km. al norte. **Dotán** es un vocablo que significa "pozos gemelos" y existe hasta hoy en Dotán excelente abastecimiento de agua. La importancia del traslado de ellos reside en que Dotán estaba en la ruta de las caravanas que viajaban a Egipto. Rubén se interpuso con la intención de salvar a José de los planes asesinos de sus hermanos. En calidad de hijo mayor era responsable por la vida de José y parece haber tenido mayor consideración por su padre que los demás. Sin embargo por contemporizar con sus hermanos Rubén perdió la oportunidad de salvar a José. Los ismaelitas* llegaron en el momento oportuno. De esta manera Dios obró usando a hombres malos para llevar a José a Egipto.

La manera en que los hermanos actuaron ilustra cómo la envidia y el odio pueden endurecer la conciencia humana. Pasaron por alto la angustia y los ruegos del joven (42:21), se sentaron tranquilamente a comer pan después de echar a José en la cisterna. Luego de venderlo se felicitaban a sí mismos sin duda por su misericordia y buen ojo para las negociaciones. Después de esto engañaron cruelmente a su padre anciano. Al presentar la túnica manchada de sangre, le dijeron insensiblemente: "Reconoce ahora si es la túnica de **tu** hijo", como si José no fuera hermano de ellos. El hecho de que las Escrituras relaten con candor los detalles feos de los fundadores de las tribus de Israel es evidencia de su autenticidad e inspiración. Las leyendas de otros pueblos siempre atribuyen a sus fundadores características heroicas pero no reconocen en ellos faltas.

La congoja inconsolable del anciano padre no está a la altura de un hombre que había luchado con Dios y había prevalecido. Aunque no es malo expresar el pesar, pues aun Jesús lloró (Juan 11:35), el negarse a ser consolado revela una falta de sometimiento a la providencia de Dios. Parece que Jacob se olvidó de los sueños de José y no buscó el consuelo divino. Más bien, Jacob sintió la pérdida del único hijo que había apreciado lo espiritual y que lo había consolado con su presencia y amor después de la trágica muerte de su querida esposa Raquel.

3. José en la casa de Potifar. Cap. 39:1-20: Los madianitas no vendieron a José a una persona desconocida que vivía en un lugar oscuro y distante de la civilización, sino que lo llevaron a la misma capital de Egipto y lo vendieron a Potifar, capitán de la guardia real, persona de influencia en la corte del Faraón. Así José fue colocado donde se le presentaban las mejores oportunidades de conocer las costumbres de los egipcios, de ser iniciado en el arte de gobernar y sobre todo de ser introducido en la presencia de Faraón.

La suerte que corría un esclavo era muy dura pues una vez hecho esclavo quedaba siempre esclavo. Aparte de esto,

---

* Los mercaderes árabes solían llevar especies de Damasco a Dotán y seguían la costa hacia el sur. Surge una dificultad dado que a los mercaderes se les llama en 37:25 "ismaelitas" y en 37:28 "madianitas". Parecen ser términos intercambiables y que equivalían a mercaderes nómadas, pues se usan los términos así en Jueces 8:24.

José habrá sufrido la nostalgia dolorosamente de la casa y el cariño de su padre. Sin embargo, una vez llevado no dio señales de protesta. Se consagró de buena voluntad a cumplir sus deberes de esclavo. Se destacó como un joven concienzudo, industrioso y digno de confianza. Cuatro veces se dice en el capítulo 39: "Jehová estaba con José". F. B. Meyer observa: "El sentido de la presencia y protección del Dios de su padre, penetraba y tranquilizaba su alma, y le guardaba en perfecta paz.[27] Reconociendo que Dios prosperaba a José, Potificar lo hizo administrador de su casa.

La integridad que mantuvo José ante la tentación presentada por la esposa de Potifar, contrasta notablemente con la conducta de Judá registrada en el capítulo anterior. Judá era libre y de su propia voluntad incurrió en pecado en un lugar que él pensaba que era un santuario cananeo.* Por su parte José, esclavo, lejos de su hogar, tenía todo pretexto para rendirse a la tentación, pero echó mano de dos armas, la divina y la humana. "¿Cómo pues, haría yo este gran mal y pecaría contra Dios?" Consideró ese acto de inmoralidad como pecado contra su amo, contra la señora, contra su propio cuerpo y sobre todo contra su Dios. También usó el arma humana al alejarse de ella y por fin huyó cuando la tentación se hizo fuerte. Al ser calumniado, no reaccionó acusando a la mujer, ni aun defendiéndose a sí mismo. Parece que Potifar había dudado de la verdad de la acusación y se enojó principalmente porque había perdido un esclavo tan bueno. En vez de darle la muerte, que sería el castigo correspondiente al delito, Potifar le impuso a José la pena más leve posible para tales circunstancias.

4. José en la cárcel. Gén. 39:21 - 40:23: Después de haber trabajado con tanto ahínco, sin quejas y de haber llegado a un lugar de prestigio incomparable, José fue objeto de calumnias y cayó hasta el lugar más bajo y con menos esperanza que la de un esclavo. Pero José guardó silencio encomendando su causa en las manos de Dios y trabajando serena y diligentemente. ¿Por qué permitió Dios que José fuera encarcelado? Allí aprendería mucho de los altos personajes que compartían la prisión con él. También el pesar y la privación, el yugo llevado en la juventud, todo, contribuyó a

---

* La palabra traducida "ramera" (38:21) equivale en el hebreo a "santa" o "sacerdotisa". Actos inmorales eran parte del culto cananeo, de modo que Judá pensó que Tamar era una prostituta sagrada de la religión cananea.

formar un carácter firme, paciente y maduro para que José prestara grandes servicios a Dios y a los hombres cuando llegara el momento oportuno. Por último su estadía en la cárcel y su facultad de interpretar sueños le pusieron a su debido tiempo en contacto con el Faraón.

¡Cómo debe de haber brillado el carácter de José en medio de los presos resentidos y desanimados! El era consciente de que Dios lo acompañaba y éste era el secreto de su éxito. El jefe de la cárcel notó su industriosidad y su responsabilidad y le encargó el cuidado de toda la prisión y de los presos. En el caso de los dos funcionarios del rey, presos, vemos que José no permitió que su triste condición personal despojara su corazón de solicitud por otros o lo cegara hacia sus necesidades. Por su comunión con un Dios amoroso, estaba lleno de compasión. Interrogó al copero y al panadero, que estaban perturbados, y luego les afirmó que Dios tenía la interpretación de sus sueños. Aunque las interpretaciones divinamente dadas a José se cumplieron al pie de la letra, vio frustrada su esperanza de que el copero intercediera por él ante Faraón. La demora es con frecuencia parte de la disciplina divina. Por eso Dios demoró también la liberación de José, para proporcionarle un cumplimiento mayor de los sueños que le había dado hacía muchos años.

5. José llega a ser primer ministro. Cap. 41: Al contar treinta años de edad y después de trece años de disciplina y preparación (37:2 y 41:46), Dios permitió que José llegara al lugar donde podía honrarlo. El Señor dio a Faraón sueños tales que ni los magos, ni los sabios versados en la antiquísima sabiduría egipcia podían interpretar. Entonces el copero principal recordó que José había interpretado su sueño en la cárcel. Faraón llamó a José. Es de notar que José se negó a atribuirse a sí mismo mérito alguno en la interpretación de sueños; más bien testificó abiertamente acerca de Dios a Faraón. A pesar de que José no había visto todavía el cumplimiento de sus propios sueños y había pasado largos y duros años como esclavo y como preso, no había perdido su confianza en Dios. Interpretó el sueño de Faraón como una predicción de siete años de buenas cosechas seguidas de siete años de hambre. Aconsejó también que se eligiera a una persona prudente para hacer los preparativos necesarios para hacer frente al hambre, pero no sugirió que se lo eligiera a él; probablemente no sospechaba que el designado sería él.

De inmediato Faraón nombró a José como visir o primer ministro de Egipto. Lo respaldaba con la plena autoridad real

poniendo en su dedo su propio anillo de sello con el cual todos
los decretos y documentos oficiales se legalizaban y ponían en
vigor. Ordenó que todo el mundo se arrodillara ante José,
como si se tratara del mismo Faraón. Para que José tuviera
rango social, Faraón le otorgó un nombre egipcio y le dio por
esposa a la hija del sacerdote de On (Heliópolis), el centro
del culto al sol, cuyo sacerdocio tenía gran importancia polí-

tica. Así fue que José se emparentó con la más alta nobleza de Egipto.

José no se enorgulleció de su posición ni se aprovechó personalmente de su autoridad, más bien reconoció que fue llevado para desempeñar una labor en beneficio de otros, labor que emprendió inmediatamente. Pensaba más en su responsabilidad que en su dignidad. Primero recorrió toda la tierra de Egipto para inspeccionar sus recursos y organizar el trabajo. Luego cumplió en forma sistemática las instrucciones prudentes que Dios le había dado.

Los nombres que José puso a sus hijos indicaban que Dios le había mostrado su favor. El nombre **Manasés** (el que hace olvidar) demuestra que José había vencido la amargura. Era un testimonio de que Dios lo había hecho olvidar de todo el trabajo de los largos años de prueba y de la nostalgia de su hogar en Canaán. Fue tal vez la victoria más grande de su vida. Luego llamó a su segundo hijo "Efraín", (fructífero). Dios hace fructificar a los que saben perdonar y olvidar. Años después Jacob declaró que José era como una rama fructífera junto a una fuente (49:22). José podía fructificar porque tenía sus raíces en Dios, sosteniéndose mediante la comunión con él.

Los críticos liberales han puesto en tela de juicio el hecho de que Faraón llevara al puesto de primer ministro de Egipto a un esclavo extranjero, bajo condena y sin prestigio alguno. Pero el relato deja en claro que Faraón y sus siervos fueron en gran manera impresionados por el hecho de que el Espíritu de Dios residía en José de modo que la sabiduría del joven hebreo no era humana sino una operación sobrenatural de Dios (41:38). Se supone que el ascenso de José fue facilitado porque también en ese período ocupaba el trono de Egipto una dinastía de reyes asiáticos, los hicsos o reyes pastores. Los hicsos invasores tomaron el trono de Egipto en 1720 a. de J.C. y reinaron aproximadamente 140 años. Eran semitas y a veces nombraban a semitas para ocupar puestos importantes. Sería natural que un rey de los conquistadores de Egipto acogiera a los hebreos y los colocara en lo mejor de la tierra. No hay que extrañarse de que no se encuentre mención alguna de José en los existentes monumentos en Egipto, pues los egipcios odiaban a los hicsos. Al expulsarlos de Egipto, los egipcios procuraron erradicar toda huella de la ocupación extranjera de su país, hasta tal punto que los arqueólogos han tenido dificultad para reconstruir los detalles de los hicsos.[28] Sin embargo la arqueología confirma que muchos detalles mencionados en el relato acerca de José concuerdan con las costumbres de aquel entonces. Por ejemplo se han encontrado los títulos "jefe de los coperos" y "jefe de los panaderos" (40:2) en escritos egipcios. Otro dato confirmado es que se conocieron tiempos de hambre en Egipto, un Faraón según un escrito de la época tolemaica (2700 a. de J.C.) dijo: "Estoy desolado porque el río no se desborda en un período de siete años, falta el grano, los campos están secos y escasea el alimento". Desde la antigüedad era Egipto el granero de Canaán en tiempo de escasez. En la Piedra Rosetta hay un escrito que indica que el Faraón tenía la costumbre de poner en libertad algunos presos en el día de su cumpleaños, tal como lo hizo en el caso del jefe de los coperos (40:20). Otro dato lo aportan las figuras egipcias en los monumentos antiguos porque indican que los hombres no llevaban barba y así explican la razón por la cual José se afeitó antes de aparecer delante de Faraón (41:14). La escena de la investidura de José es netamente egipcia. Faraón dio a José su anillo de sello, lo hizo vestir con ropa de lino finísimo y puso un collar de oro en su cuello (42:42), las tres cosas mencionadas en las inscripciones egipcias que describen investiduras. Además los nombres Zafnatpanea, Asenat (pertenecientes a la diosa Neit) y Potifera (regalo del dios sol Ra), son nombres egipcios.[29]

PREGUNTAS

José. Gén. 37-41

A. Sobre la Biblia

1—a) ¿Qué demuestra Gén. 37:2 acerca del contraste entre el carácter de José y el de sus hermanos? (Ver también el capítulo 38).

b) Había tres cosas que provocaban la envidia de los otros hijos contra José. ¿Cuáles eran?

c) ¿Cómo actuó José en el asunto de sus sueños? ¿Nos conviene relatar nuestros sueños y visiones personales a otros? Haga una aplicación acerca de las revelaciones personales.

d) A su parecer ¿por qué le dio Dios a José tales sueños? Al transcurrir el tiempo ¿cuál sería el valor de los sueños en la vida de José? (Ver Hech. 9:15-16).

e) Describa la cadena de males que desató la envidia desenfrenada de los hermanos de José (Ver Sant. 3:16).

f) Si Dios estaba disponiendo todo, ¿por qué se trasladaron los hijos de Jacob de Siquem a Dotán? (37:14-17).

g) Note el pesar de Jacob al recibir la noticia de la desaparición de José. Considerando que Jacob creía en Dios ¿qué es censurable en su pesar?

2—a) Describa el carácter de Judá según se ve en el cap. 38.

b) A su parecer, a la luz del capítulo 38, ¿qué peligro corría la familia de Jacob viviendo entre los cananeos?

c) Note el lugar de Tamar en la línea mesiánica (Mat. 1:3). ¿Qué expresión de la naturaleza divina resalta en este hecho?

3—a) En su opinión ¿por qué Dios dispuso que José fuera vendido a Potifar en vez de ser vendido a un desconocido agricultor de Egipto? (¿Qué aprendió José en la casa de Potifar?)

b) ¿Qué cualidades de José resaltan durante su estadía en la casa de Potifar y luego en la cárcel?

c) ¿Qué frase que se encuentra varias veces en el capítulo 39 revela el secreto del éxito de José?

d) ¿Qué aprendió José en la cárcel que le ayudó más tarde al ser elevado a una posición de autoridad?

4—a) ¿A qué fuente atribuyó José, ante Faraón, su habilidad de interpretar sueños?

b) ¿Qué cosa observó Faraón en José que le impresionó tanto que lo hizo su primer ministro?

c) ¿Cuánto tiempo transcurrió entre la venta de José por sus hermanos y su ascenso a primer ministro? (37:2; 41:46). ¿Qué importancia tiene el factor tiempo en la preparación de José? Ver Sal. 25:4-5; 40:1-3).

d) ¿Qué significado nota Ud. en el nombre que José le puso a su primer hijo? (¿Qué mal se ve con frecuencia en los que sufren por las injusticias de otros?)

e) Si Cristo es el pan de vida y muchas personas a nuestro alrededor mueren de hambre espiritual, ¿cuál es la lección que observa en 41:54-57?

B. Sobre el libro

1—a) ¿Qué gran propósito tenía Dios con la vida de José?

b) Dé las razones por las cuales fue preciso que los hebreos fueran colocados en Egipto.

c) ¿Por qué era Egipto un lugar ideal para el desarrollo del pueblo hebreo?

d) ¿Qué actividad de Dios se destaca en la historia de José? Explique qué es.

e) Al regalarle Jacob a José una túnica especial, probablemente manifestó una intención censurable hacia sus otros hijos. ¿Cuál fue?

f) ¿Cuál podría haber sido el motivo de Rubén al tratar de salvar a José? ¿Por qué falló?

2—a) ¿Qué dos aspectos malos del adulterio vio José en la tentación de la esposa de Potifar?

b) ¿A qué conclusión llega Ud. acerca de la recompensa de parte de Dios y de los hombres por haber resistido la tentación? ¿Es inmediata? ¿Por qué?

3—a) ¿Qué luz arroja la historia secular sobre el hecho de que un Faraón egipcio elevara a un hebreo al puesto de primer ministro y luego diera la parte más fértil de Egipto a los israelitas? (Note que los egipcios despreciaban a los pueblos pastoriles, 46:34).

b) ¿Por qué no se halla ninguna referencia a José en los monumentos egipcios?

c) Mencione algunas evidencias arqueológicas de la veracidad del relato bíblico.

C. Proyecto

Haga una lista de los pasos providenciales mediante los cuales Dios efectuó el traslado de su pueblo a Egipto durante la vida de José.

6. José pone a prueba a sus hermanos. Cap. 42-45: Al ver
a los diez hombres de la familia de Jacob que llegaron a
Egipto para comprar alimentos, José reconoció inmediatamente a sus hermanos, pero ellos no lo reconocieron a él. Por fin
se cumplían los sueños de José. ¿Por qué los trató con severidad? Quería probarlos para ver si se habían arrepentido del
crimen cometido hacía más de veinte años. ¿Habían transmitido su envidia a Benjamín? José sabía que una reunión sin
comunión constituiría una burla. Si guardaban aun la envidia
y el resentimiento, no podría disfrutar de su compaña ni ellos
de la de él. En cambio hay ciertos aspectos del trato de José
con sus hermanos que demuestran que estaba animado de profunda solicitud por ello. También los nombres que dio a sus
hijos atestiguan que no guardaba enojo ni deseo de venganza
en su corazón.

Los tres días en la cárcel hicieron comprender a los hermanos la suerte a que habían expuesto a José (42:21-22). El
hecho de que José encarceló a Simeón en vez de Rubén, el
primogénito, que se había opuesto a maltratar a José hacía
veinte años, infundió en ellos la sensación de que los estaba
alcanzando la justicia divina. Aumentó su temor cuando encontraron su dinero en las bolsas. Ahora llegaron a la conclusión
de que Dios estaba arreglando cuentas con ellos. La oferta de
Rubén de entregar a la muerte a sus dos hijos a cambio, pare-
cería indicar un cambio de corazón, pero en realidad carecía
de profundidad, pues Rubén sabía que Jacob no daría muerte
a sus nietos. Sin embargo mostraron un cambio de actitud los
diez hermanos al no resentirse por la preferencia que José
mostró hacia Benjamín. El cambio de corazón se evidenció
sin lugar a dudas cuando se encontró la copa en el saco de
Benjamín. Todos los hermanos se ofrecieron como esclavos
y se negaron a partir cuando José demandó de nuevo que sólo
Benjamín se quedara como esclavo. Demostraron que estaban
más preocupados por Benjamín que por sí mismos. La intercesión conmovedora de Judá, saturada de compasión y amor
hacia su hermano y padre, convenció a José de que su arrepentimiento era verdadero y no pudo hacer otra cosa que revelarse a ellos. Los perdonó, aún los consoló diciéndoles que había
sido la mano de Dios la que lo envió a Egipto y no ellos. Dijo:
"Dios me envió delante de vosotros para preservaros posteridad
sobre la tierra y para daros vida por medio de gran liberación"
(45:7).

José no solamente perdonó a sus hermanos, sino que proveyó ampliamente para satisfacer sus necesidades. Les mandó
traer a sus familias y a Jacob a Egipto donde habitarían en

la región mejor de aquel país. Dios obró en el corazón del Faraón a fin de que concediera gratuitamente a Jacob y a su familia la parte de Egipto denominada Gosén. Así demostró su agradecimiento a José por haber salvado a Egipto del hambre. Gosén era la región nordeste del delta del Nilo, separada geográficamente del resto de Egipto, pero a unos 20 Km. de la sede central de José, Tanis. Era un lugar rico e ideal para que los israelitas llevaran una vida separada de los egipcios. Podían allí vivir juntos, multiplicarse, conservar sus costumbres y hablar su propio idioma. También su trabajo como pastores quedaba protegido de la influencia egipcia, pues los egipcios menospreciaban a los pastores (46:34). Mucho tiempo atrás, Dios había revelado que su pueblo viviría en tierra ajena (15:13-16). Ahora estaba por cumplirse. José fue el instrumento escogido para trasladar a los israelitas a Egipto.

7. Jacob y su familia descienden a Egipto. Caps. 46:1 - 47:26: De aquí en adelante hasta el capítulo 49 Jacob es la persona que más sobresale y se nota que ya era un patriarca digno del nuevo nombre que se le había dado en Peniel. Había pasado por la escuela del padecimiento, incluyendo su huida de Esaú, sus dificultades con Labán, la muerte de su amada Raquel, la humillación de Dina y los muchos años de soledad durante los cuales hizo duelo por José. Casi no pudo creer la noticia de que José no había muerto y que era el gobernador de Egipto. Al ver los carros enviados por Faraón, el patriarca cobró ánimo. Dios le confirmó la visión en que le había indicado ir a Egipto. Así es que no fue a la tierra de los faraones como un refugiado, sino como jefe de una familia que según la promesa de Dios se convertiría en una nación. La escena del reencuentro del anciano padre con su noble hijo es conmovedora. Para Jacob era como recibir a un muerto resucitado. Para José, significaba el punto cumbre de la aprobación de Dios por su fe y paciencia.

Luego José presentó una delegación de cinco de sus hermanos ante Faraón. Aunque éste había invitado a toda la familia a Egipto, José quería estar seguro de que no sería una decisión pasajera de Faraón. Era conveniente que los egipcios supieran también que Faraón estaba perfectamente de acuerdo con que se radicaran en Egipto.

La manera en que José presentó a su anciano padre a Faraón demuestra el profundo respeto que sentía por Jacob y que deseaba expresarle el honor más señalado. Lo presentó al rey egipcio como si presentara a un monarca. El rústico y anciano pastor demostró su fe y dignidad en esa ocasión. No se postró ante el gran potentado rodeado del esplendor de la corte egipcia, sino que invocó la bendición de Jehová sobre él. "El menor es bendecido por el mayor" dice Hebreos 7:7. Sus palabras a Faraón, "pocos y malos han sido los días de los años de mi vida"* contrastan marcadamente con sus palabras habladas al fin de su carrera, "el Dios que me mantiene desde que yo soy hasta este día, el Angel** que me liberta de todo mal..." (47:9; 48:15). Entre las dos ocasiones, Jacob vio la mano de Dios obrar a través de las circunstancias y consecuentemente la autoevaluación de su vida cambió radicalmente.

8. Jacob mira hacia el futuro bendiciendo a sus descendientes y profetizando. Caps. 47:27 - 50:26: Aunque Jacob, junto con su familia, disfrutaba de lo mejor de Egipto, nunca perdió la visión del futuro. Al igual que Abraham e Isaac, Jacob consideraba su vida terrenal como un peregrinaje (47:9, pues esperaba la ciudad... cuyo arquitecto y constructor es Dios (Heb. 11:9, 10). Tampoco se olvidó de las promesas del pacto, de que Israel sería una nación y heredaría la tierra de Canaán (48:3, 4). La confianza tanto de José como de Jacob de que los israelitas volverían a la tierra prometida se nota en las instrucciones que dieron en cuanto a su sepultura. Jacob mandó a sus hijos que lo sepultasen en el cementerio de Macpela, donde se encontraban los restos de sus padres, abuelos y también de Lea su esposa. José les pidió que llevasen sus huesos a Canaán porque "Dios ciertamente os visitará y os hará subir de esta tierra a la tierra que juró a Abraham" (50:24).

El escritor de la carta a los Hebreos eligió como muestra máxima de la fe del patriarca Jacob la bendición impartida a los hijos de José (Heb. 11:21). Adoptó a Efraín y a Manasés como hijos propios (47:16) y así distinguió a José con el privilegio de ser progenitor de dos tribus. A los hijos de José, Jacob dio la bendición de la primogenitura. (Rubén el primogénito perdió esta bendición por su incesto narrado en 35:22). El poner Jacob la mano derecha sobre Efraín, el hijo menor, indicaba que sería éste quien ocuparía el lugar de prominencia; en efecto, Efraín llegó a ser la más importante de las tribus ubicadas en el norte de Canaán. Aunque el de-

---

* Jacob consideraba que sus 130 años eran "pocos" comparándolos con los 175 de Abraham y los 180 de Isaac. Eran "malos" en el sentido de que estaban llenos de tristeza.

** En la frase "El Dios que me mantiene" o "me ha sustentado" (Nacar-Colunga), Jacob reconoce que Dios era su Pastor. La expresión "el Angel", sugiere los encuentros visibles de Dios con Jacob en los momentos de crisis especialmente en Peniel.

recho de primogenitura quedó establecido como de José (Efraín y Manasés), fue Judá quien llegó a ser el mayor de los doce hermanos (1 Crón. 5:2). La rivalidad entre la poderosa tribu de Efraín y la de Judá a través de los siglos de la historia de Israel puede haber sido uno de los factores que eventualmente causaron la división del reino hebreo, después de la muerte de Salomón.*

Al bendecir a sus hijos quienes fueron constituidos padres de las tribus de Israel, Jacob profetizó con asombroso discernimiento las características de las doce tribus. Rubén, por su carácter impetuoso e inestable, no cumplió su alto designio y por su impureza moral se hizo indigno de la prominencia. Su tribu se caracterizó por la indecisión en la época de Débora (Jueces 5:15) y más tarde parece haber sido eclipsado por Gad. Por otra parte, de tiempo en tiempo fue devastada por Moab.

A los violentos hijos Simeón y Leví se los maldijo por su alevoso ataque contra Siquem cuando vengaron a su violada hermana Dina (Gén. 34). En poco tiempo quedarían dispersas entre las demás tribus de Israel. Simeón, en medio de Judá (Jos. 19:1), fue absorbida principalmente por esta tribu. En cambio la dispersión de Leví se convirtió en una gran bendición, dado que esta tribu fue honrada con la función sacerdotal y la espada de violencia fue reemplazada por el cuchillo del sacrificio. La más importante bendición y la profecía más trascendente del capítulo es la que se refiere a la tribu de Judá (49:8-12). El erudito evangélico Derek Kidner observa que esta profecía presenta en miniatura el esquema bíblico de la historia.[30] Se compara a Judá con un león por su valentía, fuerza irresistible y supremacía sobre las otras tribus. Históricamente Judá fue puesta a la cabeza del campamento israelita en el peregrinaje por el desierto (Núm. 2:2-9; 10:14); fue designada divinamente para ser la primera en reanudar la guerra contra los cananeos después de la muerte de Josué (Jueces 1:1-2); su ejército en el período de David representaba más de un tercio de la totalidad de los soldados israelitas

---

* El liderazgo de Efraín entre las tribus del norte fue fortalecido por el hecho de que los centros de culto y asambleas políticas, Silo y Siquem se encontraban en su territorio, además los grandes líderes Josué y Samuel fueron efrainitas. Se manifestó a veces el orgullo de Efraín, consciente de tener la preeminencia (Jue. 8:1; 12:1-6). Nunca se resignó a la idea de pasar el cetro a la tribu de Judá bajo la casa de David (2 Sam. 2:1-11). La insensatez de la política de Salomón y la obstinación de Roboam al no responder a las demandas de las tribus del norte, precipitaron la rebelión de la tribu de Efraín y otras tribus en contra de Judá. Luego Efraín quedó con la indisputada supremacía en el reino del norte.

(2 Sam. 24:9). "No será quitado el cetro (insignia real o de mando) de Judá". A Judá le fue concedido el gran honor de ser el progenitor de la dinastía real, la casa de David.

Por fe Jacob miró hacia el lejano futuro y contempló la venida del Mesías. Judá ejercería la autoridad real sobre las otras tribus "hasta que venga Silo". No es claro el significado de la palabra "Silo" en el idioma hebreo, pero muchos estudiosos de la Biblia la interpretan de una u otra manera "hacedor de paz" o "aquel a quien le pertenece el derecho real". La última interpretación indicaría que el cetro o símbolo de autoridad real, estaría en manos de sucesivos reyes de Judá hasta que viniera el Rey a quien Dios reservaba el derecho de reinar y a quién rendirían homenaje las naciones (49:10b - Biblia de Jerusalén). Ezequiel 21:26-27 parece confirmar que Génesis 49:10 debe considerarse claramente un pasaje mesiánico. Esta profecía anticipó el gran hecho histórico de que el linaje real de David llegaría a ser eterno en Jesucristo. Cristo, el León de Judá y Príncipe de Paz, no constituye solamente la culminación de la dinastía de David sino también su más amplia expresión.

Algunos expositores consideran que Génesis 49:11-12 se refiere a la abundancia de viñas en el territorio de Judá, pero otros creen que el pasaje habla en sentido figurado de la exuberante abundancia del reino universal del Mesías, cuyo advenimiento se profetiza en el versículo anterior.

Es interesante notar cómo Jacob empleaba otros símbolos de animales para caracterizar a ciertas tribus. A Isacar se le compara con un robusto asno que ha perdido su vigor. Al igual que mucha gente, la tribu de Isacar estaba dispuesta a ceder su libertad para obtener seguridad económica y una vida sin riesgos ni responsabilidades. En vez de luchar por someter a los cananeos, aceptó ser sometido por ellos. La comparación de Dan con una serpiente venenosa que ataca sin aviso, tal vez se refiera proféticamente a la toma sorpresiva de Lais por esa tribu (Jueces 18:7-9). Neftalí sería como una cierva libre, efectivamente fue ubicada en un territorio fértil y tranquilo. En Jueces 19-20, se nota algo de la violencia de un lobo en la conducta de los benjaminitas. Así Jacob previó con exactitud algo del carácter y destino de las tribus hebreas. Las bendiciones sobre sus hijos constituyeron una apropiada conclusión del período patriarcal.

9. Lecciones de la vida de José: El libro de Génesis termina con las palabras "un ataúd en Egipto". José dejó el mundo testificando de su fe en la promesa de que Israel volvería a Canaán, pues mandó que su cuerpo fuera embalsamado para ser llevado a Palestina. Para los israelitas que estaban en Egipto, el ataúd era un símbolo de esperanza.

Uno puede aprender mucho estudiando la historia de José. Algunas de las lecciones que extrae Ross de esa vida son:

a) La pureza personal. Si no hubiera sido por la vida religiosa de José y su convicción en cuanto a la importancia de la pureza, habría sido arrastrado por pasiones carnales y habría cedido a la tentación. Pero había resuelto llevar una vida pura y se conservó intachable.

b) La prosperidad en los negocios es posible para el fiel siervo de Dios. Dios le prosperó a José y él es un ejemplo para nosotros.

c) La importancia de cuidar de nuestros padres.

d) Por medio de la cruz, obtener la corona. José sufrió como esclavo y después como preso durante los años de su juventud. Fue perseguido por sus hermanos, fue calumniado por la señora de Potifar y fue olvidado por el copero. Todo lo sufrió con paciencia. Pero sus sufrimientos fueron medios que lo llevaron a alcanzar la corona de autoridad en Egipto.

e) Toda la vida de José es una ilustración de la providencia de Dios. El Señor guió todos los pasos de José encaminando la maldad de los hombres y los sinsabores de la vida hacia su meta divina.[31]

M. G. Kyle dice: "José resalta entre los patriarcas con preeminencia en algunos aspectos. Su nobleza de carácter, su pureza de corazón y vida, su grandeza de alma como gobernador y hermano, lo hacen más que cualquier otro personaje del Antiguo Testamento, una ilustración viva de aquel modelo de hombre que Cristo daría al mundo en suma perfección. No se encuentra José entre las personas mencionadas en las Escrituras como símbolos de Cristo, pero ningún otro ilustra mejor la vida y obra del Salvador. El obtuvo la salvación para quienes lo traicionaron y le rechazaron, se humilló, perdonó a los que le maltrataron, y a él, igual que al Salvador, todos tenían que ir en busca de socorro, o si no perecer.[32]

PREGUNTAS

José y Jacob. Gén. 42-50

A. Sobre la Biblia

1—a) ¿Encuentra Ud. alguna evidencia en el capítulo 42 de que José ya había perdonado a sus hermanos? Indique los detalles del relato que apoyan su respuesta.

   b) En su opinión ¿por qué José no se dio a conocer inmediatamente a sus hermanos y los trató con aspereza? (¿No emplea Dios métodos semejantes? Heb. 12:6-11; Jer. 31:18-19).

   c) ¿Qué resultado produjo la estadía de los hijos de Jacob en la cárcel?

   d) ¿Por qué no quiso Jacob que Benjamín acompañara a sus hermanos a Egipto? (35:16-18; 44:20, 27).

   e) Fíjese en el error de la actitud de Jacob (42:36). ¿Qué lección que este relato enseña podemos aplicar cuando parezca que todas las cosas están en contra nuestra? (Ver Sal. 43:5; Rom. 15:13).

2—a) ¿Por qué accedió Jacob finalmente al pedido de Judá de que Benjamín acompañara a sus hermanos a Egipto? (Cap. 43).

   b) En su opinión ¿por qué le dio José a Benjamín una porción cinco veces mayor que cualquiera de las de los otros hermanos? ¿Era por afecto a Benjamín o para probar si sus hermanos todavía eran envidiosos? (Ver 37:4).

3—a) Al leer el capítulo 44, ¿cómo sabemos que los hijos de Jacob ya se habían arrepentido de su mal contra José y que eran hombres cambiados? (Haga un contraste en su actitud hacia su hermano menor y hacia su padre según los capítulos 37-44).

   b) Note la intercesión de Judá (44:16-34). Judá es el vocero de sus hermanos en el segundo viaje a Egipto. Contrastan sus actuales palabras con las de 37:26-27. ¿A quién se asemeja Judá ahora en cierto aspecto? (Juan 10:15).

4— ¿En qué versículos del capítulo 45 y 50 reconoce José la providencia de Dios?

5—a) ¿A qué persona envió Jacob realmente a Egipto según el capítulo 46?

   b) En su opinión ¿por qué Faraón trató tan generosamente a los hermanos de José? ¿Nota en este incidente un paralelo entre José y Cristo? (Efes. 1:6).

   c) Observe el contraste entre las dos apreciaciones retrospectivas de la vida de Jacob (47:9 y 48:15-16). ¿Qué lección práctica ve Ud. en la comparación?

6—a) ¿Cuál de los últimos actos de Jacob revela que era un gran hombre de fe?

   b) ¿Cómo mostró Jacob su preferencia por José?

   c) ¿Cómo demostró José que creía firmemente que los israelitas volverían algún día a Canaán?

B. Sobre el libro

1—a) ¿Cuál es la persona que más sobresale en los capítulos 46 y 47?

   b) ¿Por qué le reveló Dios a Jacob que debía ir a Egipto?

   c) ¿Cómo le demostró Jacob su dignidad a Faraón? ¿Cómo debemos considerarnos a nosotros mismos cuando estemos ante grandes políticos?

d) ¿Cuál era la ventaja de estar los hebreos todos juntos, apartados de los egipcios?

2—a) ¿A quién le impartió Jacob la primogenitura? ¿Por qué?

b) ¿Qué significado tenía el hecho de poner su mano derecha sobre Efraín, siendo éste el menor? (Note la importancia futura de Efraín.)

3—a) ¿Cuál es la bendición más importante del capítulo 49? Y ¿por qué?

b) ¿Cuál es el significado de 49:10?

C. Proyecto

Haga una comparación entre José y Jesucristo.

CITAS EN LA INTRODUCCION Y EN EL CAPITULO SOBRE GENESIS

1. C. O. Gillis, *Historia y literatura de la Biblia*, tomo 1, 1954, p. XLI (introducción).

2. Guillermo Ross, *Estudios en las Sagradas Escrituras*, vol. 1, *El pentateuco*, 1955, p. 12.

3. W. F. Albright, *From the stone age to Christianity*, 1957, p. 242.

4. W. F. Albright, *The archaeology of Palestine*, 1956, p. 273.

5. Gillis, *op. cit.*, p. 63.

6. Derek Kidner, *Genesis*, en *The Tyndale Old Testament commentaries*, 1971, p. 14.

7. Stanley Horton, *El maestro*, primer trimestre, 1966, p. 6.

8. Robert Jamieson, A. R. Fausset y David Brown, *Comentario exegético y explicativo de la Biblia*, tomo 1, s.f., p. 21.

9. Henry Halley, *Compendio manual de la Biblia*, s.f., p. 62.

10. Thomas L. Holdcraft, *The pentateuch*, s.f., p. 12.

11. Meyer Pearlman, *A través de la Biblia libro por libro*, s.f., p. 6.

12. C. F. Keil y F. Delitzsch, *Old Testament commentaries, Genesis to Judges*, vol. 1., s.f., p. 195.

13 Stanley Horton, *op. cit.*, p. 18.

14. Keil y Delitzsch, *op. cit.*, p. 128.

15. Alexander MacLaren, *Expositions of Holy Scripture*, vol. 1, s.f. p. 67.

16. Ross, *op. cit.*, p. 52.

17. Horton, *op. cit.*, p. 40.

18. F. B. Meyer, *Abraham o la obediencia de la fe*, s.f., p. 64.

19. Samuel Schultz, *Ley e historia del Antiguo Testamento*, 1971, p. 19.

20. Meyer, *op. cit.*, p. 102.

21. Horton, *op. cit.*, pp. 58-59.
22. MacLaren, *op. cit.*, p. 63.
23. Ross, *op. cit.*, p. 63.
24. Halley, *op. cit.*, p. 100.
25. *Ibid.*, p. 102.
26 Ross, *op. cit.*, p. 78.
27. F. B. Meyer, *José el amado*, s.f., p. 26.
28. M. G. Kyle, "Joseph" en *The international Bible encyclopedia*, vol. III, 1949, p. 1738.
29. Leon Wood, *A survey of Israel's history*, 1970, pp. 78-79.
30. Kidner, *op. cit.*, p. 218.
31. Ross, *op. cit.*, pp. 87-89.
32. Kyle, *op. cit.*, p. 1737.

CAPITULO 3

EXODO

INTRODUCCION

1. Título: Exodo significa "salida" y la Versión Griega intituló el libro así porque narra el gran evento de la historia de Israel: la salida de Egipto del pueblo de Dios.

2. Relación con los otros libros de Moisés: Exodo es el eslabón indispensable para unir inseparablemente el Pentateuco. Continúa la historia de los hebreos comenzada en Génesis en el mismo estilo inigualable de éste y acentuando el elemento personal. Es la figura de Moisés que domina casi todo el relato del Exodo. Los temas del sistema sacerdotal y de la ley de santidad comenzados en Exodo, a su vez se desarrollan en Levítico. También la historia de la marcha de Israel hacia la tierra prometida, la cual constituye la mayor parte de Números, encuentra su principio en Exodo. Finalmente se halla en Deuteronomio un eco tanto de Números como de Exodo. Por eso se llama a Exodo "El corazón del Pentateuco".

3. Egipto: La antigua tierra de los faraones abarcaba el valle angosto del río Nilo. Al Norte se iniciaba su extensión desde Asmán, cerca de las primeras cataratas, hasta el delta donde el Nilo desemboca en el Mar Mediterráneo; ocupa unos 950 kms. La agricultura de Egipto dependía del riego del Nilo y del sedimento que dejaban las aguas desbordantes del mismo cuando se retiraban después de inundar el valle. A cada lado de este valle hay un desierto desprovisto casi de toda forma de vida.

La historia de Egipto se remonta aproximadamente al año 3000 A.C., cuando el reino del valle del Nilo y el reino del delta fueron unificados por el brillante rey Menes. Treinta dinastías o familias reales reinaron durante los años 3000 hasta 300 a. de J.C. La ciudad de Menfis, situada entre el delta y el valle del Nilo, fue capital del reino hasta que se trasladó el gobierno de la región del sur a Tebas en la época del Nuevo Reino (1546-1085 a. de J.C.)

La época clásica de la civilización egipcia se llama el Antiguo Reino (2700-2200 a. de J.C.). Las enormes pirámides, edificadas, como tumbas reales, y la gran esfinge de Gizeh, fueron construidas en este período. Luego hubo dos siglos de decadencia seguidos por el Reino Medio (2000-1780 a. de J.C.). Surgió un poderoso gobierno centralizado bajo la duodécima dinastía que trajo proyectos de irrigación, explotación minera de cobre en la Península de Sinaí y la construcción de un canal entre el Mar Rojo y el Río Nilo. El comercio egipcio se extendió a las tierras marítimas de la parte oriental del Mar Mediterráneo. Florecieron la educación y la literatura. Esta época brillante fue seguida a su vez por dos siglos de decadencia y de gobierno débil.

En el siglo XVIII los hicsos invadieron Egipto y establecieron su capital en Tanis (Zoan Avaris). Los invasores procedían probablemente de Asia Menor y utilizaron carros tirados por caballos y el arco compuesto, armas desconocidas para los egipcios. Sin embargo los hicsos permitieron que los egipcios mantuvieran un gobierno secundario en Tebas y en el bajo Egipto. En 1570 a. de J.C. los egipcios dirigidos por Amosis I expulsaron a los odiados hicsos y establecieron el Reino Nuevo (1546-1085 a. de J.C.). Los hebreos estuvieron en Egipto en aquel entonces. Tebas fue hecha capital de Egipto. Todavía existen las grandiosas ruinas de esta ciudad. Dice Halley: "Ninguna ciudad tenía tantos templos, palacios y monumentos de piedra inscritos en colores ricos, brillantes y resplandecientes de oro".[1] Indudablemente muchos de los magníficos monumentos en las ciudades egipcias representan el trabajo, el sudor y la sangre de incontables miles de esclavos.

El más famoso conquistador egipcio y fundador del imperio de Egipto en la época del Nuevo Reino fue Totmes III (Tutmosis III) que reinó entre 1500 y 1450 a. de J.C. Dirigió dieciocho campañas militares mediante las cuales subyugó a Etiopía, Palestina y Siria extendiendo el dominio egipcio hasta el río Eufrates. Construyó una flota y acumuló grandes riquezas. Suele comparársele con Alejandro Magno o con Napoleón en el sentido de que fue el fundador de un gran imperio. También Totmes III fomentó la construcción de edificios públicos ampliando el gran templo de Karnak y levantando numerosos

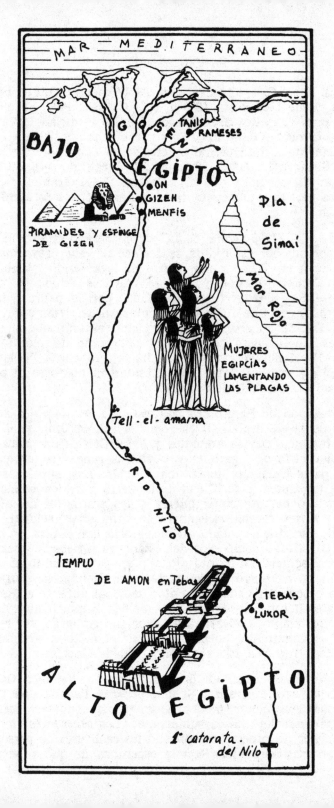

obeliscos. Sin embargo, Amenhotep IV (Akhenaton), que reinó después, desde 1369 hasta 1353 a. de J.C., descuidó el imperio egipcio pues se dedicó a establecer el culto al dios solar Atón como única deidad de Egipto. Enfrentó mucha oposición y consecuentemente Egipto perdió mucho de su dominio sobre Canaán y Siria. Seti I (1302-1290 a. de J.C.) trató de reconquistar los territorios perdidos y su hijo Ramsés II (el Grande) siguió sus pasos, pero tuvo que contentarse con un pacto de no agresión con Siria.

Ramsés II (1290-1224 a. de J.C.), considerado el Faraón del Exodo por muchos estudiosos, se destacó por sus proyectos de construcción en Tebas y por continuar levantando las ciudades de almacenaje Pitón y Ramsés. Algunos estudiosos piensan que estas ciudades fueron fundadas por su padre Seti I, pero otros creen que fueron construidas originariamente por Totmes III. Se encontró un papiro contemporáneo que describe las labores para construir la puerta de un templo de Ramsés II. Habla de obreros que hacían su cuota de ladrillos cada día y de oficiales que no tenían ni hombres ni paja para producir los ladrillos.

La religión de Egipto era politeísta. Se rendía culto a las fuerzas de la naturaleza tales como el sol, la luna y el río Nilo y también ciertos animales y aves. Deificaron animales tales como el toro, el gato, el cocodrilo, la rana y la serpiente. Por su parte cada dios tenía una función. Los egipcios atribuían a los dioses la fertilidad de la tierra y de los animales, la victoria o derrota en la guerra y las crecientes del Nilo. Algunos dioses fueron elevados a prominencia nacional por medio de decretos de estado. El dios Horus con cabeza de halcón se constituyó como dios del estado ya en los albores de la historia egipcia. La quinta dinastía apoyaba el culto al dios solar Ra cuyo centro de adoración fue Heliópolis (On), y Amón por poco fue constituido dios nacional durante el Reino Medio y el Reino Nuevo. Para esta deidad fueron construidos magníficos templos en Karnak y Luxor. Sin embargo, por regla general el común del pueblo no prestaba culto a los dioses nacionales, sino que adoraba a las deidades locales.

Los egipcios creían en la inmortalidad y su dios Osiris simbolizaba esta esperanza. Si una persona llevaba una vida buena podría resucitar, pero primero tendría que ser juzgada por el tribunal del mundo subterráneo. Los sacerdotes embalsamaban por un proceso complicado los cadáveres de personajes y personas adineradas con la esperanza de que volvieran a vivir en el futuro. Así fue el ambiente en el cual vivieron los hebreos durante un período de más de cuatrocientos años.*

4. La fecha del éxodo: No cabe duda alguna de que los israelitas salieron de Egipto en el lapso comprendido entre 1450 y 1220 a. de J.C. Israel ya estaba radicado en Canaán en el año 1220 a. de J.C., pues un monumento levantado por Faraón Mereptah hace alusión al combate entre egipcios e israelitas en Palestina en aquella fecha. Sin embargo faltan evidencias conclusivas en cuanto a la fecha exacta del éxodo.

Hay dos opiniones principales respecto de esta cuestión. Según la primera, el éxodo dataría de alrededor del año 1440 a. de J.C. Según la segunda opinión, tuvo lugar en el reinado de Ramsés II entre 1260 y 1240 a. de J.C. Si la fecha temprana es correcta, Totmes III, el gran conquistador y constructor, fue el opresor de Israel, y Amenhotep II fue el Faraón del éxodo. Hay evidencias de que Totmoses IV, el sucesor de Amenhotep II no fue el hijo primogénito de éste, un hecho que concordaría con la muerte del primogénito del Faraón del éxodo. Los que favorecen la fecha temprana piensan que los invasores de Canaán durante el siglo XIV, mencionados como **habiru** en los documentos históricos, no son otros que los hebreos, que bajo Josué invadieron Palestina. En las famosas cartas del Tel-el-Amarna, escritas por jefes de las ciudades-estados de Canaán dirigidas a los faraones Amenhotep III y Amenhotep IV en el siglo XIV, hay indicaciones de que Palestina estaba en peligro de perderse en mano de los **habiru**. Los jefes cananeos clamaron por ayuda egipcia pero Amenhotep IV estaba tan ocupado estableciendo el culto a su dios Atón que desoyó sus ruegos.

5. Propósito y mensaje del libro: Exodo relata cómo la familia escogida en el Génesis llegó a ser una nación. Registra los dos eventos trascendentes de la historia de Israel: la liberación de Egipto y la entrega del pacto de la ley en Sinaí. La liberación de Egipto hacía posible el nacimiento de la nación; el pacto de la ley modelaba el carácter de la nación a fin de que fuera un pueblo santo.

El libro describe, en parte, el desarrollo del antiguo pacto con Abraham. Las promesas que éste recibió de Dios incluían un territorio propio, una descendencia numerosa que llegaría

---

* Jehová reveló a Abraham que los hebreos morarían en "tierra ajena" (Egipto) cuatrocientos años (Gén. 15:13). Sin embargo Exodo 12:40, 41 indica que pasaron "cuatrocientos treinta años" en Egipto. ¿Hay una contradicción entre las dos cifras? Se considera exacta la última cifra y redonda la cifra que reveló Jehová al patriarca.

a ser una nación y la bendición de todos los pueblos a través de Abraham y su descendencia. Primero Dios multiplica su pueblo en Egipto, luego lo libera de la esclavitud y entonces lo constituye una nación.

Exodo es un libro de redención. El redentor Jehová no solamente libera a su pueblo de la servidumbre egipcia mediante su poder manifestado en las plagas, sino también lo redime por sangre, simbolizado en el cordero pascual. La pascua tiene un lugar céntrico en la revelación de Dios a su pueblo, tanto en el Antiguo Pacto como en el Nuevo, pues el cordero pascual es un símbolo profético del sacrificio de Cristo, por eso la fiesta de Pascua se convirtió en la conmemoración de nuestra redención (Lucas 22:7-20).

Jehová provee a su pueblo redimido todo lo que necesita espiritualmente: los israelitas precisan una revelación del carácter de Dios y de la norma de conducta que El exige y El les da la ley pero también pactó con ellos estableciendo una relación sin comparación y haciéndolos su especial tesoro. Los hebreos, redargüidos de pecado por la ley, necesitan la limpieza y Jehová les proporciona un sistema de sacrificios. Necesitan acercarse a Dios y prestarle culto, y Dios les da el tabernáculo y ordena un sacerdocio. Todo esto tiene el fin divino de que sean una nación santa y un reino de sacerdotes.

Exodo arroja luz sobre el carácter de Dios. En la liberación de su pueblo se ve que es misericordioso y poderoso. La ley revela que El es santo; el tabernáculo, que El es accesible por medio de un sacrificio aceptable.

Es evidente el paralelo entre la liberación de los esclavos israelitas y un mayor éxodo espiritual efectuado por la obra y persona de Jesucristo. Egipto llega a ser un símbolo del mundo pecaminoso, los egipcios símbolo de pecadores esclavizados y Moisés símbolo del redentor divino que libera a su pueblo mediante poder y sangre y lo conduce a la tierra prometida.

6. **Tema:** JEHOVA REDIME A SU PUEBLO Y LO TRANSFORMA EN UNA NACION.

7. **Estructura:** Se representa el contenido de Exodo por medio de tres montañas altas y un valle. En la historia hebrea las montañas son: la liberación de Egipto, el otorgamiento de la ley y la revelación del plan del tabernáculo. El valle sombrío es el episodio del becerro de oro. Se divide el libro así:

I. Israel es liberado 1:1 - 15:21

   A. Dios levanta un caudillo Caps. 1-4
   B. El conflicto con Faraón Caps. 5-11
   C. Israel sale dè Egipto Caps. 12:1-15:21

II. Israel viaja a Sinaí 15:22 - 18:27

   A. Pruebas en el desierto 15:22-17:16
   B. Jetro visita a Moisés Cap. 18

III. Israel en Sinaí 19-40

   A. El pacto de la ley 19-24
   B. El pacto violado y renovado Cap. 31:18-34:35
   C. El tabernáculo 25:1-31:17; 35:1-40:38

ISRAEL ES LIBERADO. Exodo 1:1 - 15:21

A. DIOS LEVANTA UN CAUDILLO. Cap. 1-4

   1. Servidumbre en Egipto. Cap. 1: Han transcurrido aproximadamente trescientos años desde la muerte de José. Los setenta hebreos que se habían radicado en el fértil delta del río Nilo se han multiplicado en centenares de miles. Pero el pueblo israelita, otrora objeto del favor del Faraón, es ahora esclavo temido y odiado del rey egipcio.

   La situación política ha cambiado radicalmente en Egipto. Los hicsos, pueblo que había ocupado el país durante casi dos siglos, han sido expulsados, y el Alto Egipto y Bajo Egipto volvieron a unificarse. Egipto ha llegado al apogeo de su poderío militar y se inicia un gran programa de construcción de ciudades de depósito. Una nueva familia de faraones se sienta en el trono egipcio y los servicios que José había prestado a Egipto constituían sólo un modesto recuerdo del régimen odiado que había desaparecido. No hay gratitud hacia los hebreos en los corazones egipcios. Ven con alarma el asombroso y sobrenatural crecimiento de la población israelita. ¿Se convertiría Gosén en una vía de entrada para conquistadores extranjeros? ¿Se aliarían los israelitas e invasores para derrotar a los egipcios? Por otro lado Faraón no quiere que los hebreos se vayan. Con dureza los obligará a servir como esclavos y así los desmenuzará en número y a la vez se aprovechará de ellos para realizar la construcción de obras públicas. Faraón organiza a los hebreos en cuadrillas bajo capataces para sacar barro y formar ladrillos, construir edificios, canales y preparar hoyos para la irrigación.

¿Por qué permitió Jehová que su pueblo fuera oprimido tan cruelmente? Quería que naciera en ellos el deseo de salir de Egipto. Probablemente los israelitas estaban tan contentos en Gosén que se habían olvidado del pacto abrahámico por el cual Dios les había prometido la tierra de Canaán. Además, algunos de los israelitas, a pesar de vivir en Gosén separados de los egipcios, comenzaron a practicar la idolatría (Josué, 24:14; Ez. 20:7, 8). Tan grande fue su decadencia espiritual que Egipto se convirtió en símbolo del mundo y los israelitas llegaron a representar el hombre no regenerado. Se necesitaba algo drástico para sacudirlos a fin de que quisieran retornar a la tierra prometida.

Sin embargo Dios frustra el plan de Faraón. Cuanto más los egipcios oprimen a los hebreos tanto más se multiplican y crecen. El intento de exterminar a los hebreos matando a los bebés varoncitos nos hace recordar la matanza de los niños en Belén (Mat. 2:16-18). Fue el intento de Satanás frustrar el plan de Dios de proporcionar un libertador. Los egipcios perdonaron la vida de las niñas pensando que ellas se casarían con egipcios y así perderían su identidad racial. La situación de los israelitas se tornó grave. Para sobrevivir como raza necesitaban un libertador.

2. La preparación de Moisés. Cap. 2: Moisés figura junto a Abraham y David como uno de los tres más grandes personajes del Antiguo Testamento. Libertador, dirigente, mediador, legislador, profeta, fue sobre todo un gran hombre de Dios. Dice Gillis:

> *Casi puede decirse que el libro de Exodo es la historia de un hombre, del hombre Moisés que representa el punto céntrico alrededor del cual gira la crisis del plan de la redención. En el corazón de él se verifica el conflicto. El recibe la comunicación de Dios para el pueblo y sobre él pesa toda la carga de las peregrinaciones. Es el que recibe el golpe de la crítica del pueblo, pues se halla como mediador entre el pueblo y Dios e intercede ante Dios a favor de ellos.[2]*

Moisés narra el comienzo de su historia con tanta simplicidad y modestia que ni aún menciona por nombre a sus padres. Sin embargo se encuentran entre los grandes héroes de fe enumerados en el cap. 11 de la Epístola a los Hebreos. Por fe interpretaron la hermosura del niño como una señal del favor divino y del destino extraordinario de él (Heb. 11:23). Por lo tanto arriesgaron sus vidas para salvar a Moisés. Son notables los factores que Dios usó para librar al futuro libertador mediante la arquilla: el amor perspicaz de Jocabed la madre, el llanto del bebé, la compasión de la princesa y la sagacidad de María la hermanita de Moisés. Luego Dios hizo más de lo que esperaban los padres, pues les devolvieron el niño para que lo criaran y se le pagó a la madre, por su trabajo.

Dios preparó a Moisés para ser caudillo y libertador de su pueblo. La mano divina se evidencia paso a paso:

a) Moisés fue criado en un hogar piadoso por lo menos durante los primeros cinco o siete años de su vida, y así aprendió a tener no solamente fe en Dios sino también simpatía y amor a su pueblo oprimido. Comenta Halley hablando acerca de Jocabed, la madre de Moisés: "Pero ¡qué madre! Le infundió de tal manera, en su niñez, las tradiciones de su pueblo que todos los atractivos del palacio pagano jamás pudieron borrar aquellas primeras impresiones."[3]

b) Fue educado en el palacio de Egipto. Se pone en relieve la providencia divina en que por medio del decreto de matanza Moisés fue llevado al palacio. Allí recibió la mejor educación que ofrecía el imperio más grande y culto de aquel entonces. La estadía en palacio no solamente contribuía a hacerle "poderoso en sus palabras y hechos" (Hechos 7:22) sino también lo rescató del espíritu cobarde y servil de un esclavo. La hija de Faraón fue posiblemente Hatseput que, según la tradición judía, era casada pero no tenía hijos y deseaba ardientemente tener uno.

c) Adquirió experiencia en el desierto. Al contar 40 años, Moisés se identificó con el pueblo israelita y trató de liberarlo por sus propias fuerzas. Pero ni Moisés estaba preparado para liberarlo ni el pueblo para ser liberado. Parece que Moisés daba muestras de arrogancia, provocando la pregunta: "¿Quién te ha puesto a ti como príncipe y juez sobre nosotros?" Como pastor Moisés aprendió muchas lecciones que le ayudarían a gobernar con paciencia y humildad a los hebreos, pues, como las ovejas, eran torpes, indefensos y no sabían cuidarse a sí mismos. Conoció también el desierto por el que guiaría a Israel en su peregrinación de cuarenta años. Además tuvo comunión con Dios y llegó a conocerlo personalmente. Allí aprendió a confiar en El y no en su propia fuerza.

3. El llamamiento y comisión de Moisés. Caps. 3-4: Moisés fue llamado mientras pastoreaba ovejas en las faldas del monte Horeb o Sinaí. El fuego en la zarza simbolizaba la presencia y santidad purificadora de Dios (Gén. 15:17; Deut. 4:24), y la zarza quizá representaba a Israel en su baja condición. Como la zarza ardía pero no se consumía, así Israel no fue consumido en el horno de la aflicción. Dios reveló a Moisés la compasión que sentía por el pueblo oprimido y luego delineó los detalles de su plan para liberarlo. Le mandó reunir a los ancianos de Israel y avisarles de lo que el Señor iba a hacer. Pero Jehová advirtió a Moisés que Faraón no dejaría ir a los israelitas sino forzado por la poderosa mano de Dios (3:19). Luego los israelitas despojarían a los egipcios y saldrían victoriosos. Así actúa Dios. Primero informa a su siervo de sus planes y luego confirma su palabra.

Moisés estaba poco dispuesto a aceptar la comisión de Jehová. Respondió con cuatro excusas:

1) "¿Quién soy yo para enfrentarme a Faraón?" (3:11). Moisés conocía mejor que nadie el orgullo del monarca egipcio y el poderío de Egipto; había intentado librar a Israel hacía cuarenta años y había fracasado. Dios le contestó: "Yo estaré contigo". No sería una lucha de Moisés versus Faraón sino de Moisés respaldado por Jehová versus Faraón. Anteriormente, Moisés tuvo que aprender a no confiar en sí mismo; ahora tenía que aprender a confiar en Dios. Jehová le dio una señal de que lo respaldaría: los israelitas adorarían a Dios en el mismo sitio donde estaba en ese momento Moisés: en el monte Sinaí.

Es bueno que el obrero cristiano comprenda sus limitaciones para darse cuenta a la vez del poder ilimitado de Dios quien lo respalda, pero no debe ocultarse tras sentimientos de indignidad como excusa para no hacer la obra a la cual el Señor lo llama.

2) "¿En nombre de quién me presentaré delante de mi pueblo?" (3:13). Tal vez Moisés sentía que si no tenía el respaldo de la autoridad del nombre de Dios, no sería aceptado por los israelitas, o quizás deseaba tener una nueva revelación del carácter divino, pues los nombres de Dios revelan lo que El es. Dios se reveló como "Yo Soy el Que Soy".* El nombre indica que Dios tiene existencia en sí mismo y no depende

---

* "Yo Soy"; el mismo vocablo en el hebreo se traduce "Yo seré" en 3:12. Estrictamente hablando el idioma hebreo no tiene tiempos, carece de presente, pasado y futuro. La palabra *Yahveh* (Jehová) procede de la misma raíz etimológica del verbo "ser" o "existir". Pero el contexto (3:13-16) indica que la idea del verbo va más allá de "existir"; significa también "ser activamente presente".[4] Yahveh es el Dios del pacto activamente presente en medio de su pueblo para redimirlo, sostenerlo y derrotar a sus enemigos.

de otros. Tiene existencia sin restricción. Es como el fuego en la zarza que ardía pero no se consumía. Sus recursos son inagotables y su poder incansable. El da pero no se empobrece, trabaja pero no se cansa. Respalda siempre lo que hace con lo que es, de manera que su pueblo puede depender de El y El es suficiente para hacer frente a todas las necesidades de ellos.

3) "Los israelitas no creerán que yo soy el mensajero de Dios" (4:1). En respuesta, Jehová le concedió tres señales milagrosas que serían sus credenciales. Cada una era significativa: la serpiente formaba una parte de la corona de los faraones y era símbolo de poder en Egipto; la lepra era considerada por los hebreos como señal del juicio de Dios (Núm. 12:10-11; 2 Crón. 26:19); y el agua representaba el río Nilo, dios de Egipto, fuente de su vida y poderío.

4) "No tengo facilidad de palabra" (4:10). Dios le hizo comprender que su siervo alegaba impotencia ante el Dios omnipotente. ¿Acaso Dios no le podía facilitar la capacidad de hablar bien? ¿No le había creado la boca? No obstante Jehová designó a Aarón vocero de Moisés su hermano.

Contestadas sus excusas Moisés aceptó su llamamiento y nunca más miró hacia atrás. Inmediatamente dio comienzo a su misión volviendo a Egipto. El suceso en que Dios quiso matar a Moisés (4:24-26) probablemente haciéndolo enfermar hasta el punto de morir, se explica como una advertencia de circuncidar a su hijo. Dios no hace acepción de personas y los grandes siervos de Dios deben obedecerle tanto como los demás. "Si Moisés se hubiera presentado delante del pueblo israelita sin haber circuncidado a su hijo, sin haber cumplido con el Antiguo Pacto, se habría anulado su influencia con ellos".[5]

Aarón se unió a Moisés en el camino y juntos trajeron la promesa de liberación a los ancianos y les demostraron las señales. Se encendió la fe entre los hebreos y, muy pronto otras personas de Israel recibieron las noticias (posiblemente en reuniones secretas) y se inclinaron ante Dios en alabanza y adoración.

PREGUNTAS

INTRODUCCION

Dios levanta un caudillo. Ex 1-4

A. Sobre la introducción

1—a) ¿Cuál es el significado de la palabra "éxodo"?
  b) ¿Por qué se llama a Exodo el corazón del Pentateuco?

2—a) ¿Cuáles son los tres períodos que comprende la historia de Egipto?
  b) ¿En cuál de ellos estuvieron los hebreos en Egipto?
  c) ¿Cuáles fueron los eventos históricos y seculares más importantes de esa época?
  d) Si fue Totmes el faraón de la opresión de los hebreos, ¿en qué se asemeja su carácter al del faraón descrito en Exodo 1?
  e) Si fue Ramsés el faraón de la opresión, ¿qué actividad suya correspondería a la del faraón de Exodo 1?
  f) ¿Cuáles eran los objetos de culto en Egipto?
  g) Indique cómo el estudio de la historia de Egipto le ha ayudado a entender mejor el relato de Exodo.

3— Mencione dos fechas posibles del éxodo de Egipto.

4— Mencione tres propósitos del libro de Exodo.

5—a) ¿Cuál es el tema del libro de Exodo?
  b) ¿Cuáles son las divisiones principales del libro?
  c) ¿Cuál es el valle oscuro que encontramos?

B. Sobre la Biblia

1—a) ¿En qué cambió la situación de los israelitas? Compárela con la del final de Génesis.
  b) ¿Cómo se explica que los hebreos se hayan multiplicado tanto? (Gén. 15:5).
  c) ¿Por qué temían los egipcios?
  d) ¿Cuál fue el efecto de la servidumbre sobre los israelitas?
  e) ¿Qué lección práctica ve Ud. en esto?

2—a) ¿Qué factor importante motivó a los padres de Moisés a no cumplir con el decreto de Faraón? (Heb. 11:23).
  b) ¿Cómo fueron recompensados?
  c) ¿Qué luz arroja el Nuevo Testamento sobre el motivo de Moisés al matar a un egipcio? (Ver Heb. 11:24-26).
  d) Al fracasar ¿perdió Moisés su deseo de defender a los demás? (Ver 2:16-17).
  e) ¿Qué rasgo del carácter de Dios sobresale en 2:23-25? (Nótese los cuatro verbos que describen la actitud de Dios).
  f) Indique el eslabón entre Génesis y Exodo que establece este pasaje.

3—a) ¿Por qué mandó a Moisés que se descalzara ante la zarza ardiente?
  b) En su opinión ¿por qué Moisés no quiso aceptar la comisión de Dios?
  c) La primera excusa de Moisés demuestra que no se dio cuenta de algo importante en cuanto a la obra de Dios. ¿Qué era? (2 Cor. 3:5; Rom. 12:3).

d) ¿Cuál fue el nombre de Dios que se le reveló a Moisés? ¿Cómo se relaciona ese nombre con Jesús? (Juan 6:35; 8:12; 10:7).

e) ¿Cuáles eran las señales dadas a Moisés como credenciales de su autoridad? ¿A quiénes convencerían? (4:1-5).

f) ¿Cómo reaccionaron los ancianos de Israel al ver las señales?

C. Sobre el libro

1—a) ¿De qué manera utilizó Dios la opresión egipcia para efectuar la liberación de los israelitas? Haga una aplicación práctica relacionada con la conversión de un pecador.

b) ¿Cómo se relacionó el decreto del rey (1:22), con la preparación de Moisés como libertador?

2— Mencione la importancia de Moisés teniendo en cuenta los papeles que desempeñaba.

3— En pocas palabras indique los tres pasos providenciales por los cuales Moisés se preparó para ser el caudillo de su pueblo. ¿Cómo contribuyó cada etapa de su vida a su formación?

4—a) ¿Por qué le advirtió Jehová a Moisés que Faraón no los dejaría ir a los israelitas, sino forzado por el poder de Dios? ¿Nota Ud. un paralelo con el obrero espiritual en la iglesia y la comisión divina actualmente? (Hechos 26:16-18).

b) ¿Qué significa el título "Yo Soy El Que Soy"? ¿Cómo se relaciona con el nombre de Jehová?

5—a) Explique lo ocurrido en el capítulo 4:24-26.

b) ¿Qué enseñanza nos deja?

D. Proyecto

Haga una comparación entre las excusas que Moisés puso al ser comisionado por Dios y las excusas que nosotros ponemos.

B. EL CONFLICTO CON FARAON. Ex. 5-11

1. La dureza de Faraón. Caps. 5:1 - 7:7: Con denuedo Moisés y Aarón se presentaron en la sala de audiencia de Faraón y le comunicaron la demanda de Jehová.

¿Por qué exigió Dios de Faraón solamente el permiso de que su pueblo fuera al desierto para celebrar fiesta por tres días, cuando pensaba efectuar su salida permanentemente? Dios probó al rey con una petición pequeña sabiendo de antemano la dureza de su corazón. Faraón contestó con arrogancia: "¿Quién es Jehová para que yo oiga su voz?" Los faraones eran vistos como hijos de Ra, el dios solar de Egipto, de manera que Faraón se consideraba a sí mismo un dios. No tardó en comunicar a Moisés y a Aarón que no le inspiraban respeto alguno ni ellos ni Jehová. Se burló de ellos diciendo que la única razón por la que deseaban celebrar la fiesta era estar demasiado ociosos, hizo más gravoso el trabajo de los hebreos negándoles la paja necesaria para producir ladrillos.*

La acción de Faraón no solamente dejó a los hebreos más deseosos de salir de Egipto, sino que también les ayudó a darse cuenta de que sólo el poder de Dios podía liberarlos. Con frecuencia, cuando Dios comienza a emancipar al hombre de pecado, el efecto inmediato es el aumento de dificultades. Así los primeros hechos de Moisés sólo empeoraron la situación pues Satanás no se da por vencido sin luchar tenazmente.

Los hebreos culparon amargamente a Moisés y éste a su vez le protestó a Jehová. Fue Faraón que dijo: "¿Quién es Jehová?" Sin embargo, Faraón y los egipcios no eran los únicos que necesitaban ver revelada la naturaleza de Jehová. Israel lo necesitaba y Moisés también. Dios contestó a su desanimado siervo reiterándole las promesas hechas a los patriarcas y nuevamente prometió liberar a su pueblo.

En Exodo 6:3 dice que Dios había aparecido a los patriarcas como "Dios Omnipotente" (El Saddai) pero que no se había dado a conocer con el nombre de Jehová (6:3). ¿Quiere decir que no se había revelado con el nombre de Jehová y que aquí lo dio por primera vez? Parece que no. Se refiere más bien al hecho de que los patriarcas, aunque conocían el nombre de Jehová, no sabían el pleno significado de este título.[6] Dios da a conocer este nombre para revelar su propio carácter al pueblo. En esta ocasión Dios repitió una y otra vez "Yo Jehová", como una nueva afirmación de que el ser y la naturaleza de Dios respaldaban sus promesas. "Yo... os libraré de vuestra servidumbre... os redimiré... os meteré en la tierra". Israel sabría en breve quién y qué clase de Dios el Señor Jehová es. Abraham sabía por experiencia que Dios es el Dios omnipotente, pero no había experimentado el significado del nombre de Jehová como aquel que cumple su pacto. Recibió la promesa de heredar Canaán pero no se adueñó de ella. Solamente podía contemplar de lejos el futuro y creer que Dios cumpliría sus promesas. A Moisés le fue revelado el significado pleno del nombre Jehová, el Dios que cumple su pacto (ver 3:14-15) pues el pacto comenzó a cumplirse en este período.

Los israelitas se encontraban tan desanimados después de la negativa de Faraón que no quisieron ni siquiera escuchar a Moisés cuando les transmitió lo que Jehová le había revelado.

---

* Según la costumbre de aquel entonces se mezclaba paja con la arcilla para hacerla más fácil de trabajar y más maleable. Unos 18 km. al oeste del Canal de Suez, los arqueólogos descubrieron ladrillos, parte de los cuales habían sido elaborados sin paja.

Era obvio que si Dios los salvaba, tenía que hacerlo por pura gracia. Sólo después de que Israel llegara a sentirse completamente impotente Dios comenzó a revelarse por medio de las plagas. Jehová mandó a Moisés decir a Faraón que dejara salir a los hebreos. Prometió hacer de Moisés un hacedor de prodigios, de manera que Faraón lo viera como un dios y a Aarón, vocero de Moisés, como profeta.

2. Las plagas. Ex. 7:8 - 11:10: Una de las palabras hebreas que se traduce "plaga" en el Exodo significa **dar golpes** o **herir**. Otros dos vocablos describen las plagas como "señales" y "juicios". Así que las plagas fueron tanto señales divinas que demostraron que Jehová es el Dios supremo, como actos divinos por los cuales Dios juzgó a los egipcios y liberó a su pueblo.

Algunas personas procuran demostrar que las plagas fueron meramente azotes naturales bien conocidos en Egipto y que el ministerio de Moisés carecía de elemento milagroso. Reconocemos que muchas de las plagas fueron fenómenos de la naturaleza como el granizo y las langostas, pero estos azotes sobrevinieron por la intervención sobrenatural de Dios. Ocurrieron en la hora predicha por Moisés, tenían una intensidad extraordinaria y fueron quitados solamente por la intervención de Moisés. Además Dios hizo distinción entre los egipcios y los israelitas no castigando a los hebreos con las últimas siete plagas. Fenómenos naturales sin ningún elemento sobrenatural jamás habrían convencido a los esclavos hebreos y mucho menos a Faraón. Un escritor observa: "Afirmar que Moisés realizó su obra sin milagros sería afirmar un gran milagro, el mayor de todos".[7]

Las plagas fueron la respuesta de Dios a la pregunta de Faraón: "¿Quién es Jehová para que yo oiga su voz?" (ver 5:2). Cada plaga fue por otra parte un desafío a los dioses egipcios y una censura a la idolatría. Los egipcios rendían culto a las fuerzas de la naturaleza tales como el río, el sol, la luna, la tierra, el toro y muchos otros animales. Ahora las deidades egipcias quedaron en evidencia de ser impotentes ante Jehová, no pudiendo proteger a los egipcios ni intervenir a favor de nadie.

El orden de las plagas es el siguiente:

1) El agua del Nilo se convirtió en sangre (7:14-25). Fue un golpe contra Hapi, el dios de las inundaciones del Nilo.

2) La tierra se infestó de ranas (8:1-15). Los egipcios relacionaban las ranas con los dioses Hapi y Ect.

3) La plaga de piojos (tal vez mosquitos) (8:16-19). El polvo de la tierra, considerado sagrado en Egipto, fue convertido en insectos muy molestos.

4) Enormes enjambres de moscas (tábanos) llenaron Egipto (8:20-32). Debe haber sido un tormento para los egipcios.

5) Murió el ganado (9:1-7). Amón, el dios adorado en todo Egipto, era un carnero, animal sagrado. En el Bajo Egipto se adoraban varias deidades cuyas formas eran de carnero, de macho cabrío o de toro.

6) Las cenizas que los sacerdotes egipcios esparcían como señal de bendición produjeron úlceras dolorosas. (9:8-12).

7) La tormenta de truenos, rayos y granizo devastó la vegetación, destruyó las cosechas de cebada y lino y mató los animales de Egipto (9:13-35). Esta clase de tormenta era casi desconocida en Egipto. El vocablo "trueno" en hebreo significa literalmente "voces de Dios" y aquí se insinúa que Dios hablaba en juicio. Los egipcios que escucharon la advertencia misericordiosa de Dios, salvaron su ganado (9:20).

8) La plaga de langostas traída por un viento oriental consumió la vegetación que había sobrevivido de la tormenta de granizo (10:1-20). Los dioses Isis y Serafis que supuestamente protegían a Egipto de las langostas se vieron impotentes.

9) Las tinieblas sobre el país fueron el gran golpe contra todos los dioses, especialmente contra Ra, el dios solar (10:21-29). Los luminares celestes, objetos de culto, eran incapaces de penetrar la densa oscuridad. Fue un golpe directo contra Faraón mismo, supuesto hijo del sol.

10) La muerte de los primogénitos (cap. 11 y 12:29-36). Egipto había oprimido al primogénito de Jehová y ahora ellos mismos sufrían la pérdida de todos sus primogénitos.

3. Observaciones sobre las plagas: Se calcula que el período de las plagas duró un poco menos de un año. Las primeras tres plagas: sangre, ranas y piojos, cayeron tanto sobre Israel como en la tierra egipcia pues Dios quiso enseñar a ambos pueblos, quién era Jehová. Pero los siete siguientes azotes castigaron solamente a los egipcios para que supieran que el Dios que cuidaba a Israel era también el soberano de Egipto y más fuerte que sus dioses (8:22; 9:14). Las plagas fueron progresivamente más severas hasta que por poco destruyeron a Egipto (10:7).

Las primeras nueve plagas pueden dividirse en tres grupos de tres plagas cada uno. El primer grupo: agua convertida en sangre, ranas y piojos, produjeron asco y repugnancia. El segundo grupo: las moscas que picaban, la peste sobre el ganado y las úlceras sobre los egipcios, se caracterizaban por ser muy dolorosas. El último grupo: el granizo, las langostas y la obscuridad, fueron dirigidas contra la naturaleza; estas últimas produjeron gran consternación. La muerte de los primogénitos fue el golpe aplastante.

Los hechiceros egipcios imitaron los dos primeros azotes, pero cuando Egipto fue herido de piojos, confesaron que el poder de Jehová era superior al de ellos y que esta plaga era realmente sobrenatural (8:18-19). Los magos no tuvieron que reproducir la plaga de úlceras porque ellos mismos estaban llenos de pie a cabeza. No pudieron librarse a sí mismos de los terribles juicios ni mucho menos a todo Egipto.

En resumen, las plagas cumplieron con los siguientes propósitos:

a) Demostraron que Jehová es el Dios supremo y soberano. Tanto los israelitas como los egipcios supieron quién era Jehová.

b) Derrocaron las deidades de Egipto.

c) Castigaron a los egipcios por haber oprimido a los israelitas y por haber hecho tan amarga su vida.

d) Efectuaron la liberación de Israel y lo prepararon para conducirse en obediencia y fe.

4. El endurecimiento del corazón de Faraón: Las imitaciones de los primeros milagros de Aarón y Moisés por los hechiceros desacreditaron el poder de Jehová a los ojos de Faraón. Pero la vara de Aarón devoró las de los hechiceros y eso fue un indicio de la victoria final. El apóstol San Pablo usa este hecho para ilustrar el florecimiento del poder oculto en los postreros días (2 Tim. 3:8).*

Faraón se destaca por su terquedad al enfrentar los juicios de Dios. Su arrepentimiento fue superficial, transitorio y motivado solamente por el temor y no por el reconocimiento de la necesidad que tenía de Dios. Aunque se mantuvo obstinado, quebrantando su promesa cada vez que una plaga era

---

* Moisés no da los nombres de los magos egipcios en el libro de Exodo, pero el Apóstol Pablo los designa "Janes y Jambres", nombres suplidos por la tradición judía.

suspendida, iba cediendo más y más a las demandas de Moisés. Primero permitió que los israelitas ofrecieran sacrificios dentro de los linderos de Egipto (8:25), luego fuera de Egipto, pero no muy lejos (8:28); más tarde en el desierto, lejos, pero con la condición de que solamente fueran los varones (10:11), y por fin permitió que todos pudieran ir lejos a sacrificar pero dejando su ganado en Egipto (10:24).

El texto bíblico enseña claramente que Jehová iba a endurecer el corazón de Faraón (4:21), pero es evidente que el corazón del rey ya estaba obcecado y lleno de orgullo cuando Moisés se presentó ante él por primera vez (5:2). Los tres vocablos que se emplean para indicar la actitud de Faraón (7:13-13:15), denotan la intensificación de un sentimiento que ya existía.[8] Dios endureció el corazón de Faraón por primera vez después de la sexta plaga (9:12). Jehová hizo de Faraón lo que éste quería ser: el opositor de Dios (ver Rom. 1:21; 2 Tes. 2:10-12). A pesar de todo, el endurecimiento del corazón de Faraón dio a Dios la oportunidad de manifestar su poder cada vez más hasta que hiciera una impresión profunda y duradera no solamente en los egipcios e israelitas sino en las naciones lejanas tales como los filisteos (1 Sam. 4:7-8; 6:6).

PREGUNTAS
El conflicto con Faraón. Ex. 5-11

A. Sobre la Biblia

1—a) ¿Cómo respondió Faraón a la petición moderada de Moisés y a Aarón?

b) ¿Qué nos enseña acerca de Faraón? ¿Y acerca del conflicto inminente?

c) ¿Cómo reaccionaron los israelitas ante el agravamiento del trabajo? Compare 5:21 con 4:31. ¿Qué nos enseña acerca de su carácter?

d) ¿Cómo respondió Jehová a la protesta de Moisés? Note la repetición de una frase (6:2, 7, 8) y compárela con la pregunta de Faraón (5:2).

e) Note las siete promesas que describen lo que haría Jehová (6:6-8). Ahora compare 6:7 con 7:5. Según estos dos versículos, dé las dos razones por las cuales Dios obraría maravillas.

f) ¿Por qué los israelitas no prestaron atención al mensaje de Jehová? Haga una aplicación práctica acerca de los inconversos cargados de problemas.

g) ¿Qué excusa le dio Moisés a Dios para no hablar a Faraón? (6:12, 30). ¿Cuál era la verdadera razón de Moisés? ¿En qué cosa había puesto su confianza?

h) ¿Qué haría Dios para obligar a Faraón a hacerle caso a Moisés? (7:1).

i) ¿En qué sentido sería Moisés un dios para Faraón y Aarón sería como su profeta?

j) En su opinión, ¿por qué Dios le reveló a Moisés que Faraón sería endurecido pero que también sería vencido? (7:1-5).

k) ¿Qué paralelo ve Ud. en esto que se relaciona con el panorama de la redención? (Apoc. 12).

2—a) ¿En qué poder confiaba Faraón para poder resistir a Jehová? (7:11-12; 22-23).

b) ¿En qué forma se manifiesta hoy la oposición contra Dios? (2 Tim. 3:1-9).

3—a) ¿Cuáles eran las razones por los cuales Dios mandó las plagas? (7:3-4; 8:2, 10, 22; 9:14-16; Isa. 45:22-25). Note las palabras que describen las plagas.

b) ¿Cómo fueron derrotados los hechiceros? ¿Qué confesión hicieron? ¿Qué observación hace Ud. acerca del poder de las tinieblas?

c) ¿Después de cuál plaga, dicen las Escrituras, que Dios endureció el corazón de Faraón. ¿Quién endureció su corazón antes de que sucediera esa plaga? ¿A qué conclusión llega Ud. en cuanto al endurecimiento del corazón del rey egipcio?

d) ¿Cómo reaccionaron los egipcios ante las plagas? Haga una comparación con las distintas actitudes de las personas que ven las demostraciones del poder de Dios.

e) A la luz de la breve historia de Egipto en la introducción, ¿cuál era la relación entre las plagas y las deidades de Egipto?

4—a) ¿Qué lección espiritual podemos sacar de la firmeza de Moisés al contemporizar con Faraón?

b) ¿Cuál fue la consecuencia que sufrió Faraón por haber rechazado cada vez más las advertencias de Dios? (Ver Prov. 29:1; Isa. 30:12-14).

B. Sobre el libro de texto

1—a) ¿Por qué Jehová no pidió a Faraón desde el principio que dejara salir a Israel permanentemente de Egipto?

b) ¿Cuáles fueron los buenos resultados del agravamiento de la opresión egipcia?

2—a) ¿En qué sentido dio Dios una nueva revelación de su nombre? (6:3).

b) ¿Cuál es el significado pleno del nombre de "Jehová"?

3—a) Dé uno de los significados de la palabra "plaga".

b) ¿En qué sentido fueron las plagas señales?

c) Dé cuatro evidencias de que las plagas fueron actos sobrenaturales de Dios.

d) ¿Por qué se dice que la novena plaga fue un golpe contra Faraón mismo?

e) Nombre cinco efectos producidos por las plagas.

4— ¿Cómo se puede explicar el hecho de que Dios endureciera el corazón de Faraón y luego lo castigara por su obstinación?

C. Proyecto

Observe Ud. las reacciones de Faraón ante las plagas. Note el proceso que seguía cada plaga y compárelo con las reacciones del hombre inconverso frente a la obra del Espíritu Santo.

C. ISRAEL SALE DE EGIPTO. 12:1 - 15:21

1. La pascua, Caps. 12:1 - 13:16: La pascua es para Israel lo que el día de la independencia es para una nación, y más aún. El último juicio sobre Egipto y la provisión del sacrificio pascual hicieron posible la liberación de la esclavitud y su peregrinación hacia la tierra prometida. La pascua es, según el Nuevo Testamento un símbolo profético de la muerte de Cristo, de la salvación y del andar por fe a partir de la redención (1 Cor. 5:6-8). Además de la liberación de Egipto, la pascua se constituyó en primer día del año religioso de los hebreos y el comienzo de su vida nacional.* Ocurrió en el mes de **Abib** (llamado **Nisán** en la historia posterior), que corresponde a los meses de Marzo y Abril nuestros.

El vocablo "pascua" significa "pasar de largo", pues el ángel destructor pasó de largo las casas donde la sangre había sido aplicada en los postes. Los detalles del sacrificio y los mandatos que la acompañaban son muy significativos.

a) El animal para el sacrificio había de ser un cordero macho de un año, es decir un carnero plenamente desarrollado y en la plenitud de su vida. Así Jesús murió cuando tenía 33 años aproximadamente. El cordero tenía que ser sin tacha. Para asegurar que fuera así los israelitas lo guardaban cuatro días en casa. De igual manera Jesús era impecable y fue probado durante cuarenta días en el desierto.

b) El cordero fue sacrificado por la tarde como substituto del primogénito. Por eso murieron los primogénitos de las casas egipcias que no creyeron. Se nos enseña que "la paga del pecado es muerte", pero Dios ha previsto un substituto que fue "herido por nuestras rebeliones".

c) Los israelitas tenían que aplicar la sangre a los postes y al dintel de las casas, indicando su fe personal. En el cristianismo no basta creer que Cristo murió por los pecados del mundo; sólo cuando por la fe la sangre de Jesús es aplicada al corazón de la persona, ésta es salva de la ira de Dios. El ángel destructor representa su ira.

d) La gente tenía que quedarse dentro de la casa, prote-

---

* Así comenzó el calendario religioso de los hebreos. El año civil, distinto del año religioso, empezaba en el mes de *Tisri,* en el otoño después de la cosecha, pero la pascua celebrada en la primavera, era el comienzo del año religioso.

gida por la sangre. "¿Cómo escaparemos nosotros, si descuidamos una salvación tan grande?" (Heb. 2:3).

e) Tenían que asar la carne del cordero y comerla con pan sin levadura y hierbas amargas. El hecho de asar en vez de cocer el cordero ilustra lo completo del sacrificio de Cristo y el hecho de que debe ser recibido por completo (Juan 19:33, 36). Así como los hebreos comieron la carne que les daría fuerza para el peregrinaje, el creyente por medio de la comunión con Cristo recibe fuerza espiritual para seguirlo. El pan sin levadura simbolizaba la sinceridad y la verdad (1 Cor. 5:6-8) y las hierbas amargas probablemente las dificultades y las pruebas que acompañan la redención.

f) Los israelitas debían comerlo de pie y vestidos como viajeros a fin de que estuvieran preparados para el momento de partida (12:11).* Así el creyente debe estar listo para el gran éxodo final cuando venga Jesús (Lucas 12:35).

Puesto que Dios deseaba que su pueblo recordara siempre la noche de su liberación, instituyó la fiesta de la pascua como una conmemoración perpetua. La importancia de esta fiesta la demuestra el hecho de que en la época de Cristo era la fiesta por excelencia, la gran fiesta de los judíos. El rito no solamente miraba retrospectivamente a aquella noche en Egipto sino también anticipadamente al día de la crucifixión. La santa cena es algo parecida a la pascua y la reemplaza en el cristianismo. De igual manera ésta mira en dos direcciones: atrás a la cruz y adelante a la segunda venida (1 Cor. 11:26).

De allí en adelante, los israelitas habían de consagrar a Jehová para ser sus ministros, los primogénitos de sus hijos, y también los de sus animales, pues por la provisión de la pascua los había comprado con sangre y pertenecían a El. Los que nacían primero de los animales se ofrecían en sacrificio, excepto el asno, que era rescatado y desnucado, y así también los animales impuros en general (13:13; Lev. 27:26-27). Los primogénitos del hombre siempre eran rescatados; después los levitas fueron consagrados a Dios en substitución de ellos (Núm. 3:12, 40-51; 8:16-18). La aplicación espiritual enseña que Dios nos redime para que le sirvamos: "¿O ignoráis... que no sois vuestros? Porque habéis sido comprados por precio: glorificad, pues, a Dios en vuestro cuerpo y vuestro espíritu, los cuales son de Dios" (1 Cor. 6:19-20).

---

* Los hebreos debían ceñir sus cinturas levantando la falda de la prenda de ropa exterior y sujetándola en el cinturón para dejar libres las piernas para caminar. También debían poner sus zapatos, pues parece que los orientales no llevaban zapatos dentro de la casa.

2. La partida de los israelitas. Ex. 12:29-51: Fue necesaria la terrible plaga de la muerte de los primogénitos para que Faraón volviera en razón y permitiera que los israelitas se fueran. Los egipcios recibieron justa retribución por haber matado a miles de niños varones del pueblo hebreo, por haber oprimido cruelmente a los esclavos israelitas y por la obstinación obcecada de su rey. Ahora Faraón estaba quebrantado. Permitió salir a los israelitas sin imponerles ninguna condición. Aún más, reconoció a Jehová pidiendo a Aarón y Moisés que lo bendijeran.

Los egipcios entregaron sus alhajas, oro y plata a los hebreos cuando éstos se lo pidieron, pues sentían que estaban bajo sentencia de muerte. Les rogaron que se alejaran rápidamente. Los largos años de trabajo sin pago de los hebreos fueron compensados en parte por los tesoros que los egipcios les entregaron. No era un engaño su pedido pues los egipcios sabían que los hebreos no retornarían más. Pocos meses después los tesoros de Egipto fueron utilizados en la construcción del tabernáculo. De esta manera partieron los israelitas en com-

SALIENDO DE EGIPTO

pleta libertad, como si fuera un ejército de conquistadores
con sus despojos y no como esclavos que huían de la cautividad
(ver Gén. 15:14; Ex. 3:21; 7:4; 12:51). Salió de Egipto una
multitud de 600.000 hombres con sus familias. No todos eran
israelitas pues otra gente, probablemente egipcios y sus súbdi-
tos, se plegaron a Israel, profundamente impresionados por el
poder de Jehová demostrado en las plagas sobre Egipto y en la
bendición de los hebreos. El hecho de que se unieran a la multitud israelita algunos extranjeros suscitó disconformidad o
por lo menos murmuración (Núm. 11:4). Sin embargo, el antiguo pacto no excluía a los gentiles.

Tracemos un paralelo entre el éxodo de Egipto y la salvación provista por Jesucristo. Puede compararse a Egipto con
el mundo, a Faraón con Satanás, a la esclavitud con la servidumbre del pecado y a los medios de liberación, las plagas
y la pascua, con el poder convincente del Espíritu y con la
sangre de Cristo respectivamente. Además, así como gente no
israelita acompañaba a los hebreos en el éxodo, personas no
convertidas que se juntan a los creyentes luego causan dificultades en la iglesia.

3. El cruce del Mar Rojo. Caps. 13:17 - 15:21: Dios mismo
se constituyó en guía de su pueblo manifestándose en una
columna de nube y de fuego. ¿Por qué no llevó a Israel por la
ruta corta a lo largo de la línea costera del Mar Mediterráneo?
Porque sobre esa ruta había fuertes guarniciones de egipcios
y en Palestina los belicosos filisteos esperaban. Si los israelitas tomaban por allí iban a tener que librar batalla inmediatamente. Como esclavos recién liberados, los hebreos no estaban preparados para pelear ni entrar en la tierra prometida.
Necesitaban ser organizados y disciplinados en la escuela del
desierto, recibir el pacto de la ley y el diseño del tabernáculo.
Además Jehová los llevó al sur, hacia el Mar Rojo (posiblemente el Mar de Cañas)* para llevar a Faraón a su derrota
final y así destruir la amenaza egipcia y liberar para siempre
a los isrelitas de Egipto.

Dios puso a los hebreos en una situación muy peligrosa.
Estaban encerrados por las montañas, el desierto y el mar, y

---

* No se sabe el lugar exacto donde cruzaron las israelitas. La palabra hebrea *Yam Suf* ha sido traducida "Mar Rojo" por algunas versiones de
la Biblia, y "Mar de Cañas" por otras. El Mar de Cañas queda al
norte del Golfo de Suez pero la construcción del canal de Suez ha
modificado el aspecto de esta comarca. En la época de Ramsés II el
Golfo de Suez se comunicaba con los Lagos Amargos, y es probable
que los israelitas cruzaron a través del Mar de Cañas.

de repente vieron al ejército egipcio que se les acercaba, Jehová quiso revelarse como el único guerrero de la batalla y el protector de su pueblo dándoles una liberación inolvidable (14:4, 14-18). Al ver a los egipcios los israelitas perdieron su confianza y comenzaron a culpar a Moisés, pero Moisés sabía a quién recurrir en busca de ayuda. El hecho de que el Mar Rojo se abriera fue milagroso. Aunque Jehová usó a su siervo y a un fuerte viento como instrumento para abrir el mar, el poder era de El. Sólo por un milagro pudo el viento haber soplado en dos direcciones a la vez amontonando el agua a un lado y a otro de la senda abierta por el lecho del mar (14:22). La columna de nube se convirtió en la retaguardia de Israel, de manera que la misma columna que fue una bendición para los israelitas, se constituyó en obstáculo para sus enemigos. Los israelitas cruzaron por el lecho seco y el ejército enemigo fue ahogado. Un estudioso observa que el cruce del Mar Rojo fue para Israel la salvación, la redención y el juicio de Dios, todo en un mismo acto.[9] Por eso es semejante al bautismo en agua (1 Cor. 10:1-2) como símbolo de la separación del creyente del mundo y la sepultura de sus pecados. Los cadáveres de los egipcios en la ribera del mar representan la vieja vida de servidumbre ya pasada para siempre.

Después de la espectacular liberación, los hebreos cantaron alabanzas a Jehová por el triunfo. La primera parte del cántico de Moisés (15:1-12) trata de la victoria sobre los egipcios y la segunda parte (15:13-18) profetiza la conquista de Canaán. Fue compuesto para reconocer la bondad y el inigualado poder del Señor, mediante los cuales salvó a su pueblo. El cruce del Mar Rojo prefigura la derrota del último y más formidable enemigo del pueblo de Dios, pues el cántico de Moisés y el Cordero será cantado nuevamente por los redimidos en el cielo (Apoc. 15:3-4). También se nota que la final liberación del pueblo de Dios, la cual se describe en el Apocalipsis, será efectuada por los mismos medios que los empleados por Dios en el éxodo: juicios sobre sus enemigos y redención por la sangre del Cordero.

4. **La importancia del éxodo:** A lo largo de la historia de Israel, legisladores, profetas, y salmistas repetidamente señalaron el carácter providencial, extraordinario y milagroso de los eventos que acompañaron la salida de Egipto y en especial el cruce del Mar Rojo. Al acordarse el pueblo hebreo de estos favores, debían sentirse movidos a la gratitud y a obedecer la ley. El éxodo de Egipto fue el acontecimiento más significativo en la historia de la nación. Tan grande era la

importancia de este suceso, que Jehová es en todo el Antiguo Testamento, "El que sacó de Egipto al pueblo" (Jos. 24:17; Amós 2:10-3:1; Miq. 6.4; Sal. 81:10).

PREGUNTAS

Israel sale de Egipto. Ex. 12:1 - 15:21

A. Sobre la Biblia

1—a) ¿Por qué el mes de Nisán (Abib) en que ocurrió la pascua y la salida de Egipto fue designado por Dios como el primer mes del año civil? (12:2. Recuerde el tema del libro de Exodo; anteriormente los israelitas no tenían existencia nacional.)

b) ¿Cuál era la razón práctica por la cual los israelitas habían de comer el cordero? (¿Por qué necesitaban comer bien en la víspera del éxodo?) Haga también una aplicación espiritual.

c) ¿Cuál fue el medio para proteger las casas de los hebreos? (12:12-13; 23).

d) ¿Cuál otro aspecto de la redención se encuentra en 13:3, 14, 16? ¿Qué aplicación ve Ud. en esto? (Luc. 21, 22).

2—a) Note el contraste entre 10:28 y 12:30-32. ¿Qué frase dicha por Faraón a Moisés y a Aarón demuestra que Faraón fue completamente humillado y quebrantado?

b) ¿Cómo se puede defender a los israelitas en su acción de despojar a los egipcios?

c) En su opinión, ¿por qué partió mucha gente extranjera con los israelitas? (12:38). Haga una aplicación espiritual.

3—a) Note las normas para celebrar la pascua (12:42-49). ¿Quiénes deben guardar la pascua? Si la Santa Cena ha reemplazado la pascua, ¿qué aplicación hará Ud. de este mandato?

b) ¿Qué requisito tenía que cumplir el extranjero para que se le permitiera comer la pascua? ¿Ve Ud. en esto alguna aplicación espiritual? ¿Cuál es? (Romanos 2:29).

c) ¿Qué gran verdad vio el Apóstol Juan en Exodo 12:46? (Ver Juan 19:36).

d) ¿Qué figura profética encerraba el cordero pascual, según San Juan?

4— ¿Por qué los israelitas debían consagrar los primogénitos a Dios? (Ver 1 Cor. 6:19-20).

5— ¿Cuáles son las lecciones acerca de la dirección divina que se pueden derivar de Exodo 13:17-22?

6—a) ¿Por qué guió Dios a Israel a aquella peligrosa situación en que los israelitas quedaron encerrados por tres lados y tras ellos Faraón y sus ejércitos? Dé tres razones (14:13-18, 31).

b) Note lo que era la nube para Israel y lo que era para los egipcios. ¿Qué aplicación haría Ud. de este acto de Dios?

7—a) ¿Qué rasgo del carácter de Dios se hace resaltar en el cántico de Moisés?

b) Compare la liberación descrita en el cántico, con la experiencia cristiana.

B. Sobre el libro de texto.

1—a) ¿Qué quiere decir el vocablo "pascua"?

b) ¿Cuál era la importancia de la pascua para los hebreos?

c) Indique el simbolismo espiritual de lo siguiente: un cordero de un año, la sangre aplicada a los postes y al dintel, el asar el cordero entero, las hierbas amargas, el ángel herido.

2—a) ¿Cómo se justifica el acto de Dios al quitar la vida a miles de egipcios en la noche de la pascua? (Dé por lo menos dos razones.)

b) ¿Cuál fue el uso que hizo Israel de las alhajas y otros tesoros que los egipcios entregaron?

c) ¿En qué forma salieron los israelitas de Egipto?

d) ¿De qué es símbolo la nube y la columna de fuego?

3—a) ¿Qué revelación de Dios se encuentra en el cruce del Mar Rojo?

b) ¿En qué sentido se asemejan en esencia el bautismo en agua y el resultado del cruce del Mar Rojo?

c) ¿Cuál es la victoria prefigurada por el cruce del Mar Rojo, según una alusión en el libro de Apocalipsis?

4—   ¿Qué importancia cobra el cruce del Mar Rojo en la perspectiva de la historia de Israel?

C. Proyecto

Haga un estudio sobre la importancia de la pascua. Busque en una concordancia bíblica la palabra "pascua" en todas sus menciones en las Escrituras. ¿Por qué se da tal prominencia a este suceso? Note como se relacionaba con reformas en Israel. ¿De qué modo puede compararse la celebración cristiana de la Santa Cena con la Pascua hebrea?

ISRAEL VIAJA A SINAI. Ex. 15:22 - 18:27

Dios condujo a Israel al desierto, un lugar muy caluroso, estéril y vacío. No había suficiente agua ni alimentos. Allí estuvieron los israelitas en peligro de morir de hambre y de sed; en peligro de ser atacados por las tribus aguerridas y feroces. Las dificultades de la marcha en el desierto son mayores de lo que podemos imaginar. Todo el viaje por allí habrá sido muy penoso. ¿Por qué los guió Dios por semejante región? Dios tenía varios propósitos que concretar:

a) Dios puso a los israelitas en la escuela preparatoria del desierto, a fin de que las pruebas los disciplinaran y adiestraran para conquistar la tierra prometida. Todavía no estaban en condiciones de hacer frente a las huestes de Canaán, ni desarrollados espiritualmente para servir al Señor una vez que entraran. Aunque fueron liberados de la esclavitud, todavía tenían espíritu de esclavos, es decir, que demostraban rasgos de cobardía, murmuración y rebeldía.

b) Dios deseaba que los israelitas aprendiesen a depender de El completamente. Desde el momento en que Israel partió de Egipto, Dios comenzó a someterlo a una serie de pruebas, con el objeto de desarrollar y fortalecer su fe. No había agua

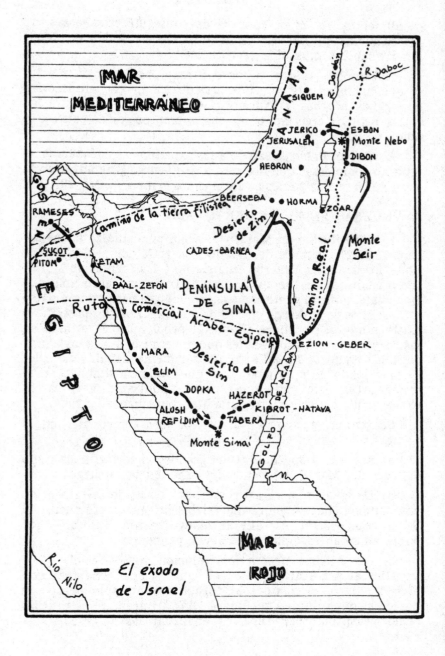

ni alimentos. La única manera de conseguir estas cosas era recibiéndolas de Jehová. El desierto era un gimnasio donde desarrollar los músculos espirituales.

c) Dios los trajo al desierto para probarlos y traer a luz lo que había en sus corazones (Deut. 8:2-3). ¿Le obedecerían o no? Las pruebas y aflicciones en el desierto demostrarían si los hebreos creerían o no en la omnipotencia, cuidado y amor de Dios.

El Apóstol Pablo se refirió a las experiencias de Israel en el desierto como cosas que nos sirven de ejemplo y de advertencia a fin de que no caigamos en los mismos errores (1 Cor. 10:1-13).

A. PRUEBAS EN EL DESIERTO. 15:22 - 17:16

1. **La desilusión en Mara, y el árbol que endulzó las aguas.** Cap. 15:22-27: Después de tres días de viaje por el desierto de Shur, los israelitas llegaron finalmente a las fuentes de Mara.* ¡Pero cuán grande fue su desilusión! Las aguas eran amargas. Inmediatamente la gente comenzó a quejarse, pero Moisés clamó a Dios. Ellos no se dieron cuenta de que allí Dios "los probó". No existe ninguna evidencia de que el árbol que fue echado en las fuentes tuviera propiedades que hicieran potables las aguas. Dios las endulzó. El milagro no solamente señaló que Dios tenía cuidado de su pueblo sino que también simblizó en el comienzo en este viaje que Jehová endulzaría las amargas experiencias futuras si los israelitas buscaban su ayuda.

Se pueden encontrar varias lecciones espirituales en el relato:

a) A veces, después de tener grandes victorias, tales como el cruce del Mar Rojo, vienen las experiencias amargas.

b) De igual manera así como hay épocas de severas pruebas, también hay "tiempos de refrigerio" en la presencia del Señor (Hech. 3:19). Al salir de Mara llegaron a Elim, donde había abundantes aguas y también palmeras.

c) Las pruebas ofrecen una solución muy accesible. ¿Qué significa el árbol arrojado en el agua? Tiene semejanza con el poder de la cruz, no sólo porque redime, sino porque se parece a una voluntad rendida a Dios. Al aceptar las pruebas como permitidas por Dios, se endulzan las amargas experiencias.

---

* Se cree que Mara puede ser Ayn Musa (Fuentes de Moisés) cerca de Suez, o Ayn Hamara más allá de Suez. El agua de estas fuentes no es potable.

d) La experiencia de Mara brindó la oportunidad de revelar otro aspecto del carácter de Dios, por medio de un nuevo nombre: **Jehová Rafa** o sea "Yo soy Jehová tu sanador". Dios provee sanidad. Como la madre ama a sus hijos por inclinación natural, así Dios sana a su pueblo pues está en su naturaleza sanar. Dios es la salud de su pueblo. Si lo obedecían, no pondría ninguna de las enfermedades mediante las cuales juzgó a los egipcios.

2. El hambre y el maná: Cap. 16: Los israelitas sintieron hambre en el desierto y comenzaron a expresar nuevamente sus quejumbrosos lamentos. Olvidando la aflicción de Egipto, querían volver adonde tenían alimentos en abundancia. Las quejas se dirigían contra Moisés pero en realidad murmuraban contra Jehová (16:8). Dios les devolvió bien por mal (2 Tim. 2:13); proveyó codornices y maná.

Grandes bandadas de codornices en sus viajes migratorios, atraviesan con frecuencia el Mar Rojo y la Península de Sinaí. Agotadas por el largo vuelo sobre el mar, a veces gran cantidad de ellas caen y son fáciles de cazar. Dios las llevó al campamento de los israelitas en esta ocasión y solamente una vez más en la marcha a través del desierto ocurrió esto (Núm. 11:31-32).

En forma natural Dios suplió las codornices, pero la provisión de maná fue un hecho completamente milagroso.* Llovía pan del cielo (16:4). Durante el peregrinaje en el desierto el maná cayó todas las noches, juntamente con el rocío. Se molía en morteros y se cocinaba en ollas para hacer pan. La ración diaria era de un gómer (3,7 litros) por persona.

Se desprenden algunas enseñanzas:

a) Dios deseaba enseñar a su pueblo por medio del maná a confiar en El como proveedor de su sostén diario y a no preocuparse por el día de mañana. Dios proveía por vez para un solo día, excepto la víspera del sábado. Nunca falló a su pueblo en los cuarenta años del peregrinaje.

b) Por medio del maná Dios quiso enseñar a su pueblo a no ser perezoso ni avaro. Aunque el maná era una dádiva

---

* Ciertos comentaristas piensan que el maná es una substancia resinosa que se forma en la corteza de una planta denominada *tamarix manífera*. Es blanco, comestible y se derrite al ser expuesto al sol. Sin embargo éste se produce solamente en los meses de Julio y Agosto y no tiene valor nutritivo. Sería imposible alimentar a dos millones de personas durante cuarenta años con esta substancia.

del cielo, cada familia tenía que hacer su parte recogiendo el maná todas las mañanas. Al avaro que recogía mucho más de lo que necesitaba no le sobraba nada (16:18).*

c) Dios deseaba enseñar a los hebreos a obedecerle, por eso les dio reglas para recoger el maná. Si por incredulidad o avaricia un hebreo guardaba maná para el día siguiente, el pan del cielo se agusanaba y se pudría. O si pasaba por alto el mandato de recoger una doble cantidad los días viernes, ayunaba forzosamente en el día de descanso porque no caía maná del cielo en aquel día. Así Dios probó a su pueblo (16:4), y lo preparó para recibir la ley.

d) El maná es un símbolo profético de Cristo, el pan verdadero (Juan 6:32-35). Así como el maná, Cristo, que vino del cielo, tiene que ser recogido o recibido temprano (Ex. 16:21; 2 Cor. 6:2), tiene que ser comido o recibido por fe para llegar a ser parte de la persona que lo toma. El maná era blanco y dulce, de la misma manera Cristo es puro y dulce para el alma (Sal. 34:8). En cambio Cristo no da vida a una nación durante cuarenta años solamente sino a todos los que creen y es la vida eterna.

3. La sed y la peña de Horeb, Cap. 17:1-7.En vez de aprender a soportar las dificultades, los israelitas murmuraban más. Los peligros, los aprietos e incomodidades parecen aumentar la irritación, la agitación y el enojo. Al llegar a Refidim donde esperaban encontrar un gran manantial, se desilusionaron. La falta de agua causó sufrimiento, la severidad del cual podemos estimar, pero esto no puede justificar la reacción de los israelitas. Estaban a punto de apedrear a Moisés y en su incredulidad pusieron a Dios a prueba. Desconfiaban del cuidado de Jehová y hablaron con sarcasmo respecto de la presencia de Jehová en medio de ellos (17:7) la cual se les había manifestado en forma tan patente en la columna de nube y fuego y en sus liberaciones en el pasado. Por esto se llamó al lugar Masah (Prueba) y Meriba (Rencilla). El líder tomó consigo a los ancianos de Israel para que pudieran presenciar y testificar de la fuente milagrosa.

El apóstol San Pablo dijo: "la roca era Cristo" (1 Cor. 10:4). La peña de Horeb es una figura profética de Cristo

---

* 16:18 fue interpretado de dos maneras: según los rabinos judíos los miembros de cada familia traían el maná a su carpa y allí se medía dando a cada miembro un gomer.

Juan Calvino y otros comentaristas evangélicos suponen que los israelitas traían el maná a un lugar haciendo un gran montón. Luego medía uno por uno la cantidad que necesitaba.[10]

herido en el Calvario, y el agua del Espíritu Santo que fue dado después que Jesús fuera crucificado y glorificado. Después de más de mil años Jesús en el último día de la fiesta de tabernáculos probablemente observó a los sacerdotes echando agua de sus vasos de oro en el recinto del templo de Jerusalén, pues así celebraban el abastecimiento sobrenatural de agua en el peregrinaje de Israel por el desierto. Repentinamente Jesús gritó: "Si alguno tiene sed, venga a mí y beba... Esto dijo del Espíritu que habían de recibir los que creyesen en él, pues no había venido el Espíritu Santo porque Jesús no había sido aún glorificado" (Juan 7:37-39). El ve a la humanidad como si estuviera en un desierto espiritual y sólo El puede satisfacer la sed del alma humana. Como Moisés tuvo que golpear la roca sólo una vez y el agua continuaba manando, así la ira de Dios golpeó a Cristo una vez y la corriente del Espíritu fluye aún.

4. **La guerra con Amalec y la ayuda divina.** Cap. 17:8-16: Mientras Dios trabajaba en la vanguardia, una tribu saqueadora, Amalec,* atacó por la retaguardia. Las tribus nómadas estaban siempre prontas a lanzarse sobre la presa, dondequiera que se les ofreciera. Esta vez Dios cambió sus métodos y permitió que Israel tomara parte en su propia salvación. Josué habría de ser el general en la primera batalla contra hombres impíos. ¿Por qué no dirigió la batalla Moisés? Dios no quiere que una sola persona haga todo. El da diferentes ministerios a distintos hombres. A Moisés le tocaba subir al collado y desempeñar su función espiritual. La vara representaba la autoridad de Dios y las manos levantadas la intercesión. ¡Cuánto necesitan pastores hoy en día, a hombres como Aarón y Hur para sostener sus brazos! Las oraciones de Moisés combinadas con los esfuerzos de los israelitas hicieron eficaces las armas.

El juicio severo contra Amalec fue pronunciado porque Amalec levantó su mano contra el trono de Dios, es decir, rehusó reconocer que Jehová era el que obraba maravillas por Israel. Los amalecitas provocaron la ira de Dios atacando des-

---

* Los amalecitas eran descendientes de Amalec, un nieto de Esaú (Gén. 36:12); probablemente guardaban rencor contra Israel. Recorrían el sur de Palestina entre Egipto y el desierto de Arabia. Siglos después seguían saqueando a los israelitas cuando tenían ocasión (Jueces 6:3-7; 1 Sam. 30:1-3). Saúl fue mandado a exterminarlos, pero no lo hizo completamente. Se nota algo del odio implacable de los amalecitas contra Israel en el Salmo 83:2-8.

piadadamente a los débiles y cansados que quedaban rezagados (Deut. 25:17-19).

Cuando Moisés dio el nombre "Jehová es mi estandarte" al altar, reconoció que el Señor mismo era su libertador y capitán. Así que ese nombre de Dios se relaciona con la milicia de su pueblo. Los creyentes deben luchar contra sus enemigos espirituales pero deben recordar también que luchan bajo la bandera del Señor y en el "poder de su fuerza".

B. JETRO VISITA A MOISES. Ex. 18.

La tarea de organizar una multitud tan grande y juzgar al pueblo aun en las pequeñeces que se suscitaban entre ellos a cada instante, recaía sobre los hombros de Moisés. El trataba de hacer todo en vez de repartir trabajos y responsabilidades entre varios. Cuando su suegro Jetro lo visitó trayendo a su esposa e hijos, recibió Moisés su consejo. Organizó a Israel en compañías y puso jefes sobre los grupos para arreglar las dificultades, Moisés demostró gran sabiduría y humildad al recibir las sugerencias de otros.

Parece que en esta ocasión Jetro se convirtió a la religión de Jehová. Al oír acerca de los prodigios que había hecho el Señor, Jetro reconoció que Jehová era supremo sobre los dioses paganos y le ofreció sacrificio (18:8-12). Ross comenta: "Recordemos que uno de los propósitos de las plagas fue hacer que Faraón y todas las naciones reconocieran que Jehová es Dios."[11] Aquí se ve entre los gentiles algo de las primicias resultantes de los juicios sobre Egipto.

PREGUNTAS

Israel viaja a Sinaí. Ex. 15:22 - 18:27

A. Sobre la Biblia

1—a) ¿Por qué permitió Dios que su pueblo sediento sufriera la desilusión de encontrar aguas amargas? (La razón se expone claramente en el relato.)

b) Haga un contraste entre la reacción del pueblo ante las pruebas y la reacción de Moisés.

c) En su opinión, ¿por qué se empleó un árbol para endulzar las aguas? ¿Por qué no obró Dios el milagro sin usar medios naturales? (Ver Juan 9:11; Sant. 5:14).

d) ¿Qué condición debía llenar Israel para no enfermarse? ¿Puede Ud. hacer alguna aplicación espiritual? (Juan 5:14).

e) ¿Cuál es el nuevo título de Dios que se encuentra en el capítulo 15?

f) ¿Qué lección espiritual ve Ud. en la experiencia de Israel en Elim? (Salmo 23:2).

2—a) Realmente, ¿contra quién se quejaron los israelitas al no tener pan en el desierto? (16:6-7).

b) ¿Qué cosas habían olvidado? (Ex. 1:13, 14, 22).

c) Haga algunas observaciones acerca de la murmuración de los israelitas, y aplíquelas a los creyentes de hoy.

d) ¿Cómo probaba Dios a los israelitas cuando les daba pan del cielo? (16:4-5; 26-29).

e) ¿Por qué les dio Dios maná a los israelitas? (16:12; Mat. 6:30-32).

f) ¿Cómo iban a hacer los israelitas para recordarles a sus hijos el abastecimiento de maná en el desierto?

g) ¿En qué sentido es el maná un símbolo profético de Jesucristo? (Juan 6:32-35, 48-51). Haga algunas comparaciones.

3—a) ¿Cómo "tentaron" los israelitas, o pusieron a prueba, a Jehová en el capítulo 17? (17:2, 7).

b) ¿En qué sentido es la peña de Horeb una figura profética de Cristo? (Juan 7:37-39).

4—a) ¿Qué diferencia se nota en la reacción de los israelitas ante la guerra con Amalec respecto de las pruebas anteriores?

b) A su parecer ¿por qué prevalecían los israelitas cuando Moisés alzaba su mano?

c) ¿Cuál es el nuevo nombre de Dios que se encuentra en el capítulo 17?

d) ¿Qué lección quería enseñar Dios a Israel en la batalla con Amalec?

5—a) ¿Cómo reaccionó Jetro al oír el testimonio de Moisés referente al éxodo? ¿Hay algún indicio de que se convirtió a la fe de Jehová?

b) Note el consejo de Jetro para aliviar la carga excesiva que llevaba Moisés. ¿Qué aplicación práctica haría Ud. de este relato?

c) Note los requisitos para ser juez, según Jetro. ¿Cuáles de estas características serían necesarias para los candidatos a diácono en una iglesia en la actualidad?

B. Sobre el libro de texto

1— ¿Cuáles eran los tres propósitos de Dios al conducir a su pueblo al desierto? (Conteste brevemente y en sus propias palabras.)

2—a) ¿Qué promesa se encuentra simbolizada en el milagro de Mara?

b) Según el libro, ¿qué similitud se encuentra entre el árbol echado en el agua y la cruz?

c) ¿Qué nos enseña el nombre "Jehová tu sanador" acerca de la naturaleza de Dios?

3—a) Contraste la forma en que Dios suplió carne a los israelitas con la forma en que proveyó pan.

b) ¿Cuál era la gran lección que Dios quería enseñar a los israelitas acerca de sí mismo proveyéndoles el maná?

4—a) ¿Por qué Moisés debía golpear la peña solamente una vez para poder cumplir bien el simbolismo profético?

b) ¿Qué simboliza el agua? ¿Los israelitas? ¿El desierto?

5—a) Considerando la historia de Amalec, ¿por qué los amalecitas estaban propensos a atacar ferozmente a los israelitas?

b) ¿Por qué no dirigió Moisés la batalla?

c) ¿Qué significa el nuevo nombre de Dios "Jehová es mi estandarte"? ¿Cómo se relaciona con la milicia cristiana?

6— ¿Qué rasgo del carácter de Moisés se manifestó cuando él aceptó el consejo de Jetro?

C. Proyecto

Haga una lista de las lecciones que Moisés aprendió en las cuatro pruebas descritas en esta sección. ¿Cómo se las puede aplicar al líder evangélico?

ISRAEL EN SINAI. Exodo 19-40

A. EL PACTO DE LA LEY. Ex. 19-24.

1. El Monte Sinaí: Israel llegó al Monte Sinaí aproximadamente seis semanas después de su partida del Mar Rojo. Allí permaneció casi un año (Núm. 10:11). La montaña conocida hoy como el Monte Sinaí* es "una masa aislada de roca que se levanta abruptamente de la llanura con majestad imponente".[12] Observa Ross: "Este sitio era muy apropiado para la promulgación de la ley. Había una magnífica concordancia entre las rocas de granito del Sinaí y los fundamentos duraderos de la verdad moral eterna".[13]

Al pie del Monte Sinaí Israel recibió la ley e hizo pacto con Jehová. Fue organizado debidamente como nación y aceptó a Jehová como su rey. Esta forma de gobierno se llama teocracia. Se nota en las palabras de Alejandro MacLaren la importancia de los diez mandamientos:

> "*Una oscura tribu de esclavos procedente de Egipto se sumerge en el desierto y después de cuarenta años sale con un código sintetizado en diez frases, muy breves pero completas, donde están entretejidas la moral y la religión, tan libres de peculiaridades locales o nacionales y tan estrechamente relacionadas con los deberes fundamentales, que hoy, después de tres mil años, ese código es autoridad entre la mayoría de los pueblos civilizados*".[14]

2. El propósito de la ley. Caps. 19:1-8, 20:2: El pacto de la ley no tuvo la intención de ser el medio de la salvación. Fue celebrado con Israel después de su redención lograda mediante poder y sangre. Dios ya había restaurado a Israel a la justa relación con El, por medio de la gracia. Israel ya

---

* La montaña Yébel-Musa, a unos 2.300 m. sobre el nivel del Mar, se concuerda con la descripción bíblica. Domina la llanura de Er-Rabán que tiene unos 6 km. de largo y 2 km. de ancho, lugar suficiente para la multitud de Israel.

era su pueblo. Jehová deseaba darle algo que lo ayudara a seguir siendo su pueblo y a tener una relación más íntima con El. El motivo que llevara a cumplir la ley habría de ser el amor y la gratitud hacia Dios por haberlos redimido y haberlos hecho hijos suyos.

Dios prometió tres cosas condicionadas a la obediencia de Israel (19:5-6):

a) Israel sería su "especial tesoro" o posesión. Implica tanto un valor especial como una relación íntima. Jehová escogió a Israel de entre todas las naciones para ser su pueblo especial y para ser como su esposa.

b) Sería "un reino de sacerdotes". Los israelitas tendrían acceso a Dios y deberían representar a Jehová, su Rey, ante todo el mundo.

c) Sería "gente santa", diferente de las naciones paganas que la rodeaban, una nación separada para ser de Dios, a quien serviría y rendiría culto.

Las tres promesas hechas a la nación hebrea tienen su cabal cumplimiento en la Iglesia, el Israel de Dios (1 Pedro 2:9-10).

Los israelitas prometieron solemnemente cumplir toda la ley, pero no se dieron cuenta de cuán débil es la naturaleza humana ni cuán fuerte es la tendencia a pecar. Siglos después parece que se olvidaron de que estaban obligados por el pacto a obedecer. Se imaginaron que el pacto era incondicional y que bastaba ser un descendiente de Abraham para disfrutar el favor divino (Jer. 7:4-16; Mat. 3:9; Juan 8:33). Aunque la salvación de Israel era un don de pura gracia y no podía ser ganada por la obediencia, sí podía ser perdida por la desobediencia.

En general los propósitos de la ley son:

a) Proporcionar una norma moral por la cual los redimidos puedan demostrar que son hijos de Dios y vivir en una justa relación con su Creador y con su prójimo.

b) Demostrar que Dios es santo y que él exige la santidad de toda la humanidad.

c) Enseñar a la humanidad su pecaminosidad y hacerle entender que solamente mediante la gracia puede ser salva (Gál. 3:24-25).

La ley era un maestro para enseñar a Israel a través de los siglos y ayudarlo a permanecer en contacto con Dios (Gál.

3:24). Pero junto con la ley fue instituido para que el pecado fuese quitado, un sistema de sacrificios y ceremonias. Así se enseñó que la salvación es por gracia. Los profetas posteriores demostraron que sin fe y amor las formas, ceremonias y sacrificios de la ley de nada valían (Miq. 6:6-8; Amós 5:21, 24; Oseas 6:6; Isa. 1:1-15). Aunque la ley no es un medio para lograr la salvación, tiene vigencia como norma de conducta para los creyentes. Los diez mandamientos, con la excepción del cuarto, se repiten una y otra vez en el Nuevo Testamento.

3. Preparativos y señales. Cap. 19:9-25: Para grabar en la mente hebrea la importancia del pacto de la ley, Dios se presentó en forma de nube, figura que Israel no podría reproducir, y pronunció el decálogo en voz tronante. La santidad infinita de Dios fue recalcada por los preparativos que Israel debía hacer. Primero, los israelitas tenían que santificarse lavando su ropa y practicando la continencia. Segundo, Moisés debía marcar al pueblo un límite en torno del monte Sinaí para que los israelitas no lo tocasen. Así se recalcaron la grandeza inaccesible de Dios y su sublime majestad.

"De en medio de una tremenda tempestad, acompañada

MONTE SINAI

de terremotos y del sonido sobrenatural de trompetas, con la montaña entera envuelta en humo y coronada de llamas aterradoras, Dios habló las palabras de los Diez Mandamientos y dio a Moisés la ley".[15]

4. El Decálogo. Cap. 20:1-26: Dios hizo escribir los diez mandamientos sobre dos tablas de piedra. Fueron guardadas dentro del arca durante siglos. Por lo tanto, se llamó el tabernáculo "la tienda del testimonio" para recordar a los israelitas que dentro del arca estaba la ley y que debían vivir de acuerdo con ella. Los primeros cuatro mandamientos tratan de las relaciones que deben imperar entre los hombres y Dios, y los restantes tienen que ver con las relaciones entre los hombres. El orden es muy apropiado. Solamente los que aman a Dios pueden amar en verdad a su prójimo.

El significado de los diez mandamientos consiste en lo siguiente:

1) La unicidad de Dios: "No tendrás dioses ajenos delante de mí". Hay un solo Dios y sólo a El hemos de ofrecer culto. El adorar a ángeles, santos o cualquier otra cosa es violar el primer mandamiento.

2) La espiritualidad de Dios: "No te harás imagen". Se prohibe no solamente la adoración de imágenes o de dioses falsos, sino también el prestar culto al verdadero Dios en forma equivocada. Tales cosas degradan al creador. Dios es espíritu y no tiene forma.

3) La santidad de Dios: "No tomarás el nombre de Jehová tu Dios en vano". Este mandamiento incluye cualquier uso del nombre de Dios en manera liviana, blasfema o insincera. Se debe reverenciar el nombre divino porque revela el carácter de Dios.

Originalmente este mandamiento se refería a no jurar por el nombre de Jehová si era falsamente (Lev. 19:12), pero se permitía jurar por su nombre (Deut. 10:20). Sin embargo Jesús prohibió rotundamente jurar por las cosas sagradas (Mat. 5:35-37). La sencilla palabra de un hijo de Dios debe ser verdadera, sin recurrir a juramentos.

4) La soberanía de Dios: "Acuérdate del día de reposo para santificarlo". Un día de la semana pertenece a Dios. Se reconoce la soberanía de Dios observando el día de reposo, puesto que ese día nos hace recordar que Dios es el Creador a quien debemos culto y servicio. "Santificarlo" quiere decir separarlo para culto y servicio.

5) Respeto a los representantes de Dios: "Honra a tu padre y a tu madre". El hombre que no honra a sus padres tampoco honrará a Dios, pues ésta es la base del respeto a toda autoridad.

6) La vida humana es sagrada: "No matarás". Este mandamiento prohibe el homicidio pero no la pena capital, puesto que la ley misma estipulaba la pena de muerte. También se permitía la guerra puesto que el soldado actúa como agente del estado.

7) La familia es sagrada: "No cometerás adulterio". Este mandamiento protege el matrimonio por ser una institución sagrada designada por Dios. Esto rige tanto para el hombre como para la mujer (Lev. 20:10).

8) Respetar la propiedad de otros: "No hurtarás". Hay muchas maneras de violar este mandamiento, tales como no pagar suficiente al empleado, no hacer el trabajo que corresponde para recibir un jornal, cobrar demasiado y descuidar la propiedad del amo.

9) La justicia: "No darás falso testimonio". El testimonio falso, innecesario, sin valor o sin fundamento constituye una de las formas más seguras de arruinar la reputación de una persona e impedirle recibir trato justo de parte de los demás.

10) El control de los deseos: "No codiciarás". La codicia es el punto de partida de muchos de los pecados contra Dios y contra los hombres.

Las palabras "Yo soy Jehová tu Dios, fuerte, celoso, que visito la maldad de los padres sobre los hijos hasta la tercera y cuarta generación de los que me aborrecen" (20:5) deben ser interpretadas a la luz del carácter de Dios y de otras Escrituras. Dios es celoso en el sentido de ser exclusivista, no tolerando que su pueblo preste culto a otros dioses. Como un marido que ama a su esposa no permite que ella comparta su amor con otros hombres, Dios no tolera a ningún rival.

Dios no castiga a los hijos por los pecados de sus padres sino en los casos en que los hijos siguen en los pecados de sus padres. Castiga a los que lo "aborrecen" y no a los arrepentidos. "El alma que pecare, esa morirá"; "el hijo no llevará el pecado del padre, ni el padre llevará el pecado del hijo" (Ez. 18:20). En cambio: la maldad pasa de generación a generación por la influencia de los padres y cuando llega a su colmo, Dios trae castigo sobre los pecadores (Gén. 15:16; 2 Reyes 17:6-23; Mat. 23:32-36).

5. Leyes civiles y ceremoniales. Caps. 21-23: Después de dar los diez mandamientos, Dios entregó las leyes por las cuales debía gobernarse la nación. Desarrollan los puntos del decálogo pero en algunos casos tratan de cosas que no tienen importancia para nosotros. Fueron leyes adaptadas a un pueblo dedicado al pastoreo y a la agricultura rudimentaria. Las leyes de Israel colocan a la nación en absoluto contraste con las prácticas de las naciones de su alrededor. Sus leyes humanitarias, morales y religiosas, aunque sin alcanzar los principios del Nuevo Testamento, fueron infinitamente superiores a las leyes de otros pueblos. Algunas de las restricciones en cuanto a alimentos y sacrificios pueden comprenderse mejor a la luz de las prácticas paganas. Por ejemplo: se prohibía guisar el cabrito en la leche de su madre lo cual era un rito religioso de los cananeos (ver 23:19).

Se destacan algunas características distintivas del código hebreo. Todo el código se basa en la autoridad de Dios y no en la de un rey. No hay división entre la ley civil y la religiosa; las leyes morales, legales y religiosas están entretejidas y son inseparables. Esto demuestra que Dios se interesa por todos los aspectos de la vida. Las leyes se aplicaban sin hacer acepción de personas según su rango. Protegen a los indefensos tales como los esclavos, los huérfanos, las viudas y los extranjeros. Los castigos de la ley manifiestan un alto concepto del valor de la vida humana.[16]

La ley del talión (pena igual a la ofensa) "ojo por ojo, diente por diente" (21:23-25) no fue dada para que la persona ultrajada tomara venganza, sino para que no quisiera compensarse más de lo que era justo. Ya no sería vengado siete veces un delito contra su prójimo (Gén. 4:15; 24).

6. El pacto ratificado. Cap. 24: La ratificación del pacto fue una de las ceremonias más solemnes de la historia de las doce tribus, ya que por ella quedaron estrechamente unidos a Jehová. Cuando Moisés bajó del Monte dio la ley al pueblo, el cual la aceptó prometiendo hacer todo lo que Jehová había dicho. Luego Moisés escribió las condiciones del pacto en el "libro del pacto". Al día siguiente el pacto fue hecho firme con un voto de obediencia y sellado con sacrificio. El altar representaba a Jehová, las columnas a las doce tribus, la sangre esparcida sobre el altar y sobre el pueblo ligó con un vínculo sagrado a las partes contratantes. Todo Israel estaba "bajo la sangre" e identificado con su poder salvador. Los setenta ancianos participaron con Dios en un banquete de comunión y presenciaron una teofanía majestuosa.* Así fue ratificado el pacto de Sinaí y se señaló el cumplimiento de la promesa divina, "Os tomaré por mi pueblo y seré vuestro Dios" (Ex. 6:7).

PREGUNTAS

El pacto de la ley. Ex. 19-24

A. Sobre la Biblia

1—a) ¿A qué apeló Dios para motivar a los israelitas a guardar la ley? (19:4; 20:2).

b) ¿Qué tres privilegios alcanzaría Israel si obedecía la ley? (19:5-6).

c) ¿Disfrutan también los creyentes de los mismos privilegios? (Tito 2:14; 1 Pedro 2:5-9). Explique.

d) ¿Qué prometieron los israelitas? ¿Podían hacer esto? (Rom. 7:21-23; 3:20, 23). ¿Por qué?

e) Indique cómo se recalca la santidad de Dios en el capítulo 19. ¿Cómo se relaciona con la ley?

f) ¿De qué nueva manera se revela Dios en este capítulo? (19:9, 11, 19; Deut. 5:22-27).

2—a) ¿Qué mandamiento insinúa el fundamento mismo de la verdadera religión?

b) ¿Por qué se prohibe representar a Dios en imagen? Ver Deut. 4:15-19; Juan 4:23, 24).

c) ¿Cuáles eran las dos lecciones principales que la ley intentaba enseñar? (Mat. 22:37-39).

d) ¿Bajo qué ley está el cristiano? (Gál. 6:2; Juan 15:12).

e) ¿Qué aspecto de la ley recalcaban los fenómenos físicos de 20:18? (20:20; Heb. 12:18-21).

3— ¿Qué misión tendría el ángel de Jehová y cómo se relacionaría con el pacto de Sinaí? (23:20-23). Haga un paralelo con la vida cristiana (2 Pedro 1:2-11).

4—a) Note cómo se ratificó el pacto (capítulo 24).

b) ¿Qué representaban las doce columnas?

c) ¿Cuál era la parte que les tocaba cumplir a los israelitas en el pacto? (24:7).

B. Sobre el libro de texto

1—a) ¿Cuáles son los elementos del pacto de Sinaí?

b) Note el significado de los tres privilegios que premiarían la obediencia de Israel. ¿Cuál era el sublime propósito de Israel, según se ve en estas promesas?

2— Indique los propósitos generales de la ley.

---

* Un banquete en el Oriente significa el gozo de la comunión. Dispuestos a obedecer a Dios y purificados por el sacrificio, los ancianos ya podían disfrutar de la comunión con Dios y tener una visión de la inefable gloria divina. No vieron la forma de Dios pues Moisés años más tarde arguye contra la idolatría subrayando que los israelitas no vieron "ninguna figura" cuando Jehová les dio la ley. (Deut. 4:12, 15).

3—a) ¿Qué provisión hizo Dios para quitar el pecado?

   b) ¿Qué insinúa lo anterior acerca de la naturaleza de la ley? ¿Qué cosa no puede efectuar la ley?

   c) ¿Queda en vigencia la ley? Explique.

4—a) ¿Con qué se relacionan los primeros cuatro mandamientos? (¿Y los siguientes?)

   b) ¿En qué sentido sujetó Dios "la maldad de los padres sobre los hijos hasta la cuarta generación de los que le aborrecen"?

   c) ¿Enseña la ley del talión ("ojo por ojo") que debemos tomar venganza? Explique.

5—a) ¿Por qué era necesario que las leyes del pacto se escribiesen? (24:4-7).

   b) ¿Cómo se selló el pacto en el momento de su ratificación? ¿Por qué? (Explique).

   c) ¿Qué quedó simbolizado por el banquete?

C. Proyecto

Compare y contraste el antiguo y el nuevo pactos a la luz de los siguientes asuntos:

a) El mediador del pacto (Heb. 8:6-9).

b) El sello del pacto (Mat. 26:28; Heb. 9:19, 20).

c) El resultado del pacto (2 Ped. 1:4; Juan 1:12; 3:36; 1 Cor. 6:19; Heb. 10:16-17; 8:10-12).

B. EL PACTO VIOLADO Y RENOVADO. Ex. 31:18 - 34:35

Los capítulos 32 al 34 forman un paréntesis en la historia de la construcción del tabernáculo y siguen cronológicamente el relato del pacto de la ley. Nos conviene considerarlos antes de comenzar con el estudio del tabernáculo.

1. El pecado de Israel - el becerro de oro. Caps. 31:18-32:6: Menos de cuarenta días después de haber prometido solemnemente que guardarían la ley, los israelitas quebrantaron el pacto con el Rey divino. Mientras Moisés estaba en el monte con Jehová, la gente israelita se cansó de esperar a su líder y pidió a Aarón que le hiciera una representación visible de la divinidad. Se pone de manifiesto la tendencia idólatra del corazón humano. No se contenta con un Dios invisible; quiere tener siempre un Dios a quien se pueda ver y palpar. Israel quería servir a Dios por medio de una imagen y la hizo probablemente en la forma del dios egipcio, el buey Apis. No se sabe si Israel quisiera prestar culto al dios egipcio o meramente representar a Jehová en forma de un becerro. Este episodio nos demuestra que el hombre necesita más que la ley de Dios en tablas de piedra, precisa un nuevo corazón. Por su rebelión dejó de ser el pueblo de Dios. (Al hablar con Moisés, Jehová denominó a Israel "tu pueblo" 32:7).

El hecho de que Aarón consintió y colaboró en la idolatría nos demuestra su debilidad y cobardía. Era el hermano de Moisés y su colaborador. Su excusa débil y mentirosa más tarde (32:22-24) fue un intento de echar la culpa al pueblo y a la casualidad.

2. La intercesión de Moisés. Cap. 32:7-14: Informado por Dios acerca del pecado de Israel, Moisés demostró su grandeza: Jehová lo probó amenazando destruir a Israel y hacer en cambio un gran pueblo de Moisés, pero Moisés se negó a buscar algo para sí mismo. Oró por su pueblo basando su intercesión enteramente en la naturaleza de Dios y en su palabra.

a) Le recalcó al Señor que los israelitas, a pesar de su pecado, constituían el pueblo de Dios, puesto que El mismo los había sacado de Egipto.

b) Demostró preocupación por el honor de Dios. Si destruía a los israelitas, los egipcios atribuirían burlonamente malos motivos a Dios.

c) Le mencionó a Dios las promesas dadas a los patriarcas, creyendo en su fidelidad. Por medio de la intercesión de Moisés y su fe, Israel fue salvado de la destrucción. ¡Cuánto necesitamos intercesores como Moisés hoy en día!

3. Israel es castigado. Cap. 32:15-29: La rebelión vergonzosa de Israel le acarreó castigo a pesar de la intercesión de Moisés y de la misericordia de Dios. Los israelitas tenían que aprender que no es cosa insignificante menospreciar la revelación de un Dios santo y violar su pacto con ligereza. Primero tuvieron que ver cómo las tablas de la ley fueron rotas, un acto que simbolizó que la idolatría de ellos había anulado el pacto.* Segundo, fueron obligados a beber el agua mezclada con el polvo del becerro de oro como símbolo de que tenían que llevar la culpa de su pecado. Luego, Moisés invitó a todos los que quisieran juntarse con él. Los levitas se pusieron del lado de Moisés y le obedecieron matando a espada a tres mil de los que probablemente eran los más obstinados de los idólatras. Por estar los levitas dispuestos a subordinar su amor a sus parientes y amigos para obedecer la palabra de Jehová (32:27-28), fueron constituidos en la tribu sacerdotal de Israel

---

* Deuteronomio 9:16-17 parece insinuar que Moisés intencionalmente quebró las tablas de la ley para simbolizar delante del pueblo que su pecado ya había quebrantado el pacto.

(32:29).* Esta actitud de suprema lealtad a Dios nos hace recordar las palabras de Jesús: "El que ama a padre o madre más que a mí, no es digno de mí" (Mat. 10:37). El castigo sufrido por los israelitas fue severo pero necesario para evitar que llegasen a ser una nación de idólatras. Finalmente, Dios retiró su presencia de entre los israelitas, enviaría un ángel delante de ellos (33:2-3).

4. Moisés vuelve a interceder. Caps. 32:30-33:23; Moisés no se conformó con la salvación física de Israel sino que pidió que Jehová perdonara completamente el pecado del pueblo y lo restaurara espiritualmente. Estaba dispuesto a ofrecerse a sí mismo en lugar de su pueblo, y no solamente daría su vida sino que también estaba dispuesto a renunciar a la vida eterna a fin de obtenerla para Israel. Su vida estaba tan íntimamente ligada a la de ellos que parece que aparte de ese pueblo nada tenía significado para él. Dice Ross: "En toda la Biblia no tenemos un acto humano más sublime que éste de Moisés".[17] Nos hace recordar las palabras del Apóstol Pablo (Rom. 9:2-3), y se asemeja al espíritu de Aquel que en verdad puso su vida por sus amigos.

Las Escrituras mencionan varias veces el libro de la vida (Sal. 69:28; Dan. 12:1; Fil. 4:3; Apoc. 3:5). Es el registro o lista de los ciudadanos del reino de Dios. Raer el nombre de una persona de la lista significa separarla de la comunión con Dios, privarla de su parte en su reino y entregarlo a la muerte.

Dios dijo a Moisés que él no podía hacer lo que le sugería. Con borrar el nombre de Moisés no se lograría mantener los nombres de los pecadores en el libro de la vida. Ellos mismos tenían que arrepentirse. Pero Dios extendió su misericordia. Aunque el pacto quebrantado impediría que su presencia personal los acompañara, enviaría un ángel para que los guiara.

Al escuchar la advertencia de Dios de los labios de Moisés, el pueblo se arrepintió y lo exteriorizó despojándose de sus atavíos. La tienda de Moisés donde Dios se reunía con él** es-

---

* "Hoy os habéis consagrado a Jehová". Literalmente ("llenad las manos") se refiere a proporcionar algo para ofrecer a Dios y es una expresión que significa la investidura para el sacerdocio (28:41). De la misma manera que los levitas, el nieto de Aarón, Finees, fue recompensando por su celo para Jehovj recibiendo su descendencia el sacerdocio perpetuo (Núm. 25:10-13).

**Parece que Moisés erigió una carpa provisoria fuera del campamento en la cual podía tener comunión con Jehová.

taba alejada del campamento y el pueblo esperó ansiosamente mientras Moisés habló con Jehová.

Las tres grandes peticiones de Moisés nos dan una muestra de cómo el líder cargado de las responsabilidades del pueblo de Dios debe orar.

a) Pidió para sí mismo que Dios le concediera un conocimiento de las intenciones y propósitos divinos ("tu camino") a fin de conocerle mejor (33:13). Para desempeñar el liderazgo espiritual se necesita conocer profundamente a Dios y sus caminos. Luego será posible guiar a otros.

b) Pidió por su pueblo. No bastaría la presencia de un ángel entre los israelitas ni tampoco la entrada de Israel en la tierra prometida. Necesitaban la presencia de Jehová mismo (33:15-16). Dios prometió que los acompañaría.

c) Pidió que Dios le concediera una visión de su gloria (33:18). Fue motivado por amor a Dios. No sabía él que no era posible ver la plenitud de la gloria divina y sobrevivir. Pero Dios nos da una noción de la provisión divina al esconder a Moisés en la hendidura de la peña. Nosotros escondidos en las heridas de Cristo veremos la gloria de Dios y viviremos (Col. 3:3).

5. **El pacto es renovado.** Cap. 34: La intercesión de Moisés fue premiada grandemente. El intercesor volvió a subir al monte de Sinaí y allí el pacto fue renovado y nuevas tablas de la ley fueron escritas. Dios le concedió a Moisés una nueva revelación del carácter divino proclamando su nombre: "Jehová fuerte, misericordioso y piadoso; tardo para la ira y grande en misericordia... que perdona... y que de ningún modo tendrá por inocente al malvado" (34:6-7). Aunque Dios es justo cuando castiga a los malhechores, su mayor gloria es su amor perdonador. Siempre su justicia y su misericordia andan juntas como se ve en el caso de la cruz del Calvario. En la ocasión descrita aquí en el Exodo, Dios manifestó su misericordia perdonando a su pueblo.

Cuando Moisés bajó del monte, se notó que su rostro resplandecía con la gloria de Dios. Esto nos enseña dos verdades: la hermosura de carácter y la fuerza espiritual vienen de la comunión íntima con Dios; la persona en la cual se ve el resplandor de Dios no se da cuenta de que está reflejando la gloria divina y cuando lo sabe deja de ser radiante.

PREGUNTAS

El pacto violado y renovado. Ex. 31:38 - 34:35

A. Sobre la Biblia

1—a) ¿Qué deseo o tendencia religiosa entre los israelitas se pone de relieve en su pedido a Aarón de que les hiciera un dios? ¿Qué paralelo con el deseo humano de la actualidad ve Ud. en esta escena?

b) Note los cuatro actos de idolatría (32:4-6, 8). ¿A cuál de estos actos se refirió Pablo al mencionar la idolatría de Israel? (1 Cor. 10:7).

c) ¿Por qué fue tan grave la idolatría de Israel a este punto?

d) ¿Qué indicio encuentra Ud. en 32:7 de que Jehová ya no consideraba en vigencia el pacto?

e) ¿Qué aspectos o debilidades del carácter de Aarón se ponen de manifiesto en el relato? (Lea Ud. todo el capítulo antes de contestar.)

2—a) ¿Cómo reaccionó Moisés cuando Jehová sugirió destruir a Israel y comenzar una nueva nación con Moisés?

b) En su opinión ¿pensó Jehová en verdad destruir a Israel? Si no, ¿por qué lo propuso?

c) Note los dos argumentos de la intercesión de Moisés (32:11-13). A su parecer, ¿qué argumento es el más fuerte ante Dios? (Isa. 40:8; Heb. 6:17-18).

d) ¿Qué rasgos del carácter de Moisés se ponen de relieve en el capítulo 32? ¿En qué aspecto se asemeja Moisés a Cristo? (32:32).

e) ¿Cómo fueron castigados los israelitas?

3—a) ¿Qué actitud adoptó Dios hacia los israelitas después de la intercesión de Moisés? (33:1-3).

b) ¿Cómo reaccionaron los israelitas? (33:4-6). (¿Cuál es la actitud indispensable para ser perdonado?)

c) Note las tres peticiones de Moisés (33:13, 15-16, 18). ¿Por qué Dios no quiso concederle en forma amplia la última petición?

d) ¿Qué parecido ve Ud. en la posición del creyente en Cristo? (Efes. 1:6; Col. 3:13).

4—a) ¿Cuáles fueron los resultados de la intercesión de Moisés? (34:1-10, 27-35).

B. Sobre el libro de texto

1— ¿Qué debilidad de la ley se manifiesta en el episodio del becerro de oro? (Rom. 8:3, 4).

2—a) ¿Por qué era necesario castigar a los israelitas, dado que Moisés ya había intercedido eficazmente en su favor?

b) ¿Qué simbolizó el romper las tablas de la ley?

c) ¿Qué rasgo del carácter de Moisés se revela en su manera de castigarlos?

d) ¿Qué rasgo de carácter manifestaron los levitas?

3—a) ¿Cómo es posible que Moisés estuviera dispuesto a renunciar a la vida eterna por su pueblo?

b) ¿Por qué Dios no aceptó la vida de Moisés como rescate de los israelitas?

4—a) ¿Cuál es la nueva revelación del carácter de Dios que se encuentra en el capítulo 34?

b) ¿Qué lecciones quería enseñar Dios a su pueblo por medio de la gloria que irradiaba del rostro de Moisés? (2 Cor. 3:18; Lucas 11:36).

C. EL TABERNACULO. Ex. 25-27; 30:1-31:11; 35:4-38:31; 39:32-40:38.

La ratificación del pacto enseñó a los israelitas la gran verdad de que un pueblo dispuesto a hacer la voluntad de Dios podía acercarse a El mediante sacrificios. La ley dio a los hebreos la norma para andar según la voluntad divina. Una teofanía impresionante en el Monte Sinaí les había enseñado en forma visible la realidad de Jehová, su majestad y trascendencia. ¿Qué les faltaba a los israelitas para completar la promesa del pacto: "Os tomaré por mi pueblo y seré vuestro Dios" (6:7)? Necesitaban tener la presencia de Dios palpable y permanentemente entre ellos, lo cual se realizó por medio del tabernáculo.

Aunque en sentido literal es imposible que su presencia se limite a un lugar (Hech. 7:48-49), pues "el Altísimo no habita en templos hechos de manos", El sí se manifiesta en manera especial en su templo. El tabernáculo servía para recordar al pueblo de que poseía la dicha incomparable de tener a Jehová en medio de Israel. En aquella carpa moraba Dios como rey de su pueblo y recibía el homenaje de su culto Deseaba peregrinar con la nación hebrea en el desierto, guiarla en sus caminos, defenderla de sus enemigos y conducirla al descanso de una vida sedentaria en Canaán. Así Jehová se diferenciaba de los dioses paganos por habitar con su pueblo (29:45) y manifestar su presencia en el tabernáculo.

La importancia del tabernáculo se hace manifiesta en los trece capítulos que se dedican al relato de su construcción y su descripción.

1. Propósitos del tabernáculo:

a) Proporcionar un lugar donde Dios more entre su pueblo (25:8; 29:42-46; Núm. 7:89). Allí el Rey invisible podía encontrarse con los representantes de su pueblo y ellos con él. El tabernáculo también recordaba a los israelitas que Dios les acompañaba en su peregrinaje.

b) Ser el centro de la vida religiosa, moral y social. La tienda siempre se ubicaba en medio del campamento de las doce tribus (Núm. 2:17) y era el lugar de sacrificio y el centro de la celebración de las fiestas nacionales.

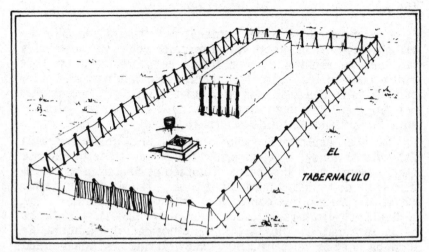

EL TABERNACULO

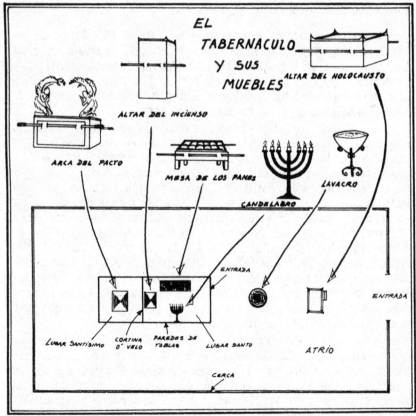

EL TABERNACULO Y SUS MUEBLES

ALTAR DEL HOLOCAUSTO

ALTAR DEL INCIENSO

ARCA DEL PACTO

MESA DE LOS PANES

CANDELABRO

LAVACRO

ENTRADA

LUGAR SANTISIMO

CORTINA O VELO

PAREDES DE TABLAS

LUGAR SANTO

ENTRADA

ATRIO

CERCA

c) Representar grandes verdades espirituales que Dios deseaba grabar en la mente humana, tales como su majestad y santidad, su proximidad y la forma de acercarse a un Dios santo. Los objetos y ritos del tabernáculo también prefiguraban las realidades cristianas (Heb. 8:1-2, 8-11; 10:1). Desempeñaban un papel importante en preparar a los hebreos para recibir la obra sacerdotal de Jesucristo.

El tabernáculo tenía varios nombres. Se llamaba por regla general "la tienda" o "el tabernáculo" por su cubierta exterior que lo asemejaba a una carpa. También se denominaba "el tabernáculo de reunión" porque allí Dios se reunía con su pueblo (29:42-44). Puesto que contenía el arca y las tablas de la ley, se llamaba "el tabernáculo del testimonio" (38:21). Testificaba de la santidad de Dios y la pecaminosidad del hombre. Se llamaba además "el santuario" (25:8) porque era una morada santa para Jehová.

2. La construcción del tabernáculo. Caps. 25:1-27:21; 29:38-31:17; 35:4-38:31; 39:32-40:38: Jehová enseñó a Israel muchas lecciones mediante la liberación de Egipto, las experiencias en el desierto y las leyes dadas en Sinaí. Sin embargo, hay lecciones que pueden aprenderse solamente trabajando en cooperación con Dios y en la forma que él desea.

Lo primero que pidió Dios fue una ofrenda. El tabernáculo fue construido con las ofrendas voluntarias del pueblo. Dios deseaba ver un corazón bien dispuesto. A nadie forzó a dar. No debía haber obligación de ninguna clase, excepto la que nace del amor y la gratitud. Eran ofrendas costosas, pues se calcula que por sí sólo equivaldría hoy día a más de un millón de dólares. Exodo 35:4-29 demuestra qué importante era para Jehová que cada uno tuviera la oportunidad de dar algo. Se necesitaban metales, materiales y telas de todas clases. Todos podían dar según lo que tenían. Dios no depende de unos pocos hombres pudientes para pagar las cuentas. Desea que todos disfruten la emoción y la bendición de compartir lo que tienen. Los israelitas daban con gozo y tan generosamente que fue necesario suspender la ofrenda (36:5-7).

¿Qué más pidió Dios a los israelitas además de las cosas que poseían? Lea Exodo 35:25-26; 36:2,4. Dios necesitaba la habilidad, el conocimiento y la labor de ellos. Hasta las mujeres empleaban sus manos y cerebros hilando telas primorosas. Bezaleel y Aholiab fueron llamados por el Señor y ungidos con el Espíritu para proyectar los diseños, trabajar los metales y enseñar a otros. Dios da ministerios especiales a algunos y trabajo para todos.

¿Quién hizo el diseño del tabernáculo? Todos los detalles fueron hechos de acuerdo con el diseño que Dios le mostró a Moisés en el monte (25:9,40; 26:30; 35:10). Enseña la gran lección de que es Dios mismo quien dicta los pormenores relacionados con el culto verdadero. El no acepta las invenciones religiosas humanas ni el culto prestado según prescripciones de hombre (Col. 2:20-23); tenemos que adorar a Dios de la manera indicada en su Palabra. Al construir el tabernáculo estrictamente conforme con los mandatos de Dios, los israelitas fueron recompensados, pues la gloria del Señor llenó la carpa y la nube de Jehová permaneció sobre ella (40:34-38). Al igual nosotros, si deseamos la presencia y bendición divinas, tenemos que cumplir las condiciones expresadas en la Palabra de Dios.

La tienda en sí medía unos catorce metros de largo por cuatro y medio de ancho. La armazón fue hecha de cuarenta y ocho tablas de madera de acacia cubiertas de oro puro. Cada tabla se asentaba sobre dos basas de plata y se unía a las demás tablas por medio de cinco barras. El cielo raso consistía en una cortina de lino fino con finos bordados de figuras de querubines en azul, púrpura y carmesí (26:1-6; 36:8). Había tres cubiertas sobre las tablas y el cielo raso: la exterior era de pieles de tejón (o posiblemente foca), luego hacia dentro una de pieles de carnero teñidas de rojo y una blanca de pelo de cabra. La cubierta interna consistía de una cortina de lino fino retorcido en colores azul, púrpura y carmesí con figuras de querubines. La tienda se dividía en dos cámaras. La entrada estaba al oriente* y conducía al lugar santo; éste medía nueve metros de longitud. Más adentro estaba el lugar santísimo. Entre los dos compartimientos había un velo de lino con dibujos en color azul, púrpura y carmesí. Fue adornado con figuras de querubines. El lugar santísimo tenía forma de cubo.

En el lugar santo se encontraban tres enseres: la mesa de los panes, el candelabro y el altar de incienso. A la derecha estaba la mesa de los panes de la proposición, hecha de acacia y revestida de oro; medía noventa y un centímetros de largo por cuarenta y seis de ancho con una altura de sesenta y siete centímetros. Todos los días sábados los sacerdotes ponían doce panes ácimos, o sea sin levadura, sobre la mesa y retiraban los panes viejos, los cuales comían los sacerdotes en el lugar santo.

Al lado izquierdo del lugar santo se encontraba el candelero de oro con sus siete lámparas (25:31-40). Su "caña" o tronco descansaba sobre un pedestal. Tenía siete brazos, tres a cada lado y uno en el centro. Cada uno con figuras de manzanas,

---

* Se cree que la puerta del tabernáculo miraba hacia el este para obligar a los sacerdotes a dar la espalda al sol, objeto de culto pagano.

flores y copas labradas alrededor. Todas las tardes los sacerdotes limpiaban las mechas y llenaban las lámparas con aceite puro de oliva a fin de que ardiesen durante toda la noche (27:20-21; 30:7-8).

Delante del velo en el lugar santo estaba el altar del incienso (30:1-10). Al igual que los otros enseres de la tienda estaba hecho de acacia y revestido en oro. Tenía sus cuatro lados iguales; cada uno medía medio metro de ancho y su altura era aproximadamente de un metro. Sobresaliendo de la superficie, había en sus cuatro esquinas, cuernos. Todas las mañanas y las tardes, cuando preparaban las lámparas, los sacerdotes quemaban sobre él incienso empleando fuego tomado del altar del holocausto. El altar de incienso se relacionaba más estrechamente con el lugar santísimo que con los otros enseres del lugar santo. Se describe como el "altar que está delante de Jehová" (Lev. 4:18) como si no estuviera el velo entre él y el arca. Por lo tanto era considerado en conjunto con el arca, el propiciatorio y la **Shekina** de gloria. El lugar santísimo se diferenciaba de los templos paganos en que no tenía ninguna figura que representara a Dios. Contenía un solo mueble: el arca del pacto, el objeto más sagrado de Israel. El arca era un cofre de 1.15 m. por 0.70 m. construido de acacia y revestido de oro por dentro y por fuera. Sobre la cubierta del arca estaban dos querubines (seres angelicales) frente a frente, de oro, que con sus alas cubrían el sitio conocido como el "propiciatorio". Allí Dios manifestaba su gloria.

En torno a la tienda estaba el atrio o patio; su perímetro era de unos ciento cuarenta metros, con una entrada de nueve metros al este. La mitad oriental del atrio era el arca donde se permitía que los adoradores israelitas prestaran culto a Dios. Dos enseres había en el atrio: el altar de los holocaustos, ubicado cerca de la puerta del pacto (27:1-8; 38:1-7), y la fuente de bronce o lavacro, situado entre el altar de los holocaustos y la puerta de la tienda (30:17-21).

El altar de los holocaustos también se llamó altar de bronce por estar hecho de acacia y revestido de bronce; medía casi dos metros y medio tanto de ancho como de largo y un metro y medio de alto. El interior de este altar era hueco. Cada esquina tenía un cuerno, punta sobresaliente en forma de cuerno de vaca. Los animales para el sacrificio se ataban a estos cuernos (Salmo 118:27). También si alguna persona era perseguida podía asir los cuernos del altar para obtener misericordia y protección (1 Reyes 1:50-51). Sobre este altar se presentaban los sacrificios; ése era su fin.

Probablemente la fuente de bronce o lavacro fue hecha completamente de metal. No se da ningún detalle por el cual se pueda saber su forma o tamaño, aunque se supone que debe de haber sido un modelo en miniatura del tanque circular del templo de Salomón llamado "mar". Los sacerdotes estaban obligados so pena de muerte a lavarse en la fuente antes de ofrecer sacrificios o entrar en el lugar santo.

El tabernáculo fue construido de tal manera que resultara fácil de desarmar y volverlo a armar; era portátil para poder ser llevado de un lugar a otro. Cada mueble tenía argollas por donde pasaban las barras que utilizaban los levitas para alzar las partes del tabernáculo.

3. El simbolismo del tabernáculo: En comparación con los templos paganos, la tienda de reunión era muy pequeña. No fue diseñada para que el pueblo israelita se reuniese adentro para adorar a Dios, sino con el fin de que sus representantes, los sacerdotes, oficiaran como mediadores. Evidentemente el emplazamiento y cada objeto tenían un gran valor simbólico. El escritor de la carta a los Hebreos señala el simbolismo del tabernáculo y del sacerdocio del antiguo pacto diciendo que son "figura de las cosas celestiales" (8:5). Sin embargo existe la tentación de atribuir significado a cada detalle, de hacer aplicaciones fantásticas y extravagantes de las partes componentes, o de encontrarle varios significados a un solo objeto del tabernáculo* y así desacreditar el examen de su simbolismo. Al acercarnos al estudio de éste debemos preguntarnos ¿qué significan los objetos y ritos para los israelitas? Luego, ¿cuál es el verdadero significado del tabernáculo para los creyentes de hoy? No nos conviene ser dogmáticos al interpretar los pormenores, pero sí debemos buscar en lo posible la interpretación neotestamentaria.

Se nota cierto simbolismo de importancia patente en el tabernáculo:

a) La presencia de Dios: Para los israelitas el lugar santísimo y en especial el propiciatorio (cubierta) del arca representaban la inmediata presencia de Dios. Allí se manifestaba la **Shekina** (en hebreo "habitar"), el fuego o gloria de Dios que representaba su misma presencia. A la cubierta se la denominaba "el propiciatorio", pues allí el más perfecto acto

---

* Luis Berkhof, un conocido teólogo y escritor dice que es un principio fundamental que las figuras proféticas, si no son de naturaleza compleja, solamente tienen un significado radical. De modo que el intérprete no está en libertad de multiplicar los significados.[18]

de expiación era realizado una vez por año por el sumo sacerdote.

Las figuras de los querubines, con las alas extendidas hacia arriba, y la cara de cada uno vuelta hacia la cara del otro, representaban reverencia y culto a Dios. El arca contenía las dos tablas de la ley, una vasija con maná; más tarde se incluyó la vara de Aarón. Todos ellos recordaban a Israel el pacto y el amor de Jehová. Las tablas de la ley simbolizaban la santidad de Dios y la pecaminosidad del hombre. También recordaba a los hebreos que no se puede adorar a Dios en verdad sin estar dispuesto a cumplir su voluntad revelada. El velo que separaba el lugar santísimo del lugar santo y excluía a todos los hombres, con excepción del sumo sacerdote, recalcaba que Dios es inaccesible al hombre pecador. Solamente por medio del mediador nombrado por Dios y del sacrificio del inocente podía el hombre acercarse a Jehová.

Para el creyente de hoy estas cosas sirven como "símbolo para el tiempo presente" (Heb. 9:9), donde Jesucristo nuestro sumo sacerdote entró una vez y para siempre con su propia sangre para hacer propiciación por nuestros pecados y expiarlos.* Es interesante notar la relación entre el "propiciatorio" y las palabras del Apóstol cuando dijo refiriéndose a Cristo: "A quien Dios puso como propiciación" (Rom. 3:25). Por la obra de Cristo en el Calvario "el velo del tempo se rasgó en dos, de arriba abajo" (Mt. 27:51). Este símbolo de la separación entre Dios y los hombres (dice Alejandro MacLaren) fue entretejido por nuestros pecados. Ahora está roto y los creyentes tienen acceso a la presencia de Dios (Heb. 10:19-20; 4:14-16; Rom. 5:1-2). ¡Aleluya!

b) El acercamiento a Dios: Los enseres en el patio del tabernáculo enseñaban cómo el hombre puede acercarse a Dios y restaurar la comunión con él.

El primer paso para acercarse a Dios está simbolizado por el altar de los holocaustos, o sea que es la expiación. Su mensaje es: "Sin derramamiento de sangre no se hace remisión" (Heb. 9:22). Por consiguiente sin remisión de pecados no hay comunión con Dios. La remisión se llevó a cabo en el Calvario, donde Cristo se sacrificó por nuestras rebeliones. Así como el hombre perseguido podía asir los cuernos del altar para esca-

---

El concepto bíblico de propiciación es "aplacar la ira de una persona mediante un regalo, ofrenda o acto del agrado de la persona ofendida". Así la obra de Cristo satisfizo las demandas de la justicia divina. La palabra hebrea *Kafar* (expiar) quiere decir "tapar, quitar o borrar". La muerte de Jesús fue expiación y a la vez propiciación por nuestros pecados.

par del vengador agraviado, el pecador puede aferrarse simbólicamente a la cruz y mediante la fe encontrar asilo seguro
para su alma. Las personas que ponen su fe en Cristo tienen
un altar (Heb. 13:10) y son reconciliados con Dios por medio
de la cruz (2 Cor. 5:18-21) teniendo así acceso al Padre (Rom.
5:2). Hay que recordar también que el altar de bronce era el
lugar de completa dedicación a Dios, pues allí se ofrecían los
sacrificios de holocausto que simbolizaban consagración entera.
Los que son perdonados y reconciliados deben seguir los pasos
de Aquel que se ofreció en completa sumisión a la voluntad
divina.

El segundo paso para acercarse a Dios y prepararse para
ministrar en las cosas sagradas, se representa simbólicamente
con el lavacro. Allí se lavaban los sacerdotes antes de oficiar
en las cosas sagradas. Demuestra que es necesario purificarse
para servir a Dios: "la santidad, sin la cual nadie verá a Dios"
(Heb. 12:14). El creyente se limpia "en el lavamiento del agua
por la palabra" (Efes. 5:26) y por "la regeneración" y "la renovación en el Espíritu Santo" (Tito 3:5).

c) El culto aceptable a Dios: Los enseres del lugar santo
indicaban cómo la nación sacerdotal podía prestar culto a Dios
y servirle en una manera aceptable. Algunos estudiosos de la
Biblia piensan que en la obra de Cristo se encuentra el cumplimiento del simbolismo de estos muebles: el altar del incienso representa a Cristo el intercesor, la mesa de los panes a
Cristo, el pan de vida y el candelabro a Cristo la luz del
mundo. No obstante la bendición que ha resultado de estas
interpretaciones tradicionales, nos conviene buscar el simbolismo de los enseres considerando primero la idea que ellos
transmitían a los israelitas y luego lo que el Nuevo Testamento
indica referente a ellos. Dado que los que oficiaban en el lugar
santo eran los sacerdotes comunes, simbolizando a los creyentes (1 Ped. 2:9; Apoc. 1:6), es lógico considerar que el uso
de los enseres del lugar santo prefiguraba el culto y servicio
de los cristianos.

El altar del incienso estaba en el centro; nos enseña que
una vida de oración es imprescindible para agradar a Dios, ya
que el incienso simbolizaba la oración, alabanza e intercesión
del pueblo de Dios, tanto en el Antiguo Testamento como en el
Nuevo (Sal. 141:2; Lucas 1:10; Apoc. 5:8; 8:3). Así como el perfume del humo que desprendía el incienso subía al cielo, las
alabanzas, rogativas e intercesiones suben al Señor como olor
grato. Dos veces por día se encendía el incienso sobre el altar
y probablemente ardía durante todo el día. Esto enseña que los

hijos de Dios deben ser constantes en la oración. El incienso se encendía con el fuego del altar de los holocaustos, lo que nos hace notar que la oración aceptable al Señor se relaciona con la expiación del pecado y la consagración del creyente. También se destaca la importancia del fuego para consumir el incienso. Si no ardía el incienso, no había olor grato. Asimismo el creyente necesita el fuego del Espíritu Santo para que arda el incienso de la devoción (Efes. 6:18). Las oraciones frías no suben al trono de gracia. Finalmente, observamos que el sumo sacerdote rociaba sangre sobre los cuernos del altar de incienso una vez por año evidenciando que aunque el culto humano es imperfecto (Rom. 8:26, 27), somos "aceptos en el Amado" por su sangre expiatoria y su intercesión perpetua (Efes. 1:6, 7; Rom. 8:34; Heb. 9:25).

Al entrar en el lugar santo se encontraba a la mano derecha la mesa de los panes de la proposición. La frase "panes de la proposición" significa literalmente "panes del rostro", y en algunas versiones de la Biblia se traduce "pan de la presencia", pues era el pan puesto continuamente en la presencia de Dios. Los doce panes puestos en la mesa representaban una ofrenda de gratitud a Dios de parte de las doce tribus* pues el pan era a la vez una dádiva de Dios y el fruto de las labores humanas. Así que el pueblo reconocía que había recibido su sustento de Dios y a su vez consagraba a Dios los frutos de su trabajo. Por lo tanto la mesa de los panes se refiere también a la mayordomía de los bienes materiales. El tercer enser en el Lugar Santo era el candelabro de oro, el cual simbolizaba al pueblo de Dios, Israel. Enseñaba que Israel debía ser "la luz de las naciones" (Isa. 49:6; 60:1-3; Rom. 2:19), dando testimonio al mundo por medio de una vida santa y del mensaje de Jehová proclamado. El Apóstol Juan utiliza la figura del candelabro: representa las siete iglesias de Asia como siete candelabros (Apoc. 1:12-20), por lo tanto el candelabro prefigura la iglesia de Jesucristo. Así como el tronco del candelabro unía los siete brazos y sus lámparas, así también Jesucristo está en medio de sus iglesias y las une. Aunque las iglesias locales son muchas, constituyen una sola iglesia en Cristo.

---

* Algunos expositores piensan que el pan de la proposición prefiguraba a Cristo, "el pan de vida" (Juan 6:35). Es una comparación interesante pero no está de acuerdo con el propósito original de dichos panes. Es obvio que los panes representaban una ofrenda a Dios de parte de las doce tribus, pues se ofrecían doce (si representaran una dádiva de Dios a los hombres, probablemente habría sido un solo pan). Además se ofrecían con incienso y vino, acompañantes comunes de los sacrificios. Cristo es "el pan de vida", no por el simbolismo de los panes de la proposición, sino porque en sí cumple el simbolismo del maná (Juan 6:31-35).

También Jesús dijo a sus seguidores: "Vosotros sois la luz del mundo" (Mat. 5:14).

Era necesario llenar el candelabro con aceite puro de oliva a fin de que ardiera e iluminara a su alrededor. El profeta Zacarías empleó la figura del candelabro con abundante aceite para representar a Israel. Interpretó el símbolo del aceite con estas palabras: "No con ejército, ni con fuerza, sino con mi Espíritu, ha dicho Jehová de los Ejércitos" (Zac. 4:6). El aceite es, pues, un símbolo del Espíritu Santo. Si el creyente no tiene la presencia y el poder del Espíritu en su vida no será un buen testigo. Todos los días un sacerdote traía aceite fresco para el candelabro, de modo que la luz ardiera desde la tarde hasta la mañana (27:20-21). Asimismo el creyente necesita recibir diariamente el aceite del Espíritu Santo (Sal. 92:10) para que alumbre su luz delante de los que andan en la oscuridad espiritual.

Hemos notado que los enseres del Lugar Santo enseñan cómo los hijos de Dios pueden prestarle culto y servicio a su Señor. Todos los aspectos del culto representados por cada mueble son importantes, pero el lugar central que ocupaba el altar del incienso parece indicar que la actividad relacionada con éste es lo más importante. Como la mesa de los panes y el candelabro estaban relacionados con el altar del incienso, la consagración y el testimonio del creyente están relacionados con la vida de oración. Si el creyente no tiene comunión con Dios pronto dejará de consagrar los frutos de su trabajo al Señor y su luz dejará de alumbrar a los hombres.

d) El Hijo de Dios: La idea central del tabernáculo era que Dios habitaba entre su pueblo; su plena realización se encuentra en la encarnación de Cristo: "Y el verbo fue hecho carne y habitó entre nosotros" (literalmente: **hizo tabernáculo entre nosotros,** Juan 1:14). De ahí que se llama Emanuel, "Dios con nosotros" (Mat. 1:23). En la actualidad la presencia de Dios se manifiesta en la iglesia por medio del Espíritu Santo quien habita en los creyentes (Efes. 2:21-22).

Muchos estudiosos de la Biblia creen que las cortinas que cubrían el tabernáculo hablan del Señor Jesucristo (26:1-14). La cortina de pieles de tejones se ponía sobre las otras. Era color tierra y no era hermosa a la vista. Habla acerca del aspecto humano de Jesús: "No hay parecer en él, ni hermosura; le veremos, mas sin atractivo para que le deseemos" (Isa. 53:2). La segunda cortina, que era de pieles de carnero teñidas de rojo, representaban la obra redentora de Jesús. En cambio la tercera cortina era hecha de pelo de cabra, cuya blancura simbolizaba la pureza del Señor. La última cortina que se veía desde dentro del tabernáculo era de fino lino blanco con labor primorosa de figuras de querubines (26:1-6; 38:18), de azul, púrpura y carmesí. Esta belleza representaba la gloria celestial de Jesús.

En Cristo se cumplieron muchas de las ceremonias del tabernáculo, la manifestación de la gloria divina, la expiación, la reconciliación del hombre con Dios y la presencia de Dios entre su pueblo redimido. Las sombras y figuras ya han pasado pero la realidad queda en la persona y obra de Jesucristo.

4. **El dinero de rescate.** Cap. 30:11-16: Sólo se permitía a los redimidos ofrecer culto a Dios. Esta verdad quedaba implantada en la mente de los israelitas mediante el pago del dinero de rescate. Al ser numerados los hombres hebreos de veinte años arriba, cada uno tenía que pagar medio siclo de plata. No era una contribución voluntaria, sino un "rescate de su persona". Si uno no quería pagarlo, era excluido de los privilegios del tabernáculo y estaba en peligro de sufrir los juicios divinos.

Al principio se fundieron las monedas para hacer las bases de plata para las maderas del tabernáculo (38:25-28), como "memorial" a los adoradores israelitas de que eran un pueblo redimido y de que su comunión con Dios se basaba sobre el rescate. Más tarde comenzó a emplearse el dinero para sufragar el costo del culto y del santuario.

El dinero de rescate demostraba ciertas verdades:

a) Todos los hombres por naturaleza son indignos de ser contados como el pueblo de Dios y de disfrutar de las bendiciones divinas, "por cuanto todos pecaron y están destituidos de la gloria de Dios" (Rom. 3:23). Así que cada uno debe ser redimido.

b) Todos eran redimidos por la misma suma: medio siclo de plata. "Ni el rico aumentará, ni el pobre disminuirá" esa cantidad. Pone a toda la humanidad a un mismo nivel; "no hay diferencia". Dios no hace acepción de personas y todos valen por igual para él. Los ricos, los pobres, los talentosos y los ignorantes, todos necesitan el mismo rescate.

c) Nos habla acerca del rescate verdadero. La suma era tan pequeña que es evidente que era sólo simbólicamente un rescate. "Sabiendo que fuisteis rescatados, no con cosas corruptibles, como oro y plata, sino con la sangre preciosa de Cristo" (1 Pedro 1:18, 19). Probablemente el dinero del rescate era el mismo impuesto que se le exigía a nuestro Señor (Mat.

17:24-27). Jesús indicó que El como Hijo estaba exento, pero mandó a Pedro que tomara una moneda de la boca de un pez y le dijo: "dáselo por mí y por ti".

d) Habla también del motivo de consagrarse al Señor y llevar una vida santa. Dado que los creyentes son "comprados por precio", deben glorificar a Dios en su cuerpo y en su espíritu, "los cuales son de Dios" (1 Cor. 6:19, 20).

5. La gloria en el tabernáculo. Cap. 40:34-38: Israel cumplió al pie de la letra las instrucciones divinas en cuanto a la construcción del tabernáculo. Cuando Moisés terminó su labor, la nube que había guiado a Israel se acercó y descansó sobre el tabernáculo como una manifestación visible de la presencia de Dios y allí permaneció. Cuando Moisés procuró entrar en el lugar santo no pudo hacerlo. Tanto la nube como la gloria eran demasiado fuertes. La gloria mayor del tabernáculo no se encontraba en las cortinas magníficas, ni en el oro ni en la plata, sino en la presencia del Dios viviente.

Así el libro del Exodo termina con el cumplimiento de la promesa de Jehová: "Habitaré entre los hijos de Israel y seré su Dios" (29:45). El Dios que habita entre su pueblo es también el Dios que llevará a su pueblo a Canaán, en cumplimiento de su promesa a los patriarcas. Nosotros también podemos estar persuadidos de que el que comenzó en nosotros "la buena obra, la perfeccionará hasta el día de Jesucristo" (Fil. 1:6).

PREGUNTAS

El tabernáculo. Ex. 25:1 - 31:17; 35:1 - 40:38

A. Sobre la Biblia

1— Lea Ud. 25:1 - 9; 29:42 - 46; 38:21.
a) Mencione los cuatro nombres con que se designaba el tabernáculo.
b) ¿Qué dos propósitos cumplía el tabernáculo? ¿Cómo se reúne Dios ahora con su pueblo?
c) ¿Cómo había manifestado su presencia hasta este punto? (Ex. 14:19).

2— Lea 31:1 - 11; 35:4 - 36:7.
a) ¿Qué hizo Dios en cuanto al diseño y qué hicieron los hombres? (Compare 25:2 con 31:1 - 11 y 38:22 - 23).
b) ¿Qué lección práctica deriva Ud. de esto?
c) Note la relación entre el llamamiento de los artífices Bezaleel y Aholiab y su capacitación. ¿Cuál es el requisito o capacitación que necesita el obrero para hacer tanto la obra espiritual como la material? (Note también Hechos 6:3.)
d) Mencione tres lecciones prácticas que se pueden derivar del relato de la construcción del tabernáculo (35:4 - 29).

e) ¿Qué parte desempeñaban las mujeres en la construcción del tabernáculo?

3— Lea 39:32 - 40:38.

a) ¿Cuál es la frase que se repite en estos dos capítulos? ¿Cómo se relaciona con nuestro servicio a Dios? (Juan 5:19; 1 Juan 2:6).

b) ¿Cómo aprobó Dios la obediencia y trabajo de Moisés y de los israelitas? (40:34-35).

B. Sobre el libro de texto

1—a) Indique tres finalidades generales del tabernáculo.

b) Dé el significado de los distintos nombres del tabernáculo.

c) Dé las medidas de la tienda. Compare su tamaño con el de los templos paganos. ¿Por qué era tan pequeño el tabernáculo? (¿Cuál era su propósito específico?)

2—a) Mencione dos errores en que podemos caer al interpretar el simbolismo del tabernáculo.

b) Para interpretar correctamente el simbolismo, debemos buscar primero lo que significaban los objetos y los ritos para los .... y luego buscar la interpretación de los escritores del ....

3—a) ¿Cuál es la gran verdad que se enseña por medio de los enseres del patio o atrio?

b) ¿Cuál es la enseñanza general del lugar santo?

4— Dé el simbolismo de lo siguiente:

a) el lugar santísimo

b) la ley en el arca

c) el velo

d) el altar de incienso

e) la mesa de los panes

f) el candelabro

g) el altar del holocausto

h) el lavacro

5— ¿Qué significa el hecho de que el velo del templo "se rasgó en dos" cuando murió Jesús? (Mat. 27:51; Heb. 10:20).

6— Indique Ud. el gran cumplimiento del simbolismo del tabernáculo según se encuentra en los cuatro Evangelios. (Una oración es suficiente.)

C. Proyecto

Haga un plano del tabernáculo con sus enseres. Luego indique los pasos que debe dar el creyente para acercarse a Dios y prestar culto y servicio a El.

CITAS EN EL CAPITULO SOBRE EXODO

1. Henry Halley, *Compendio manual de la Biblia*, s.f., p. 114.

2. Carrol O. Gillis, *Historia y literatura de la Biblia*, tomo I, 1954, p. 171.

3. Halley, *op. cit.*, p. 116.

4   J. A. Motyer, "Los nombres de Dios" en *Manual bíblico ilustrado*, David Alexander y Pat Alexander (editores), p. 157.

5. Gillis, *op. cit.*, pp. 184-185.

6. Stanley Horton, *El maestro*, el tercer trimestre, 1961, pp. 17 y 19.

7. "Introducción a Exodo", la Biblia Nácar-Colunga, p. 83.

8. Samuel Schultz, *The Old Testament speaks*, 1960, p. 51.

9. R. Alan Cole, *Exodus* en *The Tyndale Old Testament commentaries*, 1973, p. 120.

10. C.F. Keil y F. Delitzsch, *Genesis to Exodus* en *Old Testament commentaries*, vol. 1, s.f., p. 430.

11. Guillermo Ross, *Estudios en las Sagradas Escrituras*, vol. 1, *El pentateuco*, 1955, p. 139.

12. Halley, *op. cit.*, p. 121.

13. Ross, *op cit.*, p. 141.

14. Alexander MacLaren, *Exposition of the Holy Scriptures*, vol. 1, (Genesis, Exodus, Leviticus and Numbers), 1944, pp. 97-98.

15. Halley, *op. cit.*, p. 122.

16. *Manual bíblico ilustrado*, *op. cit.*, p. 164.

17. Ross, *op. cit.*, p. 156.

18. Luis Berkhof, *Principios de la interpretación*, s.f., p. 177.

CAPITULO 4

LEVITICO

INTRODUCCION

1. Título y carácter: Se llamó a este libro Levítico en la versión griega porque trata de las leyes relacionadas con los ritos, sacrificios y servicio del sacerdocio levítico. No todos los hombres de la tribu de Leví eran sacerdotes; el término "levita" se refería a los laicos que hacían el trabajo manual del tabernáculo. El libro no trata de estos "levitas", pero el título no es completamente inapropiado porque todos los sacerdotes eran efectivamente de la tribu de Leví.

Aunque Levítico fue escrito principalmente como manual de los sacerdotes, se encuentra muchas veces el mandato de Dios: "Habla a los hijos de Israel", de modo que contiene muchas enseñanzas para toda la nación. Las leyes que se encuentran en Levítico fueron dadas por Dios mismo (ver. 1:1; Núm. 7:89; Ex. 25:1), de modo que tienen un carácter elevado.

2. Relación con Exodo y Números: La revelación que se encuentra en Levítico fue entregada a Moisés cuando Israel todavía estaba acampando ante el monte Sinaí (27:34). Sigue el hilo de la última parte de Exodo, la cual describe el tabernáculo. Luego, Números continúa con lo que contiene Levítico. Así los tres libros forman un conjunto y están estrechamente relacionados entre sí. Sin embargo Levítico difiere de los otros dos en que es casi totalmente legislativo. Narra solamente tres eventos históricos: la investidura de los sacerdotes (capítulos 8-9), el pecado y castigo de Nadab y Abiú (capítulo 10) y el castigo de un blasfemo (24:10-14,23).

3. Propósito y aplicación: Así como Exodo tiene por tema la comunión que Dios ofrece a su pueblo mediante su presencia en el tabernáculo, Levítico presenta las leyes por las cuales Israel habría de mantener esa comunión. Jehová quería enseñar a su pueblo, los hebreos, a santificarse. La palabra santificación significa apartarse del mal y dedicarse al servicio de Dios. Es una condición necesaria para gozarse de la comunión con Dios. A los israelitas las leyes e instituciones de Levítico les hacían tomar conciencia de su pecaminosidad y de su necesidad de recibir la misericordia divina; a la vez, el sistema de sacrificios les enseñaba que Dios mismo proveía el medio para expiar sus pecados y para santificar su vida.

Dios es santo y su pueblo ha de ser santo también. Israel debe ser diferente de las otras naciones y debe separarse de sus costumbres. "No haréis como hacen en la tierra de Egipto... ni haréis como hacen en la tierra de Canaán" (18:3). El pensamiento clave se encuentra en 11:44, 45; 19:2: "Santos seréis, porque santo soy yo Jehová vuestro Dios". La palabra santo aparece setenta y tres veces en el libro. El tabernáculo y sus enseres eran santos, santos los sacerdotes, santas sus vestiduras, santas las ofrendas, santas las fiestas, y todo era santo para que Israel fuera santo. El Apóstol Pablo sintetiza este principio y se lo aplica a los cristianos: "Si, pues, coméis o bebéis o hacéis otra cosa, hacedlo todo para la gloria de Dios" (1 Cor. 10:31).

Se nota la santidad divina en el castigo del pecado de Nadab y Abiú (ver cap. 10), y el del blasfemo (24:10-23). La santidad de Jehová impone leyes concernientes a las ofrendas, al alimento, la purificación, la castidad, las festividades y otras ceremonias. Solamente por sus mediadores, los sacerdotes, puede un pueblo pecaminoso acercarse al Dios santo. Todo esto enseñó a los hebreos que el pecado es lo que aleja al hombre de Dios, que Dios exige la santidad, y que sólo la sangre esparcida sobre el altar puede expiar la culpa. De modo que Levítico habla de santidad pero a la vez de la gracia, o posibilidad de obtener perdón por medio de sacrificios.

4. **Tema:** SANTIDAD A JEHOVA.

5. **Bosquejo:**

I. Sacrificios 1 - 7

A. Materia de los sacrificios 1 - 5

B. Funciones y derechos sacerdotales en relación con los sacrificios 6-7

II. Institución del sacerdocio 8 - 10

    A. Consagración de Aarón y sus hijos 8-9
    B. Pecado de Nadab y Abiú 10

III. Purificación de la vida en Israel 11 - 15

    A. Leyes referentes al puro e impuro 11
    B. Leyes referentes al alumbramiento 12
    C. Diagnóstico y modo de enfrentar la lepra 13 - 14
    D. Impurezas físicas 15

IV. Leyes de santidad 16 - 27

    A. El gran día de la expiación 16
    B. Sacrificio e importancia de la sangre 17
    C. Pecados contra la ley moral 18 - 20
    D. Reglas para los sacerdotes 21 - 22
    E. Fiestas sagradas 23, 25
    F. Provisión para el tabernáculo; El blasfemo 24
    G. Promesas y amenazas 26
    H. Votos y diezmos 27

6. Significado y valor: Aunque Levítico parece árido y poco interesante a muchos lectores, el libro tiene gran significado y valor al ser bien comprendido.

a) Nos proporciona un antecedente que hace comprensible otros libros de la Biblia. Si uno desea entender las referencias a los sacrificios, las ceremonias de purificación, las instituciones tales como el sacerdocio o las convocaciones sagradas, es necesario consultar el libro de Levítico. Los profetas destacados, Isaías, Jeremías y Ezequiel en sus visiones contemplaban verdades permanentes dadas a través del simbolismo del templo, las ofrendas, las fiestas y las personas sagradas. Sin la luz que Levítico arroja sobre la Epístola a los Hebreos, ésta sería un enigma.

b) Levítico presenta principios elevados de la religión. Aunque muchas de sus reglas y ceremonias ya no están en vigencia para el creyente, todavía encierran principios permanentes. Se debe descartar la cáscara (la forma antigua de las leyes) y guardar el grano (el principio moral o espiritual). Las leyes y ceremonias de Levítico muestran cómo Dios obra para quitar el pecado por medio del sacrificio y purificación, cómo Dios actúa contra pecados sociales por medio del año sabático y del jubileo y cómo El hace frente a la inmoralidad por medio de leyes de castidad y también por medio de promesas y amenazas. Es notable que en Levítico se encuentra el precepto sublime: "Amarás a tu prójimo como a ti mismo" (19:18).

c) Finalmente este libro tenía el propósito de preparar la mente humana para las grandes verdades del Nuevo Testamento. Levítico presenta el evangelio revestido de simbolismo. Los sacrificios del antiguo pacto, especialmente el del gran día de la expiación, anticipaban el sacrificio del mediador del nuevo pacto. Para entender cabalmente el calvario y su gloria redentora, tenemos que verlo a la luz del libro de Levítico; este libro pone de relieve el verdadero rostro del pecado, de la gracia y del perdón, y así preparaba a los israelitas para la obra del Redentor.

7. Contenido, Método de estudiar Levítico: Este estudio del Pentateuco se ha apartado ya más de una vez del método "capítulo tras capítulo" al hacer su exposición. Más bien ha desarrollado temas en forma lógica y sistemática. El estudio de Levítico sigue este método y no solamente reúne material de varias partes del libro para desarrollar los temas sino también emplea secciones de Exodo para completar el cuadro de Levítico.

LOS SACRIFICIOS

Como la revelación era el medio que usaba Dios para acercarse a su pueblo, así el sacrificio era el medio por el cual su pueblo podía acercarse a Dios. Jehová mandó: "Ninguno se presentará delante de mí con las manos vacías" (Ex. 34:20; Deut. 16:16). ¿Cómo se originó la idea del sacrificio? El sistema sacrificial fue instituido por Dios para ligar a la nación israelita a El mismo. Sin embargo, se remontan los sacrificios al período primitivo de la raza humana. Se menciona el acto por primera vez en Génesis 4, el caso de Caín y Abel. Probablemente Dios mismo enseñó a los hombres a ofrecer sacrificios como medio de acercarse a El. La idea quedó grabada en la mente humana y la costumbre se transmitió a toda la humanidad. Con el transcurso del tiempo, los sacrificios que ofrecían los que no conocían a Dios, se unieron a costumbres paganas e ideas corruptas, por ejemplo, el concepto de que los dioses literalmente comían el humo y el olor del sacrificio.

No se sabe si los israelitas, antes de llegar a Sinaí, conocían y distinguían claramente las diversas clases de ofrendas. Ya como nación libertada de la esclavitud de Egipto, como pueblo del pacto, Israel recibió instrucciones específicas con respecto a los sacrificios.

A. EL SISTEMA MOSAICO DE SACRIFICIOS

1. Ideas relacionadas con el sacrificio:

a) El motivo básico de los sacrificios es la substitución y su fin es la expiación. El pecado es sumamente grave porque es contra Dios. Además, Dios es "muy limpio de ojos para ver el mal" (Hab. 1:13). El hombre que peca merece la muerte. En su lugar muere el animal inocente, y esta muerte cancela o quita el pecado.

Levítico 17:11 es el texto clave en cuanto a la expiación: "La vida de la carne en la sangre está, y yo os la he dado para hacer expiación sobre el altar por vuestras almas". Indica que Dios ha indicado la sangre como sacrificio, proveyendo así para la necesidad del hombre. ¿Qué significa la sangre? Se la considera el principio vital. No tiene significado en sí misma sino como símbolo y evidencia de que se quitó la vida de un animal inocente para pagar por los pecados del culpable.* Por lo tanto la sangre usada en la expiación simboliza una vida ofrecida en la muerte. Al rociar sangre sobre personas o cosas se indica que se les aplican los méritos de esa muerte.

Esta posibilidad de lograr la expiación del pecado mediante un sacrificio substitutivo evidencia la gracia divina; constituía el corazón del antiguo pacto. Sin posibilidad de expiación la ley permanecería espléndida pero inalcanzable. Serviría solamente para condenar al hombre dejándolo frustrado y desesperado. Si no fuera por los sacrificios, quedaría anulada toda posibilidad de que el hombre se acercara a Dios, un Dios santo y el antiguo pacto sería una desilusión. Por más que el hombre se esforzara por cumplir la ley, fracasaría por su debilidad moral. Así que mientras la ley revela las exigencias de la santidad de Dios, la expiación por medio del sacrificio manifiesta la gracia divina que cumple las demandas de Dios. No hay que extrañarse de que se haya dicho que Levítico presenta el evangelio revestido de ropaje simbólico.

b) La segunda idea relacionada con el sacrificio es la consagración. Al poner las manos sobre el animal antes de dego-

---

* El término "sangre" se emplea 203 veces en la Biblia para referirse a una muerte violenta. Por ejemplo, Dios dijo en cuanto a juzgar al asesino: "Demandaré la sangre de vuestras almas" Gén. 9:5; y los judíos gritaron: "sea crucificado... su sangre sea sobre nosotros" (Mat. 27:21, 25).

llarlo el oferente se identifica con el animal. Ofrecida sobre el altar, la víctima representa al que la ofrece e indica que el oferente pertenece a Dios.

c) La idea de mayordomía o administración de los bienes materiales se ve también en la ley, por ejemplo en ciertas ofrendas de alimentos y en el hecho de que la mejor parte del animal era quemada sobre el altar. Al devolver a Dios una porción de los bienes que le costaron tiempo y trabajo, el oferente reconoce que todo es del Señor.

d) También está presente la idea de gozosa comunión con Dios en las ofrendas de paz, pues el oferente participa de la carne sacrificada en un banquete sagrado.

e) Naturalmente se encuentra también la idea de adoración en el sistema sacrificial. Sacrificar equivale a "rendir culto a Dios, atribuirle gloria por ser el Dios de quien dependemos y a quien debemos el culto y la sumisión".[1]

Con el transcurso del tiempo, los israelitas llegaron a actuar como si lo que le importara a Dios fueran los sacrificios mismos en lugar del corazón del oferente. El salmista David y los profetas procuraron inculcar en el pueblo la verdad de que Dios no se contenta con las víctimas ofrecidas cuando faltan el arrepentimiento, la fe, la justicia y la piedad en quienes las ofrecen (1 Sam. 15:22; Sal. 51:16-17; Isa. 1:11-17; Miq. 6:6-8).

2. La clase de animales que se ofrecían: La ley no admitía más que estas cinco especies de animales como aptas para el sacrificio: la vaca, la oveja, la cabra, la paloma y la tórtola. Estos eran animales limpios; el animal inmundo no podía ser símbolo del sacrificio santo del Calvario.

Se sacrificaban solamente animales domésticos porque eran apreciados por sus dueños, costosos y sumisos. De otro modo no podrían ser figura profética de Aquel que "como oveja delante de sus trasquiladores, enmudeció y no abrió su boca" (Isa. 53:7). El animal tenía que ser propiedad del oferente. Finalmente, tenía que ser sin mancha, así simbolizando al Redentor sin tacha.

3. La manera en que se ofrecían los sacrificios: Los pasos en el acto del sacrificio eran:

a) El oferente llevaba personalmente el animal a la puerta del cerco del tabernáculo donde estaba el altar del holocausto.

b) Luego el oferente ponía las manos sobre el animal para

indicar que era su substituto. En ciertos sacrificios este acto indicaba la transferencia de los pecados al animal, y en otros la dedicación de la persona misma mediante su substituto; podía indicar ambas cosas.

c) El oferente lo degollaba como señal de la justa paga de sus pecados. Así fue en el caso de Jesús: La muerte fue la consecuencia lógica de haber cargado con el pecado de todos nosotros (Isa. 53:6). El sacerdote luego derramaba la sangre sobre el altar.

e) Según la clase de sacrificio, todo el animal o una parte era quemada, lo restante de la res era comido en el arca del tabernáculo por los sacerdotes y sus familias, o en el caso del sacrificio de paz, por los sacerdotes y los adoradores.

B. LAS CLASES DE OFRENDAS

1. El holocausto. Caps. 1:1-17; 6:8-13: El holocausto se destacaba entre las ofrendas porque era consumido enteramente por el fuego sobre el altar; era considerado el más perfecto de los sacrificios. Aunque tenía el aspecto expiatorio, representaba primordialmente la consagración del oferente, pues la víctima se quemaba entera para Jehová. El término "holocausto" significa "lo que sube" dado que el material sacrificado se transformaba en otro, el humo y las llamas, que subían a Dios como un perfume grato. Naturalmente los israelitas se daban cuenta de que eso no servía de alimento a Dios y que Dios no necesitaba alimento; además era Jehová quien los alimentaba a ellos con el maná. De modo que la expresión "olor grato a Jehová" es la manera humana de decir que Dios se agrada de la ofrenda. Tal vez el Apóstol Pablo aludía al holocausto cuando exhortaba a los creyentes a presentar sus cuerpos en sacrificio vivo (Rom. 12:1). Al igual que el holocausto, cuando el creyente se consagra entera y gustosamente al Señor, el fuego divino transforma su ser a fin de que suba al cielo el aroma de su sacrificio.

Todas las mañanas y todas las tardes delante del tabernáculo se ofrecía un cordero en holocausto para que Israel recordara su consagración a Dios (Ex. 29:38-42). De la misma manera conviene que renovemos nuestra consagración diariamente.

Se permitía que los pobres ofreciesen palomas o tórtolas en lugar de animales de ganado para que todos pudiesen demostrar su consagración. Era tan grato a Dios el olor que subía del ave ofrecida por el pobre como el del becerro sacrificado por el rico.

Jesús se consagró al Padre en el río Jordán y toda su vida terrenal y su muerte en la cruz fueron como el aroma del holocausto subiendo al cielo. El Padre le dijo: "Tú eres mi Hijo amado; en ti tengo complacencia".

2. La oblación u ofrenda de alimento. Caps. 2:1-16; 6:14-23: El vocablo traducido "oblación" significa en hebreo "acercamiento"; pues el creyente debe traer una dádiva al acercarse a Dios. La oblación no era un sacrificio animal; consistía en productos de la tierra que representaban el fruto de las labores humanas: Incluían flor de harina, panes ácimos fritos y espigas tostadas. Probablemente no se la presentaba sola sino acompañada de los sacrificios pacíficos u holocaustos (Núm. 15:1-16). Una porción pequeña se quemaba sobre el altar y lo restante pertenecía a los sacerdotes, salvo cuando el sacerdote era el oferente (en tal caso era quemado).

Significaba la consagración de los frutos de la labor humana a Dios. El oferente reconocía que Dios le había provisto su pan cotidiano. Se ofrecía lo mejor que el oferente tenía y esto enseña que nuestras dádivas a Dios deben ser de alta calidad. También la oblación enseña a los creyentes que les corresponde sostener a los que les ministran las cosas sagradas (1 Cor. 9:1-14).

Había ciertas disposiciones en cuanto a la ofrenda de alimento:

a) Se echaba aceite sobre la oblación o se lo incluía en los panes y tortas. El aceite es un símbolo del Espíritu Santo. ¡Cuánto necesita el creyente la unción del Espíritu en sus labores diarias para que le ilumine y santifique!

b) Se ofrecía incienso con la oblación. El incienso representa la oración, intercesión y alabanza (Sal. 141:2; Apoc. 8:3,4). ¿Cuál es el papel del incienso en nuestras labores? (Nótese Col. 3:16, 17).

c) Eran ofrendas sin levadura ni miel. La levadura y la miel causan fermentación y se las considera por lo general símbolos bíblicos de corrupción. El Apóstol Pablo habla acerca de "la levadura de malicia y maldad" y señala que lo contrario de "levadura" es sinceridad y verdad (1 Cor. 5:6-8). Pero la levadura no siempre era símbolo de maldad, pues había ofrendas con levadura (ver Lev. 7:13) aunque éstas nunca eran puestas sobre el altar (Ex. 23:16-18; 34:25; Lev. 23:17-18).

d) Se añadía sal a la ofrenda. La sal representaba incorrupción y pureza. También era símbolo de amistad, de lealtad, de alianza perpetua (Núm. 18:19). Había que preparar todos los sacrificios con sal (Mar. 9:49, 50).

3. El sacrificio de paz. Caps. 3:1-17; 7:11-34; 19:5-8; 22:21-25: Era una ofrenda completamente voluntaria. Su rasgo distintivo era que la mayor parte del cuerpo del animal sacrificado era comido por el oferente y sus invitados en un banquete de camaradería entre Dios y el hombre.

Dado que era una ofrenda voluntaria, se aceptaba (excluyendo aves) cualquier animal limpio de ambos sexos. Se rociaba la sangre sobre el altar y se quemaba el sebo y los riñones. Así Dios recibía lo que se consideraba la mejor parte y la más rica. El pecho del animal era elevado y mecido por el sacerdote delante de Jehová en señal de dedicárselo a El. Después los sacerdotes tomaban el pecho y la espaldilla derecha como su porción. El resto del animal sacrificado era comido en un banquete dentro del recinto del tabernáculo el mismo día. El que ofrecía el sacrificio invitaba al banquete a otros, especialmente al levita, al pobre, al huérfano y a la viuda, así convirtiéndolo en una verdadera comida de amor y comunión (Deut. 12:6-7, 17-18).

Aunque este sacrificio incluía la idea de expiación, el significado mayor era la comunión gozosa con Dios que acompaña la reconciliación con El. Puesto que el sacrificio pertenecía al Señor, Dios era el que brindaba el banquete y el oferente y los invitados eran los huéspedes.

Había tres clases de sacrificio de paz. La primera se llamaba acción de gracias porque expresaba agradecimiento por una bendición (Lev. 22:29). La segunda era hecha para cumplir un voto (Lev. 22:21). La tercera era una ofrenda voluntaria, una expresión de amor a Dios (Lev. 22:21).

El sacrificio de paz se cumplió en Cristo "nuestra Paz" quien quitó la enemistad entre Dios y el hombre e hizo posible la comunión con Dios (Efe. 2:14-16). En un aspecto es muy parecido a la Santa Cena.

4. El sacrificio por el pecado. Caps. 4:1-5:13; 6:24-30: Esta ofrenda era para expiar los pecados cometidos por ignorancia y yerro, incluso faltas tales como rehusar a testificar contra un criminal delante de un tribunal o jurar a la ligera* (5:1-4). Había diferentes grados en los sacrificios según la categoría

---

* Se refiere a un juramento irreflexivo sin considerar debidamente la naturaleza y las consecuencias de tal juramento.

de la persona que los ofrecía. Aunque Dios exige la misma santidad en todos, no todos tienen la misma luz y responsabilidad. El sumo sacerdote o la congregación tenía que ofrecer un becerro, el animal más costoso; el gobernante ofrecía un macho cabrío; y una persona del pueblo meramente una cabrita o corderita. Los pobres ofrecían dos tórtolas o pichones y los muy pobres una medida de harina que era quemada sobre el altar. También el rito variaba según el rango de la persona que ofrecía el sacrificio. En el caso del sacrificio por el sumo sacerdote o la congregación, se rociaba la sangre siete veces ante el velo en el lugar santo del tabernáculo,** pero en el caso de una persona del pueblo, el sacerdote rociaba la sangre sobre los cuernos del altar, el lugar más visible. Era como dijo Jehová en la pascua: "Veré la sangre y pasaré de vosotros" (Ex. 12:13).

Como el sacrificio por el pecado tenía el propósito de expiar las faltas, no se permitía al oferente comer la carne del animal, pero sí se daba al sacerdote oficiante una porción por su ministerio. De aquí venía el dicho: el sacerdote come los pecados del pueblo. El sacerdote tenía que comer la carne en el lugar santo para señalar que el pecado había sido perdonado. Pero cuando el oferente era un sacerdote, todo el cuerpo de la res era quemado sobre el altar del holocausto o fuera del campamento, de otro modo el sacerdote se beneficiaría con su pecado comiendo del sacrificio que él mismo había ofrecido.

5. El sacrificio por la culpa o por diversas transgresiones. Caps. 5:14-6:7; 7:1-7: Aunque esta ofrenda es muy semejante al sacrificio por el pecado, se ofrecía en caso de violación de los derechos de Dios o del prójimo, tales como descuido en el diezmar, pecados relacionados con la propiedad ajena y robo. El ofensor que quería ser perdonado confesaba en restitución al defraudado y añadiendo a eso una quinta parte más como multa sacada de sus posesiones. Si no era posible hacer la restitución al defraudado o a algún pariente de él, tenía que entregarla al sacerdote (Núm. 5:8). Pero no era suficiente reparar el mal hecho a su prójimo y a la sociedad: se le demandaba ofrecer en sacrificio un carnero sin defecto como señal de pesar y arrepentimiento. El ofrecer un animal de tanto valor simbolizaba el alto costo del pecado y reavivaba el sentido de la responsabilidad delante de Dios.

** El sumo sacerdote ocupaba una posición de máxima importancia pues representaba ante Dios a la nación de Israel, por lo tanto su falta implicaba la culpabilidad colectiva del pueblo. Puesto que trabajaba en el lugar santo, su pecado contaminaba aquella parte del tabernáculo y era necesario expiar su falta allí.

Evaluación de los sacrificios: El sistema de sacrificios no quitaba el pecado realmente, "porque la sangre de los toros y de los machos cabríos no puede quitar los pecados" (Heb. 10:4). Solamente la sangre del Hijo de Dios nos limpia de todo mal.

Sin embargo los sacrificios tenían valor porque eran como una promesa escrita de que Dios mismo proveería el medio. Tenían un valor simbólico hasta que Jesús ofreciera el verdadero sacrificio. Al poner su fe en Dios y en su provisión, simbolizada por los sacrificios, el creyente era considerado justo (justificado por la fe).

El sistema de sacrificios preparó por otro lado la mente de los hebreos para entender las ideas de expiación y redención. Dice Henry Halley:

> *Los sacrificios incesantes de animales, y el fuego incesante del fuego del altar, fueron sin duda propuestos por Dios para grabar en la conciencia de los hombres la convicción de su propia pecaminosidad y para ser un cuadro perdurable del sacrificio venidero de Cristo, hacia quien señalaban y en quien fueron cumplidos.*[2]

PREGUNTAS

Introducción al Levítico y los sacrificios. Lev. 1-7

A. Sobre la introducción al Levítico y la introducción a los sacrificios

1—a) ¿Qué propósito cumplió el libro de Levítico en la antigua dispensación?
   b) ¿De qué trata el libro?
   c) ¿Cómo se relaciona con la nueva dispensación?
   d) ¿Cuál es el pensamiento dominante del libro? ¿Y el versículo clave? Apréndalo de memoria.
   e) ¿Cuál fue el motivo sublime de Dios al exigir que su pueblo fuera santo?

2— Mencione las cuatro divisiones principales del libro.

3— Mencione tres razones por las cuales el Levítico tiene gran valor.

4—a) ¿Por qué eran tan importantes los sacrificios en el Antiguo Testamento?
   b) ¿Cómo se puede explicar el hecho de que en muchas razas y pueblos haya existido la idea del sacrificio?

5—a) ¿Cuál es el sentido primordial de los sacrificios?
   b) ¿Cómo se relaciona este último con la ley?
   c) Mencione cuatro ideas más relacionadas con el sacrificio.

6—a) Mencione las condiciones que hacían que un animal fuera aceptable para el sacrificio; dé el significado simbólico de cada requisito.
   b) ¿Qué pasos se debían seguir para sacrificar un animal? (Dé a la vez el significado de cada paso.)

B. Sobre la Biblia

1—a) ¿Desde qué lugar le habla ahora Dios a Moisés? (Lev. 1:1; contraste Ex. 19:3 con Ex. 25:22).

b) ¿De qué manera se diferencia el holocausto de los otros sacrificios? (1:9, 13, 17).

c) ¿Cómo se cumple este sacrificio en Cristo? (Heb. 10:7; Juan 18:11; Fil. 2:8).

d) ¿Cómo se cumple el sacrificio en los santos? (Rom. 12:1; Fil. 1:20).

e) ¿Cuál es el resultado del holocausto? (Lev. 1:9, 13, 17).

f) ¿Qué aplicación haría Ud. sobre el hecho de que Dios aceptaba a un ave como holocausto? ¿Qué nos enseña en cuanto al oferente?

2—a) ¿Por qué se ofrecía la oblación a Jehová? (Lev. 2; Ex. 34:20; Mal. 3:8, 10).

b) ¿Cuáles eran los ingredientes que se añadían a la harina de la ofrenda y cuál es el significado de cada uno de ellos? (Ex. 30:25; Lucas 4:18; Apoc. 8:3; Marcos 9:50).

c) ¿Qué hacía el sacerdote oficiante con la mayor parte de la oblación? (2:3; 6:14-18). ¿Qué lección ve Ud. en dicha costumbre? (Mal. 3:10; 1 Cor. 9:13-14).

d) En su opinión ¿por qué no les estaba permitido a los sacerdotes comer la carne de sus propios sacrificios por el pecado y por la culpa?

3—a) Note que el sacrificio por el pecado era ofrecido por ciertos pecados (4:2, 13). ¿Cuáles eran? Contraste el resultado de aquel sacrificio con el de Jesucristo. (1 Juan 1:7).

b) Siendo que Dios tiene una sola norma de moralidad, ¿por qué había diferentes grados de exigencia para los sacrificios según el rango del oferente? (4:3, 13, 22, 27-28). (Ver Lucas 12:48).

4— ¿Cuál es el aspecto distintivo del sacrificio por la culpa? (6:4-5; Lucas 19:8).

5— Note el aspecto distintivo del sacrificio de paz (7:11-21; 22:29-30). ¿Qué representaba este banquete religioso? (Apoc. 3:20; 1 Cor. 10:16-20).

C. Sobre el libro de texto

1—a) ¿Qué significa el vocablo "holocausto"? ¿Por qué se llama así?

b) ¿En qué acto se ofreció Jesús al Padre como un holocausto espiritual?

2—a) ¿Por qué presentaban los israelitas ofrendas de oblación junto con los sacrificios cruentos? ¿Qué relación ve Ud. entre el significado del término "oblación" y su propósito?

b) ¿Por qué no debía ser ofrecida con levadura o miel? ¿Cuál es el simbolismo de la levadura?

3—a) ¿Cuál es el significado primordial de la ofrenda de paz?

b) Según el simbolismo del banquete, ¿quién era el anfitrión y quiénes los invitados?

c) ¿Cómo se cumplió en Cristo esta ofrenda?

4— ¿Cuál es la diferencia entre el sacrificio por el pecado y el sacrificio por la culpa?

5— ¿Realmente quitaban el pecado los sacrificios? Si no, ¿cuál era su valor?

EL SACERDOCIO. Ex. 28,29; Lev. 21, 22, 8, 9, 10

A. DESCRIPCION DEL SACERDOCIO

Puesto que Dios deseaba que Israel fuera una nación santa (Ex. 19:6), nombró a Aarón y a sus hijos para formar el sacerdocio. Antes del éxodo, el jefe de cada familia, el primogénito desempeñaba el papel de sacerdote familiar pero la complicación de los ritos del tabernáculo y la exigencia de observarlos con exactitud hizo necesaria la institución de un sacerdocio dedicado totalmente al culto divino. La vocación sacerdotal era hereditaria, así los sacerdotes podían transmitir a sus hijos las detalladas leyes relacionadas con el culto y las numerosas reglas a que vivían sujetos los sacerdotes a fin de conservar la pureza legal que les permitiera acercarse a Dios.

Los levitas eran los ayudantes de los sacerdotes. Por haber sido rescatados de la muerte, la noche de la pascua, los primogénitos de las familias hebreas pertenecían a Dios, pero los levitas, por su celo espiritual, fueron elegidos divinamente como substitutos de los hijos mayores de cada familia (Ex. 32:25-29); Nm. 3:5-14; 8:17-19). Los levitas asistían a los sacerdotes en sus deberes y llevaban y cuidaban el tabernáculo.

1. Las funciones de los sacerdotes:

a) Servir como mediadores entre el pueblo y Dios, interceder por el pueblo y expiar el pecado mediante el sacrificio y así reconciliar el pueblo con Dios.

b) Consultar a Dios para discernir la voluntad divina para el pueblo (Núm. 27:21; Deut. 33:8).

c) Ser los intérpretes y maestros de la ley y enseñar al pueblo los estatutos de Jehová (Lev. 10:11; Ez. 44:23).

d) Ministrar en las cosas sagradas del tabernáculo.

2. El sumo sacerdote: Era el sacerdote más importante. Sólo él entraba una vez al año en el lugar santísimo para expiar los pecados de la nación israelita. Sólo él llevaba el pectoral con los nombres de las tribus y actuaba como mediador entre toda la nación y Dios. Sólo él tenía derecho de consultar a Jehová mediante Urim y Tumim. Si bien el sacerdote en algunos aspectos prefigura al creyente, el sumo sacerdote simboliza a Jesucristo (Ver 1 Pedro 2:5, 9; Heb. 2:17; 4:14).

3. Los requisitos de los sacerdotes: Lev. 21 y 22: Cobra relieve la santidad del sacerdocio al considerar requisitos para ser sacerdote. Tenía que ser un hombre sin defecto físico (Lev. 21:16-21). Debía casarse con una mujer de carácter ejemplar. No debía contaminarse con costumbres paganas ni tocar las cosas inmundas. La santidad divina exige en quienes se acercan a Jehová un estado habitual de pureza, incompatible con la vida común de los hombres.

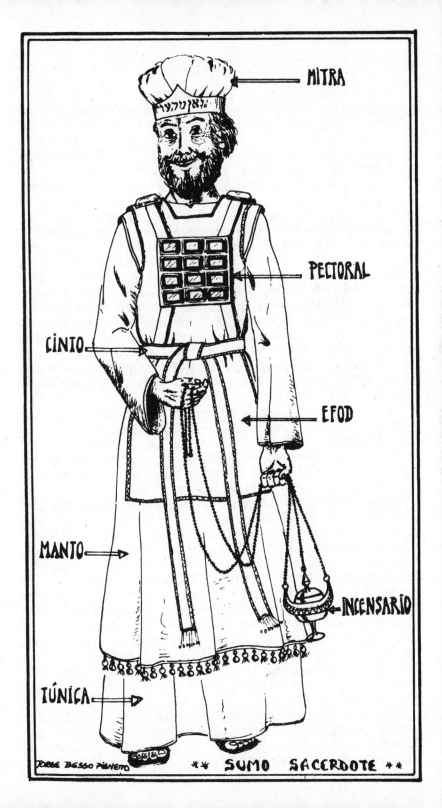

MITRA

PECTORAL

CINTO

EFOD

MANTO

INCENSARIO

TÚNICA

JORGE BESSO PINETTO

** SUMO SACERDOTE **

4. Las vestiduras de los sacerdotes: Ex. 28: Fueron hechas del mejor lino fino y eran de obra primorosa para que los sacerdotes estuviesen vestidos con dignidad y hermosura. Todos los sacerdotes llevaban una túnica blanca que les recordaba su deber de llevar una vida limpia y santa. También llevaban un calzón, una faja y un mitra de lino fino.

Además de esto, el sumo sacerdote llevaba varias vestiduras especiales. Encima de la túnica llevaba un manto azul que se extendía del cuello hasta por debajo de las rodillas. Las orlas del manto estaban adornadas con campanillas de oro y granadas azules que se alternaban. Como la granada tiene muchas semillas, se la considera símbolo de una vida fructífera. Las campanillas de oro anunciaban los movimientos del sumo sacerdote a la congregación afuera del tabernáculo en el día de la expiación. Así sabían que él no había muerto al entrar en el lugar santísimo sino que su mediación había sido aceptada. Algunos estudiosos de la Biblia también han visto en eso una verdad espiritual para el creyente. Según ellos, las campanillas pueden representar el testimonio verbal y las granadas, los frutos del Espíritu. Estos dos van juntos y deben ser de igual importancia en el creyente.

El efod era una especie de coselete sujeto por un ceñidor y hombreras. Estaba hecho de lino en los colores oro, azul, púrpura y escarlata. Dos piedras de ónice iban puestas sobre las hombreras del efod. Cada piedra tenía grabado seis de los nombres de las tribus. Así el sumo sacerdote representaba a todo Israel en el ministerio de la mediación.

Sobre el efod, por delante, se colocaba el pectoral. Era una bolsa cuadrada de aproximadamente veinte centímetros. Era la parte más magnífica y mística de las vestiduras sacerdotales. Llevaba delante doce piedras de distintas clases y colores; cada piedra preciosa tenía el nombre de una de las tribus de Israel. Así que el sumo sacerdote llevaba sus nombres a la vez sobre los hombros, la parte del cuerpo la que representa la fuerza, y en el pectoral "sobre su corazón", el órgano que representa la reflexión y el amor. El no solamente representaba a Israel delante de Dios sino también intercedía a favor de su nación. La verdadera intercesión brota del corazón y se realiza con toda la fuerza. Sobre todo, es una imagen de nuestro gran Intercesor en el cielo en cuyas manos están esculpidos nuestros nombres (Isa. 49:16).

El sumo sacerdote llevaba dentro del pectoral los **Urim y Tumim** que significan "luces y perfecciones". Se empleaban para consultar a Jehová. Según se cree eran dos piedritas, la una indicando una respuesta negativa y la otra una respuesta positiva. No se sabe cómo se usaban, pero es probable que eran sacadas o echadas al azar, como vemos a veces, se hacía la consulta proponiendo una alternativa: ¿Haré esto o aquello?, y según salieron los Urim y Tumim se interpretaba la respuesta (1 Sam. 14:36-42; 2 Sam. 5:19).

En el turbante (mitra) del sumo sacerdote estaba colocada una lámina de oro puro con las palabras "SANTIDAD A JEHOVA" grabadas sobre ella. Proclamaba que la santidad es la esencia de la naturaleza de Dios e indispensable para todo verdadero culto a él. El sumo sacerdote era la personificación de Israel, y siempre era su deber traer a la memoria de su pueblo la santidad de Dios. Las vestiduras manifestaban la dignidad de la mediación sacerdotal y también la hermosura en el culto mediante la armonización de las magníficas vestiduras con los colores del santuario.

5. El sostén de los sacerdotes. Núm. 18:8-32: Los sacerdotes recibieron trece de las cuarenta y ocho ciudades que fueron dadas a los levitas. Ni los levitas ni los sacerdotes recibieron terreno cuando Josué repartió Canaán porque Jehová había de ser su parte y heredad (18:20). Los levitas que cuidaban del tabernáculo y lo llevaban, recibían los diezmos de las otras tribus. A su vez daban sus diezmos a los sacerdotes (18:28). Además los sacerdotes recibían la carne de ciertos sacrificios, las primicias, lo consagrado de los votos y los primogénitos de los animales. Así se sostenían bien pero a la vez no tan abundantemente como los sacerdotes de ciertas naciones paganas. Se ilustra el principio expresado por el Apóstol: "¿No sabéis que los que trabajan en las cosas sagradas, comen del templo? ... Así también ordenó el Señor a los que anuncian el evangelio, que vivan del evangelio". (1 Cor. 9:13, 14). Y el ministro debe tener la actitud del salmista: "Jehová es la porción de mi heredad y de mi copa; Tú sustentas mi suerte. Las cuerdas me cayeron en lugares deleitosos" (Sal. 16:5, 6).

B. CONSAGRACION DE LOS SACERDOTES
Ex. 29:1-37; Lev. 8 y 9

La ceremonia en que se consagraba a los sacerdotes se celebraba en presencia de todo el pueblo. Moisés ministraba como sacerdote oficiante. Todos los detalles de la ceremonia señalan la trascendencia de Dios. El está con su pueblo pero ellos no deben tratarlo con familiaridad. Solamente pueden acercarse a El por los medios que El prescribe. El pecado impide a los hombres acercarse a su presencia. Los sacerdotes y todo lo empleado por ellos tenía que ser consagrado al servicio divino. Por lo tanto, Aarón y sus hijos tenían que estar debidamente limpios y ataviados y haber expiado sus pecados antes de asumir los deberes sacerdotales. El Dios viviente no es una imagen impotente a la cual los hombres rinden culto según sus ideas. Sólo El es quien determina los "requisitos de acuerdo con los cuales le es posible morar con su pueblo".[3]

En una ceremonia impresionante y muy bien preparada, Aarón y sus hijos fueron ordenados para el sacerdocio.

1. El lavamiento: Fueron sometidos a un baño completo que simbolizaba la purificación interna sin la cual nadie puede acercarse a Dios ni servir en las cosas sagradas.

2. La entrega de las vestiduras sagradas: Primero Aarón, el sumo sacerdote, fue ataviado con las vestiduras santas. La magnificencia de ellas indicaba la dignidad del oficio de sumo sacerdote. Las vestiduras debían inspirar respeto hacia los ministros de la religión. Los hijos de Aarón, los sacerdotes comunes, fueron vestidos con vestiduras blancas que representaban "las acciones justas de los santos" (Apoc. 19:8).

3. El ungimiento de Aarón y de sus hijos: Primero se derramó aceite sobre la cabeza de Aarón. Eso simbolizaba el ungimiento del Espíritu Santo. Los dones y la influencia divina son indispensables para ejercer el ministerio. Se indica en el Salmo 133:2 la abundancia del óleo con el que fue ungido Aarón simbolizando el ungimiento del Mesías (el Ungido) quien recibió el Espíritu sin medida (Sal. 45:6, 7; Juan 3:34).

Así como el aceite de la santa unción era un ungüento superior aromático y precioso, la unción del Espíritu Santo produce una fragancia espiritual y un efecto incomparable. No se debía derramar la unción sobre "la carne de hombre" es decir sobre lo que no es santificado; de esta manera no se da el Espíritu al mundo (Juan 14:17). Y como no se había de componer ungüento semejante y ponerlo sobre un extraño ("uso profano"), así uno no debe imitar la unción del Espíritu ni procurar usarla para fines no espirituales (ver Ex. 30:22-33).

Moisés rociaba la santa unción sobre los hijos de Aarón. Así la presencia y poder del Espíritu son para el "real sacerdocio" de los creyentes para que ministren con eficacia y bendición.

4. Los sacrificios de consagración: Las ofrendas fueron de casi todas las clases nombradas por Dios.

a) La ofrenda por el pecado, el becerro de la expiación, dio a los sacerdotes "una expresión oportuna de su sentido de indignidad, una confesión pública y solemne de sus pecados personales y la transferencia de su culpa a la víctima típica".[4]

b) El carnero del holocausto servía para señalar que los sacerdotes se consagraban enteramente al servicio de Jehová.

c) La ofrenda de paz, el carnero de las consagraciones, daba a entender la gratitud que sentían los sacerdotes al entrar en el servicio de Dios.

Aarón y sus hijos pusieron sus manos sobre los animales ofrecidos en sacrificio indicando así que ellos se ofrecían a Dios.

La sangre del carnero de la consagración fue puesta sobre el lóbulo de la oreja derecha de Aarón, sobre el dedo pulgar de su mano derecha y sobre el dedo pulgar de su pie derecho. Así su oído debía estar atento a la voz del Señor, su mano pronta para hacer el trabajo divino y sus pies listos para correr en el servicio del Rey celestial. Es decir, todo su ser debía estar "bajo la sangre" y consagrado a la obra de Jehová. Finalmente, ofreció Moisés oblaciones indicando la consagración de los frutos de sus trabajos.

La sangre de los sacrificios fue rociada también sobre los enseres del tabernáculo para santificarlos para el uso sagrado.

5. La fiesta del sacrificio: Esta puso fin a la ceremonia. Encerraba tres significados: Que los sacerdotes habían entrado en una relación muy íntima con Dios, que la fuerza para cumplir los deberes de su oficio les era dada por aquel a quien servían pues comían de su altar, y que la fiesta era una acción de gracias por haberlos puesto en su servicio, tan santo y exaltado.

La impresionante ceremonia de consagración de los sacerdotes duró siete días. Durante ese período se observaron cada día los mismos ritos de sacrificios que el primero. De esta manera toda la congregación podía comprender cuán santo es Dios y que fue El mismo quien instituyó el orden sacerdotal.

C. LA IRREVERENCIA DE DOS SACERDOTES. Cap. 10.

1. El pecado de Nadab y Abiú: ¿De qué naturaleza fue el pecado de estos dos hijos de Aarón? Parece que encendieron sus incensarios no con fuego del altar de holocaustos sino con fuego común. Debieran haber tomado fuego del altar pues éste fue enviado por Dios (Lev. 16:12; Núm. 16:46). Posiblemente habría envidia y rivalidad entre ellos porque ambos jóvenes ofrecieron incienso simultáneamente. El sumo sacerdote o un sacerdote común podía ofrecerlo, pero parece que no se permitía que dos oficiaran juntos (Lucas 1:9). Demostraron descuido de las indicaciones tocante al culto y además irreverencia y presunción al hacer lo que bien les parecía. Tributaron culto a Dios de una manera no autorizada por El. Olvidaron que la gloria y la bendición de Dios descendían sobre el tabernáculo a condición en parte de una cuidadosa atención prestada a las indicaciones divinas tocante a su construcción. Además parece que habían tomado vino antes de ministrar y así perdieron su capacidad de discernir entre lo santo y lo profano (8-11). De allí en adelante los sacerdotes no tuvieron permiso para tomar vino antes de ministrar las cosas sagradas.

2. La severidad del castigo: ¿Fue el castigo demasiado severo? Los sacerdotes acababan de ser investidos con la autoridad sacerdotal y de presenciar la gloria de Dios. Si descuidaron las instrucciones de Dios al principio, ¿qué harían en el futuro? Siendo sacerdotes debieron haber sido más responsables. Su acto involucró a toda la nación pues eran sus representantes. Finalmente, la nación era muy joven y se acababa de inaugurar la dispensación del antiguo pacto. Israel necesitaba aprender que Dios es santo y que el hombre no puede hacer su propia voluntad y seguir agradándole. La iglesia primitiva tuvo que aprender la misma lección en el caso de Ananías y Safira.

3. Lecciones prácticas:

a) Se enseña a los ministros que han de tener reverencia, respeto y cuidado al cumplir las instrucciones y requisitos divinos. Ni el oficio divino en sí, ni el éxito ministerial son una excusa para descuidar las cosas espirituales.

b) Queda ilustrada la relación entre privilegio y responsabilidad: "A quien se haya dado mucho, mucho se le demandará" (Lucas 12:48).

c) Se enseña cuán grave a la vista de Dios es substituir las cosas sagradas con las cosas carnales. A lo largo de la historia de la iglesia, los hombres han substituido el evangelio sencillo con la tradición, el culto de corazón con los ritos, la revelación con el racionalismo, el evangelio de salvación con el evangelio de buenas obras y el fuego del Espíritu Santo con el fuego de la pasión religiosa.

d) El puesto sagrado está por encima de las relaciones humanas más íntimas. Aarón tenía que dejar toda señal de luto para demostrar su lealtad a Dios.

e) Ninguna persona es indispensable. La mitad de los sacerdotes de aquel entonces fueron quitados pero seguía el culto del tabernáculo.

PREGUNTAS

El sacerdocio. Ex. 28, 29; Lev. 21, 22, 8, 9, 10

A. Sobre la Biblia y el libro del texto

1—a) ¿Quiénes tenían el ministerio de sacerdotes?
 b) ¿Por qué era hereditaria la vocación sacerdotal?
 c) ¿Quiénes eran los levitas? ¿Cuáles eran sus deberes?

2— Mencione cuatro deberes de los sacerdotes. ¿Cuáles eran los deberes exclusivamente cumplidos por el sumo sacerdote?

3—a) ¿A quién prefiguraba el sumo sacerdote? (Heb. 2:17; 4:14).
 b) ¿A quién simbolizaba el sacerdote común? (1 Pedro 2:9).

4— Haga una comparación entre los requisitos de los sacerdotes israelitas y los ministros cristianos. (Lev. 21, 22; 1 Tim. 3:1-7).

5— Dé el significado o uso de lo siguiente:
 a) La túnica blanca del sacerdote común.
 b) Las vestiduras magníficas del sumo sacerdote.
 c) Las dos piedras sobre las hombreras y las piedras en el pectoral.
 d) Los Urim y Tumim.
 e) Las palabras en la mitra.

6— ¿Cómo eran sostenidos los sacerdotes? ¿Qué aplicación se puede hacer?

7—a) Note los pasos de la consagración de los sacerdotes (Lev. 8 y 9). ¿Por qué se hizo tan impresionante y larga (siete días) esta consagración delante de la congregación?
 b) ¿Cuál es el significado de lo siguiente?:
 el ungimiento; el poner las vestiduras; los sacrificios y la fiesta.
 c) Explique el simbolismo de poner sangre sobre el lóbulo de la oreja derecha, sobre el dedo pulgar de la mano derecha y sobre el pie derecho.
 d) ¿Qué significa el hecho de que el fuego de Dios consumió el sacrificio al terminar la consagración de los sacerdotes? (9:23,24; ver 1 Reyes 18:38; Ex. 29:43-45).

8—a) ¿Cuál fue la esencia del pecado de Nadab y Abiú?
 b) ¿Por qué fueron castigados tan severamente?
 c) ¿Qué actitud elogiable manifestó Aarón ante la muerte de sus hijos? ¿Cuál es la lección práctica que Ud. deriva de su reacción?

B. Proyecto

Indique cómo el sacerdocio ayudaba a los israelitas a adorar y a servir a Dios. ¿Cómo preparó el sacerdocio a los israelitas para la venida y la obra de Cristo?

LA PURIFICACION DE LA VIDA EN ISRAEL. Caps. 11-15

Desde el capítulo 11 hasta el 15 se encuentra más de cien veces la palabra "inmundo", pero pocas veces se halla el vocablo "pecado" en la misma porción, o sea que se da mayor énfasis a la pureza ceremonial que a la pureza moral. Esto no significa que la impureza moral sea de poca importancia, desobedecer a Dios es pecado, sea en lo ceremonial como en lo moral.[6]

La impureza era con referencia a comer animales o insectos inmundos, al contacto con sus cadáveres, a actos y enfermedades sexuales y a la lepra. (Números 19:11-16 añade a la lista el contacto con cadáveres humanos como igualmente impuro.) En algunos casos la contaminación era temporaria, por ejemplo en el caso de tocar un animal que hubiera muerto por causas naturales, la persona era impura hasta la tarde del mismo día; si tocaba un cadáver humano quedaba inmundo por siete días. La forma de purificarse era lavarse el impuro a sí mismo y lavar la ropa. La pena del contaminado era separarse del tabernáculo y de la congregación. Se ofrecían sacrificios para ser restaurado.

A. LOS PROPOSITOS DE LAS REGLAS REFERENTES A LA PUREZA Y LA IMPUREZA

1. **Dios quería enseñar a su pueblo la santidad:** Según las reglas, era puro lo que podía aproximar a la persona hacia Dios y era impuro lo que la incapacitaba para el culto o la excluía de él. La pureza estaba relacionada con el culto y por lo tanto se hallaba ligada a la santidad. Se enseñaba que la inmundicia, aunque fuera ceremonial, no era cosa liviana. Alejaba al adorador de su Dios. Sin santidad "nadie verá al Señor". La purificación personal simbolizaba la santidad, y la purificación ceremonial debía ir acompañada de la purificación interior.

La religión de Jehová tenía el gran propósito de hacer al pueblo santo y conservarlo en santidad. "Seréis santos porque yo soy santo" (11:44). Por regla general, Israel no tenía una norma doble de moralidad, una para el sacerdote y otra para el pueblo, lo cual demuestra que la santidad debía gobernar todos los aspectos de la vida incluyendo la comida, la bebida y las actividades diarias. El pueblo de Dios debía proteger el cuerpo, la mente y el corazón de lo que podía contaminarlo.

Dios quería enseñar al pueblo a discernir entre lo santo y lo profano, entre lo limpio y lo impuro. Empleaba las cosas materiales para enseñar verdades morales y espirituales. Hay pensamientos, palabras y actos que hacen inmundo al creyente. El cuerpo es el templo del Espíritu Santo y no debe ser contaminado físicamente con vicios ni hecho impuro por la inmoralidad. "Salid de en medio de ellos, y apartaos, dice el

Señor y no toquéis lo inmundo y yo os recibiré" (2 Cor. 6:17). Los creyentes pueden discernir entre el bien y el mal por medio de la Palabra de Dios (Heb. 5:14).

2. Dios quería conservar la salud de su pueblo: Las leyes de la purificación tenían también el fin de hacer más higiénica la vida de los israelitas para así protegerlos de las enfermedades. C. O. Gillis dice que estas leyes "tienen su paralelo en nuestras modernas costumbres higiénicas".[7] Antes del siglo XX, la humanidad no sabía nada de gérmenes ni de parásitos ni del contagio de enfermedades. En general, la clasificación de los animales dada en Levítico concuerda con lo que ha descubierto la ciencia moderna en cuanto a cuáles son buenos para comer. Dios formuló reglas con motivaciones para proteger la salud de su pueblo. Demuestra así su solicitud por todos los aspectos de nuestra persona, tanto del espíritu como del cuerpo (ver 2 Juan 2).

B. ANIMALES LIMPIOS E IMPUROS. Lev. 11

1. La clasificación de los animales según criterios de salud: Existe una relación entre la salud del cuerpo y la del alma. Lo que produce enfermedad y muerte es impuro y Dios lo prohibe en el Antiguo Testamento. Por ejemplo, se prohibe carne porcina, la cual muchas veces contiene parásitos que invaden el cuerpo humano si no se cuece bien.

Israel podía comer:

a) Animales de pezuña partida que rumian: vaca, oveja, ciervo, etc. Todavía esta clase de animales brinda la mayor fuente de carne comestible. Ciertos animales mamíferos de carne sana quedan excluidos según esta regla, pero una clasificación general habrá sido más práctica y segura que un índice de todos los animales. Los israelitas no debían comer carne de cerdo. Este animal se alimenta de carroña, transmite enfermedades y a veces tiene parásitos. También se les prohibía comer animales carnívoros; estos provocan infecciones, sobre todo en los climas cálidos donde pronto se pudre la carne. Los reptiles y los ratones son repugnantes y hasta hoy no se consideran comestibles.

b) Animales acuáticos que tienen aletas y escamas también se podía comer. Por regla general la carne de los peces es sana, pero los animales que no tienen aletas ni escamas, tales como las ranas, las anguilas y los mariscos, producen a veces desórdenes gástricos.

c) Aves que no se encuentran en la lista de los animales prohibidos eran aceptables. Es evidente la razón por la cual se prohiben algunas: por ser carnívoras o por alimentarse de basura.

d) Insectos de cuatro clases de la familia de las langostas estaban permitidos. Estos comen sólo vegetación y contienen mucha proteína, por lo tanto se consideraban buenos y hasta hoy lo son en el Medio Oriente.

Así también el contacto con cuerpos de animales muertos contaminaba al israelita porque amenazaba su salud.

2. El significado de estas leyes para el cristiano: Puesto que Cristo nos liberó de la ley ceremonial del antiguo pacto y estamos bajo el nuevo pacto, no nos vemos obligados a cumplir las reglas levíticas (Col. 2:13-16; 20-23). "Todo lo que Dios creó es bueno, y nada es de desecharse si se toma con acción de gracias" (1 Tim. 4:4). Muchos creyentes sin embargo se abstienen de ingerir animal ahogado, o sea muerto por asfixia, y también sangre, pues la sangre simboliza el medio de nuestra expiación (Lev. 17:11; Hech. 15:19).

Las costumbres de los animales, en ciertos casos tienen similitud con aquellas conductas humanas que la Biblia condena. ¿Qué vicios o costumbres malas son semejantes a la manera de vivir de animales tales como los reptiles, las fieras de presa y las aves de rapiña?

C. IMPUREZA RELACIONADA CON LA REPRODUCCION.
Lev. 12 y 15

1. Reglas: La mujer que daba a luz un varón, quedaba ceremonialmente impura durante una semana al fin de la cual el niño era circuncidado. La madre de una niña era inmunda dos semanas y su período de purificación era el doble del de la madre de un varón. ¿Por qué se prolongaba tanto el período de impureza y el de la purificación en el caso de dar a luz una niña? Se ha alegado que esto se debía al estigma que llevaba el sexo femenino por haber sido la mujer (Eva) la que incurrió en la primera transgresión (1 Tim. 2:14-15).

Las madres de posición económica se purificaban ofreciendo un cordero para el holocausto (requerido para la consagración del niño) y un palomino o tórtola para la expiación. Es interesante notar que la madre de Jesús presentó la ofrenda de los pobres (dos tórtolas), indicando así la condición humilde de la familia (Luc. 2:22-24).

Las reglas referentes al flujo en los órganos sexuales se aplicaban tanto al derrame normal como al anormal. En caso de enfermedad es evidente la importancia higiénica de lavar bien la ropa contaminada y de aislarse el enfermo a fin de no contagiar a otras personas.

2. El significado de las reglas: ¿Son impuras las funciones relacionadas con la reproducción? Las reglas no enseñan tal cosa sino que colocan la propagación de la raza en su debido lugar.

Los cananeos prestaban culto a dioses de la fertilidad con danzas sensuales y desenfrenado libertinaje. La prostitución "sagrada" era una parte importante de sus ritos. En contraste, la religión de Jehová prohibía estrictamente todo lo que desatara lo sensual.

Se encuentra además una razón más profunda para las reglas referentes a las funciones sexuales. La Biblia enseña que la reproducción en sí misma no es pecado sino algo bueno que fue instituido por Dios. En el principio el Señor mandó al hombre que fructificara y se multiplicara (Gén. 1:28). Se consideraba una bendición el tener hijos: "He aquí, herencia de Jehová son los hijos" (Sal. 127:3-5; 128:3). La esterilidad se consideraba oprobio (Gén. 30:23). ¿Por qué, pues, debía purificarse la mujer al dar a luz? ¿Acaso no era una ocasión para regocijarse?

Se encuentra la respuesta en la caída del hombre y la maldición de la mujer que se refería al parto (Gén. 3:16). La naturaleza pecaminosa se transmite por la procreación. David dijo: "En pecado me concibió mi madre" (Sal. 51:5). No se refería a la falta de virtud de parte de la madre de David, sino a la herencia pecaminosa que cada madre transmite a sus hijos. Además, la muerte física resulta del pecado, y si el hijo no se hace heredero de la vida eterna mediante la redención de Cristo, también morirá eternamente. Así que todo lo que se relacionaba con la procreación se consideraba impuro y era necesario que la persona se purificara según las reglas dadas en estos capítulos. En cambio, mediante el parto de una mujer Dios envió a su Hijo para redimir al mundo. ¡Qué paradoja más admirable de la sabiduría de Dios!

D. IMPUREZA DE LA LEPRA. Lev. 13 y 14

1. Diagnóstico de la lepra: Se mencionan cuatro clases de lepra (13:2,4; 26, 31) y otras enfermedades contagiosas. Si se sospechaba que determinada persona estaba leprosa, era llevada al sacerdote. En caso de ser evidente que la persona tenía lepra, se la declaraba impura. Si el caso era dudoso la persona de quien se sospechaba era aislada por siete días y luego examinada de nuevo y declarada limpia o impura, según el resultado de la inspección. Se aislaba rigurosamente al leproso, evitando así el contagio de la enfermedad.

2. El simbolismo de la lepra: Se consideraba esta espantosa enfermedad como un proceso de corrupción paulatina que hacía inmunda a su víctima. Se hablaba del leproso como de uno ya muerto (Núm. 12:12) y del curar al leproso como devolverle la vida (2 Reyes 5:7). Aunque los hebreos no conocían el modo de contagio de la lepra, su concepto de la inmundicia por contacto físico servía para excluir al leproso de toda participación con el pueblo.

Por considerarse la lepra como una impureza y no como una enfermedad y por tener que presentarse al sacerdote el leproso para su purificación, se puede decir que simboliza el pecado que reside en el hombre. Hay ciertas semejanzas muy interesantes entre la lepra y el pecado:

a) Como la lepra está en la sangre, así el pecado está en la naturaleza humana.

b) Como la lepra comienza como una marca insignificante y crece rápidamente, así la acción del pecado es progresiva y se extiende a todos los aspectos de la vida.

c) Como la lepra es repugnante y casi incurable, así el pecado es malo e irremediable, aparte de la curación efectuada por Jesucristo.

d) Como la lepra separaba al leproso de los demás y por fin producía la muerte, así el pecado nos separa de Dios y de los demás y termina con la muerte eterna. Realmente es muerte en vida.

3. La purificación del leproso: El sacerdote tomaba dos avecillas: una se sacrificaba en vaso de barro sobre aguas corrientes y la sangre era mezclada con el agua. Luego se mojaban la avecilla viva, el cedro, la grana y el hisopo con el agua mezclada con sangre. Se rociaba siete veces al que había de ser purificado y entonces se ponía en libertad la avecilla viva.

La sangre mezclada con agua representaba el medio perfecto por el cual se efectuó nuestra limpieza: "Jesucristo... vino mediante agua y sangre" (1 Juan 5:6). En su bautismo y en su muerte en la cruz, Jesús se manifestó al mundo. Así la redención de Cristo simbolizada por la sangre quita la culpa. Las aguas corrientes simbolizaban la vida impartida por el Espíritu Santo. "Nos salvó... por el lavamiento de la regeneración y por la renovación en el Espíritu Santo" (Tito 3:5).

El leproso era rociado siete veces. El número siete significa en la Biblia totalidad, culminación o perfección. La redención de Cristo y la obra del Espíritu nos purifican completamente. Pero ¿cómo se aplicaba la provisión para la purificación? Se empleaba una rama de cedro, la planta de hisopo y una tela de grana. El cedro simbolizaba la incorruptibilidad; la grana, la energía vital y nueva vida; y el hisopo, la purificación (Ex. 12:22; Núm. 19:6; Sal. 51:7). Así se concedía la purificación, salud, incorrupción y fuerza. El dejar en libertad al ave simbolizaba probablemente la gozosa liberación del leproso.

Ocho días después, el hombre purificado debía ofrecer tres corderos. Uno era un sacrificio por culpa, el otro por pecado, y el tercero como holocausto. El sacerdote ponía sangre sobre el lóbulo de la oreja derecha, sobre el pulgar de su mano derecha, y sobre el pulgar de su pie derecho. Luego repetía este acto, pero con aceite. Esto representaba que el hombre restaurado se consagraba nuevamente al servicio de su Dios (Rom. 12:1). Dios nos limpia para que le sirvamos.

PREGUNTAS

La purificación de la vida en Israel. Lev. 11-15

1—a) ¿A qué aspecto de impureza se refiere al palabra "inmundo" en los capítulos 11 al 15?

b) ¿Cuáles eran las cuatro posibilidades de hacerse inmundo?

2—a) ¿Cuál fue el propósito por excelencia de las reglas sobre pureza e impureza? (11:43-45).

b) Reflexione sobre el gran cambio que debiera haber efectuado en Israel el hecho de que Dios habitaba en su medio. ¿Qué paralelo ve Ud. en cuanto a la vida del creyente? (1 Pedro 1:14-16; Efes. 4:22-24).

3—a) ¿Cuál era el segundo propósito de las reglas de purificación?

b) ¿Cómo demuestra esto la suprema sabiduría de Dios?

4—a) ¿Qué enseñó Jesús que demuestra que las reglas y la discriminación en cuanto a comidas no son permanentes? (Ver Marcos 7:14-23). ¿Qué es lo que realmente nos hace impuros?

b) Dé otra razón por la cual no tenemos que observar la ley ceremonial.

c) ¿Cómo preparó la ley ceremonial al pueblo para la venida de Cristo?

5—a) Si la reproducción dentro del matrimonio fue instituida por Dios, ¿por qué era preciso que la mujer hebrea se purificara después de dar a luz? (Hay dos razones.)

b) ¿Qué verdad acerca de la naturaleza del párvulo se encuentra en la purificación de la mujer? (Sal. 51:5; Efes. 2:3b; Juan 3:5).

6—   Note que la Biblia no trata la lepra como una enfermedad sino como inmundicia.

a) ¿Qué cosa simbolizaba la lepra?

b) Mencione cuatro semejanzas entre la lepra y el pecado.

c) Si la lepra es un símbolo del pecado, ¿cuál es la lección espiritual que enseñan las reglas encontradas en 13:47-59? (Judas 23; Apoc. 3:4).

d) ¿Qué simbolizaba probablemente matar un ave y soltar la otra?

e) Note los pasos a seguir para limpiar al leproso: el lavamiento, el vestido, los sacrificios, la consagración a Dios y el ungimiento. ¿Cómo se cumplen en nosotros por medio de Cristo?

f) ¿Qué lección se ve en el ungimiento del leproso purificado? (1 Cor. 6:20).

Proyecto:

Escriba sobre lo que es verdaderamente inmundo según el Nuevo Testamento. Incluya lo físico y lo espiritual.

LEYES DE LA SANTIDAD. Lev. 17-22; 24:10-23

Esta parte de Levítico recalca la necesidad de una vida pura, tanto de parte del sacerdote como del pueblo, pues Israel tenía el privilegio incomparable de ser escogido por Dios como su posesión, una nación santa y un reino de sacerdotes. Las leyes que se encuentran desde el capítulo 17 hasta el 20 tienen el propósito de mantener a Israel separada de las costumbres paganas de las naciones vecinas; los capítulos 20 al 22 presentan las leyes cuyo fin es el de mantener a los sacerdotes separados de ciertas costumbres ceremoniales que eran lícitas para el resto de los hebreos. Se nota aquí que el pueblo de Israel estaba dividido en tres categorías: la congregación, el sacerdocio y el sumo sacerdote. Es una división que corresponde a las tres partes del tabernáculo: el atrio, el lugar santo y el lugar santísimo. Cuanto más cerca de Dios, tanto más sagrada era la posición y tanto más apartada de lo profano debía estar. La congregación debía separarse de las costumbres de las otras naciones; los sacerdotes debían vivir separados de gran parte de la congregación, y el sumo sacerdote, quien llegaba hasta la misma presencia de Jehová, tenía que tener ciertas cosas que lo diferenciaran de los demás sacerdotes. Todo esto era para realizar el designio divino de que Israel fuera una nación santa.[8]

1. **El sacrificio y la importancia de la sangre.** Cap. 17: Para proteger a los israelitas de la apostasía, se declaró que sería sagrada la muerte de todo animal apto para sacrificio, incluso animales designados para consumo doméstico. El dueño del animal debía llevarlo a la puerta del tabernáculo y ofrecerlo a Dios como un sacrificio de paz; así los hebreos en el desierto

no estarían tentados a ofrecer sacrificios idólatras (17:7).* También esta práctica grabaría en la mente israelita por una parte el concepto de que Dios es el dador de toda vida, y por otra quitaría la tentación de ingerir sangre, la cual pertenecía a Dios.

La prohibición de comer sangre se basaba en que la sangre era el medio para expiar el pecado y por esto era muy sagrada a los ojos de Jehová. Consecuentemente, aun en el caso de animales no sacrificables, el israelita debía tratar con reverencia su sangre, derramándola y cubriéndola con tierra.

2. Pecados contra la ley moral. Caps. 18-20: El capítulo 18 exhorta a los israelitas a no practicar las costumbres morales y religiosas de egipcios ni cananeos. La larga lista de prácticas repugnantes de los paganos sirve de triste comentario sobre la condición del hombre caído y revela la razón por la cual Jehová mandó a Josué exterminar a los cananeos (18:24-25).

Dios creó el sexo para formar la familia, y la familia es la unidad básica de la sociedad. Si la familia se desintegra, decae la sociedad. Toda unión física aparte del matrimonio y toda clase de lascivia viola el orden de Dios y debilita la institución de la familia. La Palabra de Dios no permite el enlace matrimonial entre parientes cercanos porque estos tienden a tener las mismas características genéticas lo cual hace que los defectos reaparezcan agravados en los descendientes.

Se prohibía estrictamente ofrecer los hijos a Moloc (18:21), dios de los amonitas, pues dentro de su imagen se encendía fuego, calentándose así a modo de horno. El bebé era echado en los brazos candentes y caía adentro, donde moría en las llamas. Los sacerdotes batían tambores durante el sacrificio para que los padres no oyesen los gritos de sus hijos.

Las diversas leyes del capítulo 19 están sintetizadas en el versículo 18: "amarás a tu prójimo como a ti mismo". La expresión "Yo Jehová" se encuentra dieciséis veces en treinta y siete versículos, indicando que la moralidad se basa en el temor de Dios. La santidad verdadera se manifiesta en los actos de bondad hacia los necesitados, en el respeto hacia los

---

* "Nunca más sacrificarán sus sacrificios a demonios" (17:7). El vocablo traducido *demonio* es la palabra hebrea que significa "cabra" y que se traduce "sátiros" en ciertas versiones de la Biblia. Se refiere probablemente al culto obsceno que se rendía a los dioses egipcios y griegos tales como, Pan, Fauno y Saturno, cuyo símbolo era la cabra. Se decía que Pan gobernaba particularmente en regiones desérticas y montañosas, por lo tanto sería una tentación para los israelitas que podrían adorarlo durante la jornada en el desierto. Después de establecerse en Canaán, se les permitiría a los israelitas matar a sus animales en cualquier lugar (Deut. 12:15).

que tienen defectos y haciendo justicia a los indefensos (19:9-10, 14, 20); también no defraudando o robando a nadie, pagando puntualmente al obrero, actuando con justicia e imparcialidad (19:11, 13, 15), no difamando a otros sino más bien perdonando sus faltas (19:16-18). Las prohibiciones de los versículos 26 al 31 reflejan las costumbres de los paganos. El capítulo 20 presenta una larga lista de delitos que eran castigados con la pena capital. Es de notar que los delitos así castigados consistían en actos por los cuales las personas desafiaban deliberadamente la santa ley de Jehová o eran ofensas contra personas y no contra propiedades.

¿No eran demasiado severas esas leyes? Debemos recordar en primer lugar que eran promulgadas directamente por Dios y en segundo lugar que era necesario infligir un castigo drástico para contrarrestar la atracción carnal producida por la vida sensual de los cananeos. Sus costumbres eran tan abominables que, si los israelitas con el conocimiento superior que tenían acerca de lo moral las hubieran practicado, la tierra misma los habría vomitado (18:27-28). Para seguir siendo el pueblo de Dios, los hebreos tenían que separarse completamente de semejantes pecados (18:29). La redención del mundo dependía de la preservación moral de la nación escogida porque por medio de ella vendría el Salvador.

El escritor Henry Halley cita de una fuente no consignada:

> *En general la ley de Moisés en su insistencia en la moralidad e igualdad personales, en sus miramientos para con ancianos y niños, esclavos, enemigos y animales, y en sus reglamentos sanitarios y alimenticios, era mucho más pura, más razonable, humana y democrática que cualquier otra legislación antigua, sea babilónica, egipcia o de dondequiera, y muestra una sabiduría.mucho más avanzada que cualquiera de ellas. Era el "milagro moral" del mundo pre-cristiano.*[9]

3. **Reglas para los sacerdotes.** Caps. 21-22: Siendo que los sacerdotes ocupaban puestos sagrados y servían como mediadores estaban sujetos a una norma estrictísima. Cualquier tipo de contaminación los incapacitaba para servir en las cosas sagradas. Debían mantenerse limpios de corazón y de cuerpo. Los requisitos para ser sacerdote eran estrictos y las reglas a observar lo eran aún más. Solamente los mejores hombres son dignos de ocupar los puestos del ministerio. Los que gozan honores espirituales deben llevar una vida santa: "purificaos los que lleváis los utensilios de Jehová" (Isa. 52:11).

4. Castigo del blasfemo y ley del talión. Cap. 24:10-23: Al reñir con un israelita, el joven mestizo desahogó su ira con terrible irreverencia blasfemando el nombre sagrado de Dios y maldiciendo. Aunque su pecado violó flagrantemente el tercer mandamiento, todavía Dios no había presentado el castigo de este pecado. La respuesta que Jehová dio a la pregunta de Moisés enseña que no debía hacer diferencia de sanción entre los israelitas y extranjeros en el campamento. No se obligaba a los extranjeros a circuncidarse, sin embargo por unirse al campamento hebreo se hacían responsables de guardar la ley, particularmente el mandamiento que tenía que ver con la blasfemia. Es de notar que se agrupa la blasfemia junto a los crímenes de carácter violento, es decir que es un pecado gravísimo. ¡Qué advertencia ésta debe ser para los que hoy en día maldicen ligeramente!

Osvaldo Allis observa que la ley del talión (pena igual a la ofensa) que se encuentra en 24:17-21, tenía tres aspectos:

1) Tenía el propósito de no vengar el mal sino de cumplir con exactitud la justicia.

2) No debía ser venganza personal sino justicia pública.

3) Excepto en caso de asesinato, la ley hacía posible una restitución monetaria del ofensor.[10]

PREGUNTAS

Leyes de la santidad. Lev. 17-22; 24:10-23

1—a) ¿Cuál era el principal propósito que tenían las leyes de santidad de esta sección? (Ver 18:3; 2 Cor. 6:17).
  b) ¿Cómo se dividía Israel en cuanto a las reglas de santidad? ¿Por qué? (Dé el principio que cimenta las tres divisiones.)

2—a) ¿Por qué se permitía matar animales para sacrificio solamente a la puerta del tabernáculo? (Note Deut. 6:4; Lev. 7:7).
  b) ¿Por qué se prohibía estrictamente ingerir sangre? (Note la frase que se repite dos veces 17:11.) ¿Cuál es el simbolismo de la sangre?
  c) ¿Qué debía hacer el cazador con la sangre del animal cazado? (17:13).

3—a) ¿Qué relación hay entre la separación que Dios exige y la vida que El le da? (18:5; Deut. 30:15-20). Explique.
  b) ¿Por qué era necesario prohibir la inmoralidad horrible descrita en el capítulo 18? (Efes. 4:17-19).
  c) ¿Qué luz arroja este capítulo sobre el decreto de Dios de exterminar a los cananeos?
  d) ¿Ha cambiado Dios su manera de tratar la inmoralidad desenfrenada? (2 Pedro 2:2-13). Explique cómo Dios la trata en la actualidad.

4—a) ¿Por qué se repite vez tras vez en el capítulo 19 la expresión "Yo Jehová"?
  b) ¿Cuál es el aspecto práctico de la santidad, según este capítulo?
  c) ¿Cómo se sintetiza la enseñanza del capítulo 19 en una frase?

5— ¿Por qué se sancionaban tan severamente las violaciones a la ley de Dios en aquel entonces?

6—a) ¿Cómo enseña 24:10-23 la gravedad de blasfemar el nombre de Jehová?

b) Note las tres observaciones acerca de la ley del talión. Describa en una palabra su naturaleza.

LAS FIESTAS SOLEMNES. Lev. 23, 25 y 16

Los hebreos celebraban varias fiestas sagradas al año a las que denominaban "santas convocaciones" (literalmente, "los tiempos fijados de reunirse").

El vocablo hebreo traducido "fiesta", tiene dos significados: "una ocasión señalada" y "fiesta". Por regla general eran ocasiones de un día o más de duración en que los israelitas suspendían sus trabajos para reunirse gozosamente con Jehová. Se ofrecían sacrificios especiales según el carácter de la fiesta (Núm. 28, 29) y se tocaban las trompetas mientras se presentaban los sacrificios de holocausto y de paz.

La mayoría de las convocaciones se relacionaban con las actividades agrícolas y con los acontecimientos históricos de la nación hebrea. Fueron instituidas como parte del pacto de Sinaí (Ex. 23:14-19). Todos los varones israelitas estaban obligados a ir a Jerusalén anualmente para participar de las tres fiestas de los peregrinos: Pascua, Pentecostés y Tabernáculos. Técnicamente hablando no todas las convocaciones santas eran fiestas, pero seis de ellas eran ocasiones para gozarse y disfrutar de las bendiciones divinas; sólo una se celebraba con tristeza. En el cristianismo también es así. Gran parte de la vida en Cristo es gozosa y el mandato apostólico es: "regocijaos en el Señor siempre" (Fil. 4:4).

A. EL PROPOSITO DE LAS FIESTAS SOLEMNES

1. Las fiestas daban a los israelitas la oportunidad de reflexionar sobre la bondad de Dios. Algunas convocaciones coincidían con las estaciones del año agrícola y así hacían recordar a los hebreos que Dios les proveía continuamente su sostén. También les brindaban la oportunidad de devolver a Dios una porción de lo que El les había dado. Otras de las fiestas celebraban grandes eventos en la historia de Israel en los cuales Dios había intervenido para librar o sostener a su pueblo.

2. El propósito principal de las fiestas: lograr que los israelitas tuvieran presente que eran el pueblo santo de Dios. Se encuentra la palabra "santo" diez veces en el capítulo 23, recalcando el propósito de las fiestas. También se destaca el

número sagrado "siete" que significa "totalidad, culminación o perfección". El sistema de las fiestas solemnes se constituía sobre el ciclo de siete:

El séptimo día era de descanso.

El séptimo año también era de descanso.

El séptimo año sabático era seguido del año de jubileo.

El séptimo mes era especialmente sagrado, con tres días de fiesta.

Había siete semanas entre pascua y pentecostés.

La fiesta de la pascua duraba siete días.

La fiesta de los tabernáculos duraba siete días.

Así las fiestas solemnes debían contribuir a que la santidad penetrase en la totalidad de la vida del pueblo de Dios.

La celebración de las fiestas solemnes demandaba sesenta y siete días del año, en los cuales los israelitas debían dejar sus trabajos y entregarse al culto a Dios. Así tenían la oportunidad de ponerse en contacto con su Creador. Ross observa que probablemente es más difícil darle nuestro tiempo que darle cual-

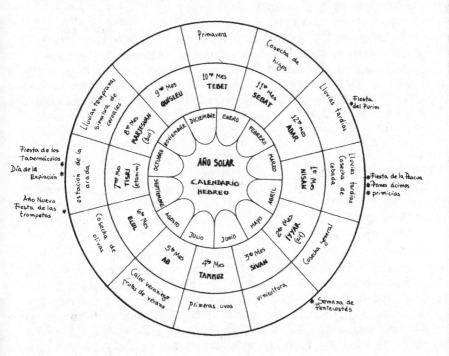

quier otra cosa: le robamos el tiempo de nuestras devociones privadas, del culto público, del servicio a la humanidad.[11] No es de extrañar, pues, la falta de santidad en nuestras vidas.

Dios nunca quiso que las convocaciones llegasen a ser un rito formalista y vacío. En varias ocasiones los profetas reprendieron severamente a los israelitas por celebrarlas así. El gran propósito divino de las fiestas era espiritual: la reunión gozosa de la nación con su Dios Jehová.

B. EL SIGNIFICADO DE LAS FIESTAS SOLEMNES

1. El día de descanso. Cap. 23:3: El día de reposo era la primera fiesta en el calendario sagrado. A los israelitas les hacía recordar a su Creador y del hecho de que El descansó de su obra creadora el séptimo día. También les hacía tener presente que Jehová les había liberado de la esclavitud de Egipto y que ahora podrían dedicar un día de la semana a El (Deut. 5:12-15). Toda la nación debía observarlo estrictamente o sufrir la maldición de Dios (Ex. 31:14). Es la única fiesta del antiguo pacto que se observa en el cristianismo, pero el día de su observancia fue cambiado al primer día de la semana (ver. Hech. 20:7; 1 Cor. 16:2; Apoc. 1:10).

2. La pascua y los panes ácimos. Cap. 23:5-8: Era una de las tres convocaciones anuales (pascua, pentecostés y tabernáculos) en que todos los hombres hebreos tenían que ir a Jerusalén para participar en su observación. Se celebraba la salida de Egipto y la redención efectuada con el cordero pascual (Ex. 12:1-13:10) y por lo tanto se consideraba una de las fiestas más importantes del calendario hebreo. Durante los siete días de la fiesta no se permitía que los israelitas tuvieran en casa pan con levadura indicando así que la nación redimida no debía vivir en pecado. Se mataba el cordero y se lo comía en la noche del primer día de la fiesta. Muchos estudiosos piensan que Jesús reemplazó esta fiesta por la santa cena (ver Lucas 22:7-20), siendo El mismo "la pascua sacrificada por nosotros" (1 Cor. 5:7).

La fiesta de la pascua señalaba el comienzo de la siega de la cebada. La cebada maduraba unas tres semanas antes que el trigo. Una vez que los israelitas entraran en Canaán, tendrían que llevar una gavilla al sacerdote como ofrenda de las primicias y después de eso podrían segar y comer la cosecha (23:9-14; Ex. 23:19; Núm. 28:26; Deut. 26:1-3). Así los judíos reconocían que recibían las bendiciones materiales de Jehová.

El primer día de la semana después de la pascua,* el sacerdote presentaba la gavilla meciéndola ante Jehová, el Sustentador de su pueblo. La ofrenda de las primicias es una hermosa figura profética de Cristo "primicias de los que durmieron" (1 Cor. 15:20). El resucitó de los muertos el primer día de la semana. Por esto se cambió el día de reposo del séptimo día al primero de la semana (Hech. 20:7; 1 Cor. 16:2). En Apoc. 1:10 se lo llama "el día del Señor". Lo interesante es que Cristo fue crucificado durante la semana de la celebración de la pascua y resucitó el primer día de la semana siguiente.

3. La fiesta de las semanas o pentecostés. Cap. 23:15-21: En la época de Jesús se denominaba "pentecostés", palabra griega que significa "quincuagésimo", pues caía siete semanas o cincuenta días después de la pascua. Esta fiesta marcaba el fin de la cosecha de trigo (Ex. 23:16), y se ofrecían a Dios las primicias del sustento básico de los israelitas. Así como la pascua le recordaba a Israel que Dios era su Redentor, de igual manera la fiesta de las semanas le recordaba que Jehová era también su Sustentador, el Dador de toda buena dádiva.

El Espíritu Santo fue derramado sobre los ciento veinte discípulos en la fiesta de pentecostés. Resultó que tres mil personas se convirtieron bajo la ungida predicación de Pedro. Eran las primicias de una gran cosecha de almas.

4. La nueva luna y la fiesta de las trompetas. Lev. 23:23-25; Núm. 28:11-15; 29:1-6: El son de las trompetas proclamaba el comienzo de cada mes, el cual, se llamaba la nueva luna (Núm. 10:10). Se observaba la nueva luna ofreciendo sacrificios por pecado y holocaustos acompañados de oblaciones de presente (Núm. 28:11-15).

El primer día del séptimo mes* del año religioso estaba designado como la fiesta de las trompetas. Marcaba el fin de la estación de cosecha y el primer día del año nuevo del calendario civil. Se celebraba entre los hebreos con gran festividad y gozo, y era introducida con son de trompetas. Se ofrecían

---

* Hay una diferencia de opinión entre los estudiosos de la Biblia en cuanto al día de la ofrenda de las primicias. Algunos piensan que caía el segundo día de la observancia de la pascua, y otros que caía el domingo después de la pascua. Si la última opinión es correcta, entonces Cristo resucitó justamente el día en que los judíos observaban la ofrenda de las primicias.

* El séptimo mes *Tisri* del año religioso correspondía más o menos al mes de Setiembre. El año civil era distinto del religioso, que empezaba en *Nisán* (Ex. 12:2).

sacrificios y no se permitía en él trabajo servil alguno. El motivo de la fiesta era anunciar el comienzo del año nuevo y preparar al pueblo para el clímax de las observancias religiosas, la celebración del día de la expiación y la de la fiesta de los tabernáculos.

Para nosotros, las trompetas anuncian la segunda venida de Cristo y el comienzo de la fiesta perpetua de los redimidos (1 Tes. 4:16, 17; 1 Cor. 15:52). Al fin de la cosecha de almas, cuando "haya entrado la plenitud de los gentiles, vendrá de Sion el Libertador" (Rom. 11:25, 26). ¡Aleluya!

5. El día de la expiación. Cap. 16 y 23:26-32: Era el día más importante del calendario judío. Se llamaba **yoma,** "el día". Era la corona y punto culminante de todo el sistema de sacrificios. "Isaías 53 es a la profecía mesiánica,... lo que es Levítico 16 al entero sistema mosaico de tipos, la flor más perfecta del simbolismo mesiánico". En el día de la expiación, el sumo sacerdote reunía todos los pecados de Israel acumulados durante el año y los confesaba a Dios pidiendo perdón. Sólo él podía entrar en el lugar santísimo y hacer expiación sobre el propiciatorio del arca. Lo hacía solamente una vez por año, el día de la expiación.

a) Los preparativos. El pueblo no debía trabajar. Debían afligir sus almas ayunando, demostrando así humildad y tristeza por su pecado. El sumo sacerdote se bañaba completamente, simbolizando su purificación espiritual. No debía vestirse con las magníficas vestiduras de colores como en otras ocasiones, sino llevar la túnica de lino blanco que representaba la pureza absoluta, el requisito para entrar en la presencia del Dios santo. El vestido blanco y limpio simbolizaba la justicia perfecta de Jesucristo, nuestro gran sumo sacerdote.

b) Aarón hacía una expiación por sus propios pecados y por los de los otros sacerdotes: sacrificaba un becerro y llevaba la sangre en un tazón. Con un incensario lleno de brasas encendidas del altar del incienso y con sus puños llenos de incienso, entraba en el lugar santísimo. Inmediatamente ponía el incienso sobre las brasas para que el humo perfumado cubriera el propiciatorio. Así sus pecados eran cubiertos y no moría. El incienso simbolizaba la oración que subía a Dios por el perdón de pecados. Luego rociaba la sangre siete veces sobre el propiciatorio, en el lugar santo y sobre el altar de bronce, expiando los pecados del sacerdocio y sus faltas al ministrar en el lugar santo.

c) Aarón hacía expiación por el pueblo: Los dos machos cabríos elegidos para el sacrificio ya habían sido traídos al tabernáculo. Aarón echaba suertes sobre los animales; una suerte para Jehová, y otra para Azazel. Sacrificaba Aarón el macho cabrío sobre el cual caía la suerte por Jehová. Ya había entrado en el lugar santísimo para expiar sus pecados y ahora de la misma manera hacía expiación por su pueblo.

Luego ponía sus manos sobre la cabeza del animal vivo y confesaba todas las iniquidades de Israel. El macho cabrío era enviado al desierto para no volver nunca. Entonces Aarón lavaba sus vestidos, se bañaba y se vestía. Ofrecía carneros como sacrificios del holocausto.

¿Qué significa Azazel? Dice una nota en La Biblia de Jerusalén: "Azazel, como parece haberlo entendido la versión siria, es el nombre de un demonio que los antiguos hebreos y cananeos creían habitaba en el desierto, tierra estéril donde Dios no ejerce su acción fecundante". Otros lo interpretan como Satanás o posiblemente el lugar remoto al cual era enviado el macho cabrío. Sin embargo estas interpretaciones son erróneas porque en ninguna otra parte de la Biblia se encuentra una ofrenda a demonios o a Satanás y Dios expresamente prohibió sacrificar a demonios (17:7). El maligno es un usurpador e indigno de ser reconciliado. Por otro lado, si fuera un lugar en el desierto de Sinaí, sería difícil enviar al animal allí cuando Israel entrara en Palestina.

La interpretación mejor se encuentra en la traducción misma de la palabra "azazel". Muchos eruditos la interpretan como "remisión, quitar y enviar a otra parte". La versión griega traduce la palabra en 16:10, como "enviar a otra parte". Así que los dos machos cabríos forman un solo sacrificio por el pecado. El uno era sacrificado para expiar el pecado y el otro, aquel sobre el cual el sumo sacerdote ponía las manos y confesaba los pecados de Israel, representaba el alejamiento de la culpa no solamente de la presencia de Dios sino también de la presencia del pueblo. El macho cabrío era llevado a un lugar solitario y puesto en libertad para no volver jamás al campamento. Así es con nuestro Dios. Por medio de Cristo, nuestros pecados y la culpa resultante están alejados para siempre. "Cuanto está lejos el oriente del occidente, hizo alejar nuestras rebeliones" (Sal. 103:12).

Jesucristo, nuestro sumo sacerdote, no necesitaba ofrecer sacrificio por sí mismo. Entró una vez para siempre en el lugar santísimo (el cielo), no llevando la sangre de machos cabríos sino su propia sangre, y nos redimió eternamente (Heb. 9:11-12). El tiene un sacerdocio inmutable y puede "salvar perpetuamente a los que por él se acercan a Dios, viviendo siempre para interceder por ellos" (Heb. 7:24, 25).

6. La fiesta de los tabernáculos. Cap. 23:33-43: Era la última fiesta del año y duraba ocho días. Se celebraba al fin de la época de la cosecha y se conmemoraba el peregrinaje en el desierto. Cuando los israelitas entraran en la tierra prometida, la fiesta les haría recordar que habían sido extranjeros y peregrinos en la tierra y que Jehová los había sustentado y guiado milagrosamente.

Los israelitas construían enramadas y vivían en ellas para acordarse de los años en que habían morado en tiendas. Era una fiesta gozosa. "Os regocijaréis delante de Jehová vuestro Dios por siete días" (23:40). El primer día, los israelitas llevaban ramas de palmeras y de otros arboles frondosos en la mano regocijándose en el Señor. El motivo era recordar que Dios les había ayudado, les había dado gracia para soportar los sinsabores y pruebas del peregrinaje y les había traído a la tierra que fluía leche y miel. En el último día de la fiesta, se celebraba la provisión sobrenatural de agua en el desierto (Juan 7:37-39).

La fiesta de las tiendas o tabernáculos nos enseña que es un deber cristiano regocijarse en el Señor acordándonos siempre de la bondad de Dios que nos ayuda en nuestro peregrinaje. Algún día los peregrinos estarán en el cielo, "vestidos de ropas blancas, y con palmas en las manos", regocijándose en la salvación de su Dios y del Cordero (Apoc. 7:9-10). Los sinsabores del peregrinaje ya serán una cosa pasada y las victorias serán motivo de gozo inefable.

7. El año sabático. Cap. 25:1-7: Al entrar en la tierra prometida, los israelitas deberían pasar un año de cada siete sin sembrar ni cosechar. La tierra debía descansar. Lo que produjera la tierra espontáneamente aquel año sería para todos, tanto para las bestias como para los hombres. Dios daría cosechas abundantes el sexto año para que no fuera necesario trabajar al año siguiente (25:18-22). Los hebreos debían perdonar a sus deudores pobres y poner en libertad a los esclavos (Deut. 15:1-11; Ex. 21:2-6). Así recordaban los israelitas que Dios les había liberado de la servidumbre de Egipto.

Sin embargo, no sería un año de ociosidad. Según la instrucción mosaica, los sacerdotes y levitas les debían enseñar la palabra de Jehová y la ley (Deut. 31:10-13). No hay indicio de que la nación haya observado esa ley, y ese desacato fue uno de los motivos del cautiverio babilónico (2 Crón. 36:21).

8. El año de jubileo. Cap. 25:8-22: Además de observar los años sabáticos, los israelitas debían celebrar el año de jubileo, es decir, dos años seguidos de descanso cada cincuenta años. Debían pregonar libertad a los esclavos hebreos, devolver al dueño originario la tierra que habían adquirido de él y perdonar las deudas de otros. Así se ponía freno al deseo desmedido de acumular bienes materiales y se impedía que hubiera extremos de pobreza y riqueza.

Al citar Isaías 61:1-2 en la sinagoga de Nazaret, Jesús anunció que había venido para proclamar "el año de la buena voluntad de Jehová" (el año de jubileo). Se cumple en la redención y libertad de los cautivos; esto será consumado en la segunda venida de Cristo con la resurrección de los suyos y la liberación de la creación misma de la esclavitud de la corrupción (Rom. 8:19-23).

El principio de que la tierra pertenecía a Jehová, motivó las leyes referentes a su ocupación (25:23). Se permitía al hebreo ocupar el territorio de Canaán, pero no debía venderlo a perpetuidad pues no era el verdadero dueño sino forastero y extranjero en este mundo, por causa de su vocación celestial. En circunstancias de necesidad, el hebreo podía vender su terreno temporalmente pero era suyo el derecho de redimirlo en cualquier oportunidad pagando una compensación adecuada al nuevo poseedor. También estaba contemplada la posibilidad de que un pariente cercano del necesitado rescatara la propiedad vendida. Si el terreno no era rescatado por el dueño originario ni por el pariente cercano se lo devolvía gratis al dueño originario al llegar el año de jubileo.

Son evidentes ciertos paralelos entre la relación del israelita con su terreno y las posesiones materiales del creyente. Como el hebreo no era el verdadero dueño de su terreno sino que sólo lo utilizaba provisionalmente, así el creyente debe considerar sus posesiones como algo temporal, prestado por Dios. El creyente es meramente un mayordomo de los bienes de su Dios (Luc. 19:11-27). Por ser extranjero y peregrino, acompañado por Dios en su viaje por la tierra, ya que su verdadera patria se encuentra en el cielo, no debe apegarse a las cosas de este mundo.

Dios suplió leyes que aliviaran los males de los hebreos pobres y desheredados (25:35-55). Aunque los israelitas debían amar a los extranjeros (19:34; Deut. 10:18), habían de tratar a sus "hermanos" israelitas de una manera especial. Cuando un israelita empobrecía, el vecino más rico debía darle alimento, alojamiento y prestarle dinero sin cobrarle intereses. Si un hebreo se veía obligado a venderse a sí mismo a otro para salir de deudas, no había de ser tratado con rigor como esclavo, sino como siervo a sueldo con contrato temporal. Quedaba en esa condición solamente hasta el año sabático o el año de jubileo, entonces era puesto en libertad. También podía ser rescatado en cualquier momento por un pariente cercano pagando una suma de dinero equivalente al trabajo del hombre vendido durante el tiempo que aún restaba hasta el año de liberación. ¿Por qué mandó Jehová que los israelitas se trataran entre sí con tanta preferencia? Porque habían sido redimidos y liberados por Dios de la esclavitud de Egipto; "no serán vendidos a manera de esclavos" (25:42; ver también 25:38 y 55). Sólo a Dios les correspondía servir, y los siervos de Dios deben ser tratados humanamente.

En Levítico 25:25 se encuentra por primera vez referencia al pariente cercano (en hebreo **goel**) como quien podía rescatar a su hermano o a la propiedad de su hermano. El **goel** tenía que ser el pariente consanguíneo más cercano (Rut 2:20; 3:9,12; 4:1, 3, 6, 8). En el período bíblico, también era vengador de la sangre de su hermano dando muerte al homicida en caso de asesinato (Núm. 35:12-29). Otro deber del pariente cercano era casarse con la viuda de su difunto hermano si éste moría sin dejar hijo varón. El primer varoncito de esta unión levirata llevaba el nombre del difunto y recibía la herencia del difunto para que ese nombre no se extinguiera en Israel (Deut. 25:5-10). La idea fundamental del sistema del **goel** es la protección del pobre o del desgraciado. Se alude muchas veces a Jehová como **goel** o redentor de su pueblo (Job 19:25; Sal. 19:14; 49:15; Isa. 41:14; Jer. 50:34). Jesucristo sobre todo es nuestro **goel** o pariente cercano; no se avergonzó de "llamarnos hermanos", se hizo carne y nos redimió de todo mal, de la esclavitud del pecado, de la pérdida de nuestra herencia y de el aguijón de la muerte.

AMENAZAS, PROMESAS, VOTOS. Lev. 26 y 27

En el período pre-cristiano Dios no había revelado todavía la doctrina de castigo y recompensa más allá de la tumba, de modo que las amenazas relacionadas con la desobediencia y las promesas relacionadas con la obediencia se referían a la vida presente. Si los israelitas obedecían, disfrutarían de abundancia de paz aquí en la tierra, una numerosa descendencia y victoria sobre sus enemigos. Si desobedecían a Dios, sufrirían enfermedad, hambre, invasiones y cautiverio. Son más extensas las maldiciones que las bendiciones porque el ser humano es propenso a pecar. Dios tiene que recurrir a la amenaza para motivarlo a andar en el camino trazado por El.

En el capítulo 27 se encuentran las prescripciones relativas a las ofrendas votivas. Las ofrendas eran motivadas por gratitud a Dios por bendiciones recibidas o por ser liberado de males temidos. Las personas que hacían votos podían consagrarse a Jehová o consagrar a sus hijos al servicio divino, tal como algún trabajo secundario en el tabernáculo. Todo lo que se ofrecía a Dios en un momento de devoción religiosa pertenecía a El, a menos que fuera redimido mediante un precio acorde con lo prometido. Se especifican en este capítulo el importe del dinero de redención, el cual tenía el sacerdote el derecho de reducir prudentemente según las circunstancias personales del votario. No era obligatorio hacer votos a Dios, pero sí era necesario cumplir los votos hechos. Sin embargo, no era lícito que alguien empobreciera a su familia consagrando todo lo que tenía a Dios. Observa Guillermo Evans, que con decir sencillamente **corban** ("es una dádiva a Dios", Mar. 7:11, 12) no eludía ningún hombre la responsabilidad de proveer para su familia.[12]

Las personas aisladas por ser **anatema** ("dedicadas a la destrucción") no podían ser rescatadas, pues ya habían sido sentenciadas a muerte. Ejemplos del anatema son la tribu de Amalec, la persona de Acán y la ciudad de Jericó. Sólo Dios tenía el derecho de declarar a una persona anatema y lo hacía hablando por medio de líderes divinamente designados tales como Moisés y Josué.

PREGUNTAS

Las fiestas solemnes, amenazas, promesas, votos.
Lev. caps. 23, 16, 25-27

1—a) ¿Con qué ocasiones y acontecimientos se relacionaban las convocaciones santas?

b) ¿Cuál era la única convocación solemne que no era motivo de alegría? ¿Qué nos enseña el hecho de que la mayoría eran ocasiones de gozo?

c) Indique los propósitos de las fiestas sagradas. ¿Ve Ud. alguna observancia cristiana como la de las fiestas? (1 Cor. 11:17-34; Judas 12).

d) ¿Qué número se destaca en el calendario de las fiestas? ¿Cuál es el motivo del uso de ese número?

e) ¿Cuáles eran las fiestas relacionadas con acontecimientos históricos. (Nómbrelas y diga el acontecimiento histórico que se celebraba.)

f) ¿A qué fiestas estaban obligados a asistir todos los varones israelitas?

2— Mencione los dos eventos que se conmemoraban al observar el día de reposo.

3—a) Las grandes obras de Cristo (su muerte, resurrección y el derramamiento del Espíritu) se realizaron cada una en alguna de las fiestas anuales. ¿En qué fiesta cada una?

  b) ¿A qué razón obedecía la ofrenda de las primicias? ¿Cuál es el simbolismo cristiano?

  c) ¿Por qué se llama "pentecostés" a la fiesta de las semanas?

  d) ¿Cómo se cumplió espiritualmente su relación con la cosecha?

4—a) ¿Qué dos cosas determinaban la fiesta de las trompetas?

  b) ¿Qué paralelo se encuentra en la doctrina cristiana?

5—a) ¿Por qué era tan importante el día de la expiación?

  b) ¿En qué sentido difería de las otras fiestas?

  c) Note cómo Cristo cumplió la obra del sumo sacerdote. (Heb. 9:23-28).

  d) Indique el simbolismo del incienso en la obra expiatoria del sumo sacerdote (Lev. 16:11-13; Lucas 23:34; Rom. 8:34; Heb. 7:25).

  e) ¿Qué significaba el soltar lejos del campamento el segundo macho cabrío?

  f) ¿Por qué era necesario purificar el tabernáculo?

6—a) ¿Cuál era el motivo de la fiesta de tabernáculos?

  b) ¿Qué lección puede Ud. derivar de dicha fiesta?

7—a) ¿Qué propósito práctico se cumplía al no cultivar la tierra en los años sabáticos?

  b) ¿Qué actos de misericordia debían hacer los israelitas en el año sabático? (Deut. 15:1-6; Ex. 21:2-6).

  c) ¿Qué acto adicional (que no hacían en los años sabáticos) debían hacer los israelitas en el año de jubileo? (25:13). ¿Cuál era su valor social?

  d) Jesús declaró que El inició el verdadero año de jubileo (Lucas (4:18-19). ¿Cómo se cumple?

8—a) ¿Por qué no se permitía al israelita vender su terreno a perpetuidad? ¿Cuál es la lección espiritual? (25:23).

  b) ¿Cuáles eran los deberes del pariente cercano? ¿Cómo se cumplen en Cristo algunos de ellos?

  c) Note los principios que enseñan 25:17, 23, 36, 38, 42, 55. ¿Qué luz arrojan éstos sobre nuestra relación con Dios y con el prójimo?

REFERENCIAS Y CITAS EN LEVITICO

1. Carroll O. Gillis, *Historia y literatura de la Biblia*, tomo I, 1954, p. 232.

2. Henry Halley, *Compendio Manual de la Biblia*, s.f., p. 129.

3. *Manual bíblico ilustrado*, David Alexander y Pat Alexander (editores), 1976, p. 167.

4. Roberto Jamieson, A. R. Fausset y David Brown, *Comentario exegético y explicativo de la Biblia*, vol. I, s.f., p. 99.

5. Guillermo A. Ross, *Estudios en las Sagradas Escrituras*, vol. I, *El pentateuco*, 1955, p. 190.

6. Oswald T. Allis, "Leviticus" en *The new Bible commentary revised,* D. Gunthrie y J. A. Motyer (editores), 1970, p. 150.

7. Gillis, *op. cit.,* p. 233.

8. Ross, *op. cit.,* pp. 211-212.

9. Halley, *op. cit.,* p. 132.

10. Allis, *op. cit.,* p. 164.

11. Ross, *op. cit.,* p. 219.

12. Guillermo Evans, *The Books of the Pentateuch,* 1916, p. 226.

CAPITULO 5

NUMEROS

INTRODUCCION

1. Título y contenido: El título viene de la versión griega. Se denominó Números porque se registran dos censos: al principio del libro y en el capítulo 26. Sin embargo, uno de los títulos hebreos, **Bedmidhbar** (en el desierto), refleja mejor el carácter del libro pues relata la historia de las peregrinaciones de Israel desde Sinaí hasta la llegada a la ribera izquierda del río Jordán. Abarca un lapso de casi treinta y nueve años y forma un eslabón histórico entre los libros de Exodo y Josué.

2. Carácter del libro: Números es una miscelánea de tres especies: acontecimientos históricos de la peregrinación de Israel en el desierto; leyes para Israel de carácter permanente; y reglas transitorias válidas para los hebreos hasta llegar a Canaán. La historia y las leyes van mezcladas por partes aproximadamente iguales en extensión. Las exigencias de las situaciones vividas daban origen a nuevas leyes.

Se considera que Números está enfocado hacia los aspectos de servicio y conducta. Myer Pearlman observa: "En Exodo vimos a Israel redimido; en Levítico a Israel adorando; y ahora en Números vemos a Israel sirviendo".[1] En otro sentido vemos las enseñanzas de Dios en los libros de Exodo y Levítico, y en Números vemos a Israel aprendiéndolas.

3. Asunto: el fracaso de Israel: Números es uno de los libros más humanos y más tristes de la Biblia. Muestra cómo los hebreos fracasaron en cumplir los ideales que Dios les había propuesto. Llegaron al lindero de la tierra prometida, pero tenían la personalidad de un esclavo-cobarde, dependiente e incapaz de hacer frente a la perspectiva de la lucha. Perdieron la poca fe que habían tenido y quisieron volver a Egipto. Desde allí comenzaron sus peregrinaciones que duraron treinta y ocho años. Sin embargo, Números sólo relata detalladamente la historia del primer año y la del último, pues en los años intermedios de apostasía no aconteció nada de valor religioso permanente. Es una historia trágica de la falta de fe, quejas, murmuraciones, deslealtad y rebelión. Como consecuencia casi toda la generación que había presenciado las maravillas de la liberación de Egipto pereció en el desierto sin entrar en la tierra prometida. Solamente tres hombres, entre ellos Moisés, Josué y Caleb, sobrevivieron hasta el fin del relato del libro. Y solamente dos de los tres, Josué y Caleb, entraron en Canaán.

En cambio, Dios levantó una nueva generación de hebreos, instruidos en las leyes divinas y preparados para la conquista de Canaán. La vida salvaje e incierta del peregrinaje en el desierto desarrolló en ellos una personalidad distinta de la del hombre esclavo. Se acostumbraron a la dureza, a soportar la escasez de la comida y de agua, al peligro continuo de un ataque repentino de los pueblos del desierto. Al terminar el libro, los israelitas habían llegado a la ribera del Jordán y estaban preparados para tomar posesión de Canaán.

4. Tema: INFIDELIDAD EN EL DESIERTO.

5. Bosquejo.

   I. Preparativos para viajar a Canaán 1:1 - 10:10

     A. El censo y la organización de Israel. Caps. 1 - 4
     B. La santificación del campamento y leyes diversas. Caps. 5 - 8
     C. La pascua y las trompetas. 9:1 - 10:10

  II. El viaje de Sinaí a Cades-barnea 10:11 - 12:16

     A. La partida de Israel; Hobab. 10:11-36
     B. El descontento del pueblo y el desaliento de Moisés. Cap. 11
     C. Las críticas de María y Aarón. Cap. 12

 III. El fracaso de Cades-barnea por la incredulidad. Caps. 13 - 15

     A. Los espías exploran la tierra. Cap. 13
     B. La reacción de Israel y el juicio de Dios. Cap. 14
     C. Preceptos varios. Cap. 15

 IV. La controversia acerca de la autoridad. Caps. 16 - 19

     A. La rebelión de Coré. Cap. 16

B. La prueba de las varas. Cap. 17

C. La purificación del campamento. Cap. 19

V. Experiencias en el viaje a Moab. Caps. 20 - 25

A. El pecado de Moisés y Aarón. Cap. 20

B. La serpiente de bronce; victorias militares. Cap. 21

C. Balaam. Caps. 22 - 25

VI. Los preparativos para entrar en Canaán. Caps. 26 - 36

A. El segundo censo. Cap. 26

B. Leyes sobre herencias. 27:1-11

C. Nombramiento del sucesor de Moisés. 27:12-23

D. Ofrendas en las fiestas. 28:1 - 29:40

E. La ley de los votos. Cap. 30

F. Guerra santa contra Madián. Cap. 31

G Distribución de la Transjordania. Cap. 32

H. Las etapas del viaje en el desierto. 33:1 - 49

I. Mandatos referentes a ocupar Canaán. 33:50 - 36:13

6. Enseñanza: Cómo trata Jehová con su pueblo: a) Jehová había hecho pacto con su pueblo y siempre estaba en medio de ellos guiándolos, cuidándolos y protegiéndolos. A pesar de las quejas, la falta de fe y la ingratitud de Israel, Dios suplía sus necesidades y los protegía de sus enemigos. El Señor en su misericordia les proporcionó un gran caudillo y los salvó de todas sus aflicciones.

b) Dios utilizó las experiencias del desierto para disciplinar a su pueblo y desarrollar su carácter. A pesar de todos los beneficios con que Jehová colmaba a su pueblo, ellos se encontraban continuamente envueltos en desesperadas crisis porque no se querían sujetar a una vida de gozosa obediencia a su voluntad. Dios los disciplinaba con el propósito de librarlos de un espíritu insensato de rebelión y orgullo. Era la disciplina de un padre amoroso.

c) Dios demostró que nada podía frustrar sus propósitos ni anular su pacto con los patriarcas. Ni la infidelidad de Israel, ni los ataques de las naciones hostiles, ni las estratagemas de un profeta asalariado pudieron impedir la realización del plan de Dios. Israel entraría en la tierra prometida.

d) Para el creyente, el libro de Números tiene gran significado. Al igual que los israelitas, el creyente ha salido de Egipto, la tierra de servidumbre y de opresión, ha renacido por el sacrificio del Cordero y se adelanta al cumplimiento de las promesas de Dios. Pero tiene que pasar como peregrino por el desierto de este mundo antes de entrar en la tierra prometida (1 Ped. 2:11; Heb. 11:8-16). Puede aprender mucho estudiando los fracasos de los israelitas, las leyes de santidad y la bondad de Dios, narrados en Números.

PREPARATIVOS PARA VIAJAR A CANAAN. Núm. 1:1 - 10:10

Israel había pasado casi un año en el Sinaí. Había recibido la ley, había construido el tabernáculo y ahora estaba por marchar hacia la tierra prometida.

A. EL CENSO Y ORGANIZACION DE ISRAEL. Caps. 1-4

1. El censo de las tribus. Cap. 1: Los problemas que acarrea el viaje de una numerosísima multitud a través del desierto son más grandes de lo que uno se puede imaginar. Era preciso organizar bien a las tribus y establecer la ley y el orden tanto en el campamento como en la marcha.

El primer paso para organizar a Israel era tomar un censo. ¿Por qué se realizó el censo? Los israelitas iban a conquistar a Canaán y era necesario alistarlos y organizarlos para la guerra. El servicio militar era en Israel obligatorio casi sin excepciones desde los veinte años para arriba. El censo de las doce tribus arrojó la cifra de 603.550 hombres de guerra, sin incluir a los levitas. Por sus funciones sagradas en el santuario, los levitas eran eximidos del servicio militar. Constituían una guardia especial para el tabernáculo. No se los contaba a partir de los veinte años de edad, sino de un mes para arriba. El segundo censo, hecho al terminar el peregrinaje en el desierto, nos da una cifra un poco menor de la del primer censo (26:51), lo cual indica que los rigores del viaje en el desierto y la disciplina divina impedían a Israel seguir creciendo numéricamente como había crecido en Egipto.

2. Disposición de las tribus en los campamentos. Cap. 2: Jehová mandó organizar a Israel en cuatro campamentos, con tres tribus por cada campamento. Los cuatro campamentos estaban organizados en escuadra rectangular, con el tabernáculo en el medio y los levitas alrededor de éste. Moisés y los sacerdotes se ubicaban ante la puerta del atrio del tabernáculo, al este las tribus de Judá, Isacar y Zabulón; al sur Rubén, Simeón y Gad; al oeste Efraín, Manasés y Benjamín; al norte Dan, Aser y Neftalí. Las tribus de Judá, Rubén, Efraín y Dan eran líderes; cada una encabezaba su grupo de tribus, y llevaba banderas. Según la tradición judía, la bandera de Judá tenía la figura de un león, la de Rubén una cabeza humana, la de Efraín un buey, y la de Dan un águila.

La disposición de las tribus al acampar era así:

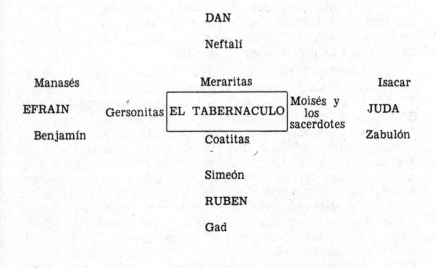

EL CAMPAMENTO DE ISRAEL

Cuando se levantaba el campamento, se cambiaba la ubicación de las tribus (10:11-28). Judá y las tribus del este encabezaban la marcha y las del norte formaban la retaguardia como se ve en el diagrama que sigue:

JUDA		RUBEN		EFRAIN	DAN
Arca Isacar	Los gersonitas y meraritas llevan el tabernáculo	Simeón	Los coatitas llevan los enseres del tabernáculo	Manasés	Aser
Zabulón		Gad		Benjamín	Neftalí

ISRAEL EN MARCHA

La posición prominente de Judá, ante la puerta del tabernáculo en el campamento y a la cabeza de la nación cuando ésta marchaba, se debía en parte a su superioridad numérica sobre las otras tribus; sin embargo, puede ser que la ubicación de honor se daba a que habría sido designada futura casa real en la profecía de Jacob (Gén. 49:10).

La organización de Israel era militar. Cada tribu tenía su posición en el campamento y tenía su capitán. La nación entera estaba organizada como un ejército bajo la dirección de Jehová, que era el Jefe Supremo y tenía su tienda en medio de ellos. El dirigía los movimientos por medio de la nube (9:15-23). Los levitas, que acampaban inmediatamente en torno del santuario, eran la guardia de honor y de servicio.

La iglesia también tiene que guerrear contra las fuerzas de maldad y tomar posesión de la tierra prometida. Aunque sus armas no son carnales y Dios pelea por ella, le conviene sentarse y calcular el costo de la lucha y sus recursos antes de emprender el proyecto (Lucas 14:25-33). También le conviene organizar bien las actividades, ya sea la visitación, la evangelización o la construcción de un templo. Se pueden nominar líderes sobre los grupos. Hay lugar para que todo creyente trabaje, pero se logra mucho más trabajando como un equipo bien coordinado que como individuos que trabajan solos (Marcos 6:39-42). Entonces la iglesia será "imponente como ejércitos en orden" (Cant. 6:4, 10).

3. Los levitas. Caps. 3 y 4: Puesto que Dios había redimido a los primogénitos de las familias de Israel en la pascua en Egipto, todos los primogénitos le pertenecían a El. Pero, como se ha dicho, Jehová tomó a la tribu de Leví en lugar de los primogénitos. Los levitas se encargaban del cuidado del tabernáculo y del ministerio en los aspectos externos, mientras que los sacerdotes oficiaban en el culto ceremonial.

Según Génesis 46:11, Leví había tenido tres hijos: Gersón, Coat y Merari. Los descendientes de los tres hijos formaban tres divisiones y cada división tenía un cargo especial en relación con el cuidado del tabernáculo. Sus deberes eran ayudar en el transporte del tabernáculo cuando el pueblo estaba cambiando de lugar el campamento, y formar la guardia cuando estaban en lugar fijo; en ese caso quedaban los gersonitas al oeste, los coatitas al sur y las familias de Merari al norte. Los gersonitas tenían a su cargo el cuidado de las cubiertas del tabernáculo (3:25-26). Transportaban estos cueros, pieles y telas en dos carretas tiradas por cuatro bueyes (7:6-7). Los coatitas tenían a su cargo los muebles del tabernáculo (3:31) los cuales eran transportados en cuatro carretas tiradas por ocho bueyes (7:8). Los meraritas cuidaban las tablas de la armazón (3:36-37), la que se llevaba a hombro utilizando varillas. Cuando estaba por levantarse el campamento, los sacerdotes envolvían las partes del tabernáculo cubriéndolas con telas y cueros; todo esto nos demuestra la profunda reverencia con que manejaban las cosas relacionadas con el culto en Israel.

Los primogénitos habían de ser substituidos por los levitas como obreros laicos en Israel. Pero un censo (probablemente contando sólo los que habían nacido desde el éxodo de Egipto) reveló que los primogénitos excedían en número a los levitas. Era necesario rescatar con dinero a los primogénitos que carecían de substituto levita para el servicio de Dios. Entonces las doce tribus continuaron con la responsabilidad del servicio militar mientras los levitas se encargaban de los oficios sagrados.

B. LA SANTIFICACION DEL CAMPAMENTO Y LEYES DIVERSAS. Núm. 5-8.

1. La expulsión de los impuros. 5:1-4: Esta medida fue necesaria tanto para mantener la santidad del campamento como la higiene del pueblo. En cuanto a contaminarse tocando a un muerto, Dios quería enseñar a Israel que cuando uno fallece y su espíritu va hacia el Señor, el cuerpo ya no es de valor sino que es algo que sepultar. Además la muerte debe recordarse como la pena del pecado.

2. La ley sobre los celos: Cap. 5:11-31: Esta ley sirve tanto de severa advertencia a la mujer propensa a cometer adulterio como de protección a la mujer inocente en caso de sospechas infundadas por parte de su celoso marido. Dice acerca de la prueba un comentarista:

> Todas las circunstancias de esta terrible ceremonia: colocación de la mujer con su rostro hacia el arca; su cabeza descubierta, señal de que estaba desprovista de la protección de su esposo (1 Cor. 11:7); el amargo brebaje puesto en sus manos, preparatorio de una apelación a Dios; el solemne conjuro del sacerdote (vers. 19-22), todas estaban calculadas para excitar la imaginación de una persona consciente de culpa.[2]

La prueba para verificar si la mujer era inocente o no, requería un milagro de Dios. No hay evidencia bíblica que esa ley estuviera en vigencia después del peregrinaje en el desierto.

3. El voto de los nazareos. Cap. 6:1-21: La palabra "nazareo" significa "separado" o "consagrado", por lo tanto, uno que tomaba el voto había de vivir separado para Dios. Era un voto voluntario (salvo en casos especiales como el de Sansón) que cualquier persona, hombre o mujer, podía hacer para consagrarse a Dios y vivir en mayor santidad. Podía ser por toda la vida (como el de Juan el Bautista) pero por regla general era por un período señalado. Tres requisitos se indican aquí:

a) Abstenerse de todo fruto de la vid. Al igual que el sacerdote, cuando oficiaba, el nazareo se negaba a sí mismo el uso de las bebidas fuertes a fin de estar en mejor condición para servir a Dios (Lev. 10:9-11). Además el fruto de la vid simbolizaba en Israel el gozo natural (Sal. 104:15); así que el nazareo debía encontrar su gozo en el Señor (Sal. 36:8, 9).

b) No cortarse el cabello como señal pública de que había tomado un voto. El pelo largo de Sansón simbolizaba que consagraba su fuerza y virilidad a Dios.

c) No tocar cuerpo muerto, ni aún el cadáver de la propia familia, porque el nazareo era santo a Jehová.

Se imponía un severo castigo cuando se quebrantaba el voto, incluso cuando no era intencionalmente. Al terminar el

período del voto, el nazareo tenía que despojarse de su cabello
y quemarlo sobre el altar junto con otros sacrificios en una
ceremonia pública.

4. La bendición sacerdotal. Núm. 6:22-27: Esta hermosa bendición constituye lo más excelente de la poesía hebraica.
Tiene un mensaje oportuno tanto para los que hacían frente a
los enemigos y a las incertidumbres de la vida desértica como
para el hombre moderno.

Semejante a la doxología apostólica de 2 Corintios 13:14,
ésta tiene una triple invocación y las cláusulas son progresivamente más elevadas. Primero se le invita a Jehová a bendecir
a su pueblo (con buenas cosechas, ganado, buenas temporadas
e hijos). Luego, se le suplica que los guarde (de todo mal, de
los enemigos, de magras cosechas, de la enfermedad y de la
esterilidad). En la segunda invocación, se le invita a volver su
rostro con agrado y alegría sobre su pueblo y extenderle su
favor. (Se expresa en hebreo la alegría y complacencia como
"hacer resplandecer el rostro", y el mal y el temor como
"empalidecer": Sal. 31:16; Prov. 16:15; Joel 2:6). Finalmente,
se le pide que "alce su rostro sobre su pueblo" (en reconocimiento y aprobación) y les dé paz (seguridad, salud, tranquilidad, y paz con Dios y con los hombres).

Jamieson, Fausset y Brown, observan que las expresiones
en las tres cláusulas corresponden a las funciones de la Trinidad: "del Padre, de 'bendecirnos y guardarnos'; del Hijo, de
mostrarnos la gracia; y del Espíritu Santo de 'darnos paz'... La
seguridad alentadora fue añadida: 'Y yo os bendeciré' ".[3]

5. La ofrenda de los príncipes de Israel. Cap. 7: Con sincera
devoción al Señor, los doce príncipes de las tribus donaron una
ofrenda espontánea y muy generosa a Jehová, así dando ejemplo a los adinerados de contribuir al sostén y promoción de la
religión. Presentaron dádivas durante doce días. Las ofrendas
fueron hechas al ser ungido el altar, al consagrar el tabernáculo
y sus enseres, pues, viene en la cronología después de Levítico
8:10-11. Consistían en carretas y bueyes para transportar las
partes pesadas del tabernáculo, utensilios de metal precioso para
el santuario y animales para sacrificar.

Las ofrendas de los príncipes le agradaron a Jehová y El
mandó a Moisés entregarlas a los levitas para el servicio del
tabernáculo. Observamos que la Biblia menciona los detalles
de las donaciones, así enseñándonos que Dios nota todos los
aspectos de nuestra vida y servicio (ver Mat. 10:40-42; Luc.
21:1-4).

6. Consagración de los levitas. Cap. 8:5-26: Aunque la tribu de Leví fue designada para el servicio divino, ser levita no era la única condición para entrar en el oficio sagrado. Los levitas tenían que ser apartados para la obra del tabernáculo mediante una ceremonia especial. La consagración de los levitas era mucho más sencilla que la de los sacerdotes. No eran necesarios los lavamientos, ni las unciones, ni la investidura con ropa oficial. Se efectuaba la purificación de los levitas ofreciendo sacrificios, siendo rociados con agua mezclada con cenizas de vaca alazana, afeitándose y lavando sus vestidos. El agua pura y la navaja afilada representan el alejamiento de todo lo que impide la dedicación espiritual y señalan la purificación de todo lo que mancha el cuerpo y el espíritu. Los sacerdotes imponían las manos sobre los levitas en la ceremonia de consagración.

Los levitas entraban en la profesión en su año vigésimo quinto, probablemente como aprendices a prueba bajo la vigilancia de los levitas mayores, y a los treinta años eran admitidos al pleno ejercicio de sus deberes (ver 4:3 y 8:24). Al alcanzar los cincuenta años, el levita era eximido de los trabajos rigurosos pero podía seguir sirviendo en los deberes más fáciles del tabernáculo.

C. LA PASCUA Y LAS TROMPETAS. Núm. 9:1 - 10:10

1. La celebración de la pascua. Cap. 9:1-14: Fue la primera celebración de esa fiesta desde el éxodo y posiblemente la única en el desierto pues Israel no observaba la circuncisión (requisito para celebrar la pascua, Exodo 12:48), desde la rebelión contra Jehová hasta entrar en Canaán (14:20-35; Josué 5:2-7). Surgió un problema. Algunos hombres habían tocado un cadáver y estaban impuros ceremonialmente; no se permitía que celebrasen la pascua, pero serían cortados de Israel si no la observaban. Moisés consultó a Jehová y recibió la respuesta. Les sería permitido celebrarla un mes después. Nos enseña que cuando hay dos leyes divinas que están en conflicto, el creyente debe cumplirlas dentro de sus posibilidades y entonces elegir la solución más de acuerdo con el espíritu del evangelio. Las exigencias de Dios no son ni arbitrarias ni irrazonables. Además las leyes son para el bien del creyente. En las palabras de Cristo se encuentra este principio: "El día de reposo fue hecho por causa del hombre, y no el hombre por causa del día de reposo" (Mar. 2:27).

TROMPETAS DE PLATA JUNTO AL MONTE SINAI

2. Las trompetas. Cap. 10:1-10: Las trompetas de plata servían para varios propósitos:

a) Convocar a la congregación para la reunión delante del Tabernáculo.

b) Reunir a los príncipes de las tribus ante Moisés.

c) Indicar a las tribus acampadas al este del campamento el momento de ponerse en marcha.

d) Preparar a Israel para la guerra.

e) Recordar a Jehová la necesidad de su pueblo y conseguir la ayuda divina.

f) Para que Jehová recordara a su pueblo durante las fiestas sagradas y los sacrificios de paz y holocaustos. No debemos pensar que Dios los olvidaría, pero ellos no debían dar esto por sobreentendido, sino que debían actuar. De igual manera ocurre con la oración. Dios conoce nuestras necesidades, pero igual tenemos que presentárselas.

Los sacerdotes tocaban las trompetas indicando que todo el campamento estaba bajo la orden de Dios. Nos enseña también que Dios quiere que su pueblo trabaje unido para llevar a cabo la obra espiritual. Finalmente es de notar que la segunda venida de Cristo será acompañada del sonido de trompetas. Indican que la Iglesia ha de partir en el éxodo más impresionante de toda la historia.

PREGUNTAS

Introducción a Números. Preparativos para viajar a Canaán. Núm. 1:1-10:10

1—a) ¿Por qué se denomina este libro "Números"?

b) ¿Por qué es que el título hebreo es más apropiado que el título griego?

c) ¿Qué espacio de tiempo abarca Números?

d) ¿Dónde estaban los israelitas al comenzar el libro y dónde al terminar?

2—a) ¿Cuál es el asunto del libro?

b) ¿Por qué fracasaron los israelitas en el desierto?

3—a) ¿Qué luz arroja Números sobre el carácter de Dios? ¿Y sobre el propósito divino en las experiencias en el desierto?

b) Note el significado del libro para el creyente.

4—a) ¿Por qué se hizo un censo en Israel? ¿Cuál es su verdadera protección? (10:8, 9; Deut. 20:2-4).

b) ¿Qué aplicación extraería Ud. para la iglesia del censo y de la organización de Israel? (Lucas 14:31-32; 2 Cor. 10:3-6; Efes. 6:10-13).

c) ¿Qué tribu no se incluyó en el censo inicial? ¿Por qué?

5—a) ¿Qué tribu tenía la posición de prominencia en el campamento de Israel? ¿Por qué?

b) ¿Cuál era el centro del campamento que le daba unidad? ¿Ve Ud. una lección espiritual en tal disposición? (Sof. 3:17; Efes. 4:3-6).

c) ¿Cuál es el significado del hecho de que el arca era llevada a la vanguardia durante la marcha de Israel? Haga una aplicación espiritual. (Note el significado del arca. Ver también 10:33; Deut. 1:32, 33).

6—a) ¿Qué finalidad práctica perseguía la expulsión de los impuros del campamento? (5:1-4).

b) ¿Qué quería enseñar a Israel en cuanto a la muerte esta ley que consideraba que los cadáveres estaban inmundos? (Rom. 5:12).

c) Indique el propósito doble de la ley sobre los celos.

7—a) ¿Cuáles eran los tres requerimientos del voto nazareo?

b) Mencione tres personajes bíblicos que fueron nazareos.

c) ¿Cuál es la verdad o lección principal que enseña el voto nazareo?

8— ¿Qué significado tenía invocar o "poner el nombre" de Jehová sobre su pueblo? (Núm. 6:27; Deut. 28:10; Dan. 9:18,19; Prov. 18:10).

9—a) ¿Por qué se dedica tanto espacio en Números a la ofrenda de los príncipes?

b) ¿Por qué razón se ofrendaba en el capítulo 7?

10—   ¿Qué lección podemos sacar del relato de la primera celebración de la pascua?

11—   Extraiga tres lecciones de 9:15-23 acerca de la dirección divina.

12—   Relacione el tocar las trompetas con predicar el evangelio. (Ver 1 Tes. 1:8 en la Biblia de Jerusalén, 1 Cor. 14:8).

EL VIAJE DE SINAI A CADES-BARNEA. Núm. 10:11 - 12:16

A. LA PARTIDA DE ISRAEL Y HOBAB. Núm. 10:11-36

¡Qué cuadro tan impresionante! Israel, una nación de más de dos millones de personas, comenzó la marcha en perfecto orden militar, cada tribu en su lugar, las banderas en alto y todos conducidos por la nube.

Moisés invitó a su cuñado a ser el guía de Israel. Hobab conocía bien el desierto y sabía dónde estaban los manantiales, los oasis y los mejores lugares para acampar. Pero ¿por qué necesitaba Israel un guía si lo conducía la nube? Contestamos con unas preguntas: ¿Por qué necesita el creyente el consejo del hombre experimentado en el camino si tiene el Espíritu Santo para guiarle? ¿Acaso Dios no nos da la oportunidad de ejercer nuestro juicio en los detalles de la vida aunque nos guía en las decisiones importantes?

La invitación mencionaba dos razones por las cuales Hobab debía unirse a Israel: "Te haremos bien; porque Jehová ha prometido el bien a Israel", y "Nos serás en lugar de ojos". La primera apelaba al propio interés de Hobab, y la segunda a su deseo de ser útil, de hacer algo grande para el bien de otros. ¿No se asemeja a la invitación cristiana al inconverso? Aunque Hobab al principio no la aceptó, aparentemente cambió de idea y acompañó a Israel porque encontramos referencia a sus descendientes en Canaán en la época de los jueces (Jue. 1:16; 4:11).

B. EL DESCONTENTO DEL PUEBLO Y EL DESANIMO DE MOISES. Núm. 11

1. Las murmuraciones: Pronto Israel desvió su mirada de Jehová y comenzó a quejarse en el desierto. Sin duda los hebreos sufrían por el sol abrasador, las privaciones y los peligros. Pero ¿era excusa para ingratitud, irritación y espíritu rebelde? ¡Cuán pronto se olvidaron de la dura esclavitud de Egipto y de la liberación milagrosa obrada por Dios! Se encuentra en parte la causa del descontento leyendo 11:4: "La gente extranjera" (La Biblia de Jerusalén lo traduce "la chusma") serían los asiáticos sujetos a servidumbre como los hebreos. Aprovecharon la ocasión del éxodo para escaparse de Egipto (Ex. 12:38). Como los mundanos que están en la iglesia

de hoy, los extranjeros todavía codiciaban las cosas de Egipto porque su corazón estaba allí. Fomentaron sin duda el descontento en muchos de los episodios del paso por el desierto.

Las murmuraciones descritas en Números son ocho. Comienzan en esta sección con quejas en los extremos del campamento, luego lamentos en el campamento mismo, y finalmente críticas por los líderes más fidedignos, Aarón y María. Cada vez se destaca Moisés como el intercesor abnegado.

2. La falta de carne y la carga pesada de Moisés: Aquí se nos presenta a Moisés como el siervo de Dios rendido por el excesivo trabajo y por la frustración de no poder satisfacer las necesidades del pueblo. Ya se siente impotente, cansado, impaciente con el pueblo y deseoso de dejar su tarea. Muchos de los más nobles varones de Dios han tenido a veces la misma experiencia.

Dios solucionó el problema de Moisés impartiendo su Espíritu a los setenta ancianos a fin de que ellos pudieran llevar algo de la carga que Moisés había llevado solo. Profetizaban. ¿Podría ser que hablaran en otras lenguas como los ciento veinte discípulos en el aposento alto? Cuando Eldad y Medad profetizaron, Josué se preocupó por la posición de liderazgo de Moisés. Pero el noble caudillo no sentía ninguna envidia o temor de que otro tomara su lugar. Su único deseo era que la obra del Señor prosperara. Su respuesta (11:29) fue profética y se cumplió en el día de Pentecostés (Joel 2:28; Hch. 2:16).

Nuevamente Dios trajo mediante un viento codornices que cayeron rendidas en el campamento. Los israelitas en su codicia probablemente comieron la carne cruda y muchos murieron en la plaga que sobrevino. De igual manera, si persistimos en pedir cosas materiales que deseamos sin consultar la voluntad de Dios, El a veces nos concede esas peticiones pero sufrimos las consecuencias espirituales: "El les dio lo que pidieron, mas envió flaqueza en sus almas" (Sal 106:15, Versión Moderna).

C. LAS CRITICAS DE MARIA Y AARON. Núm. 12

Es bastante desagradable para un líder encontrar deslealtad entre sus seguidores, pero gravísimo cuando los desleales son los subalternos más allegados a él. Se indica que María fue la instigadora de la crítica, pues sólo ella fue castigada (12:10). Aunque María y Aarón hablaron contra Moisés a causa de la mujer extranjera con quien él se había casado, el motivo verdadero se encuentra en 12:2. No estaban contentos con ocupar el segundo lugar en Israel; igual que muchos perturbadores, olvidaron que Dios los escuchaba.

Moisés era muy humilde y no se defendió. Estaba tan ocupado sirviendo a Dios que no prestó atención a los ataques contra sí mismo. Siempre se manifestó celoso por defender el honor de Jehová pero dejaba que Dios vindicara la causa suya. Primero Jehová habló en el tabernáculo a Aarón y María indicándoles que Moisés era superior a todos los otros profetas. (12:6-8). El gran caudillo era "fiel en toda la casa de Jehová" o sea en gobernar la nación escogida. Dios no habló por medio de visiones o sueños como hablaba a otros profetas sino que le habló "cara a cara", es decir, con intimidad, como un amigo habla a otro (Ex. 33:11). Sólo Moisés vio la "apariencia de Jehová" no como una forma divina sino como "alguna evidencia inequívoca de su presencia gloriosa"[4] (Ex. 33:20-23), pues Dios es espíritu, invisible y sin figura (Deut. 4:12, 15; Juan 1:18; Col. 1:15). Luego Dios hirió a María con lepra. La intercesión de Moisés fue premiada con la curación de María, pero ella tuvo que ser expulsada del campamento siete días con una advertencia de lo grave que es criticar a los siervos del Señor (2 Pedro 2:10-12; Sal 105:15; Heb. 13:7).

EL FRACASO DE CADES-BARNEA POR LA INCREDULIDAD
Núm. 13 y 14

Después de viajar trescientos veinte kilómetros a través de escarpados pasos, montañas y elevadas mesetas del desierto de Parán, los israelitas llegaron a Cades en la frontera de Canaán. Dios confirmó su propósito de darles la tierra. Todo lo que tenían que hacer era conquistarla y tomar posesión de ella. Fue la hora crítica en la historia de Israel en el desierto. Demostró que los hebreos no estaban preparados para apropiarse de la promesa de Dios. Fracasaron por su incredulidad y tuvieron que estar treinta y ocho años más en el desierto. Es uno de los relatos más dramáticos de la Biblia y lleno de lecciones espirituales.

A. LOS ESPIAS EXPLORAN LA TIERRA. Cap. 13

1. **La misión de los espías.** Cap. 13:1-25: Al comparar Deuteronomio 1:22-23 con el relato de Números, se ve que el envío de los espías tuvo su origen en la petición del pueblo a Moisés. No estaban seguros de que Canaán fuera un país de abundancia como había dicho Dios. Temían la guerra y querían saber si sería posible conquistar a Canaán. No confiaban en las reiteradas promesas de Dios de que El les daría la tierra. Moisés no discernió el motivo verdadero de esa petición y le

pareció bien. Jehová les concedió a los israelitas su petición con el fin de manifestar lo que estaba en el corazón del pueblo. Así es a veces, Dios nos permite hacer nuestra voluntad aunque sea para nuestro mal.

2. El informe de los espías. Cap. 13:26-33: Aunque los diez espías admitieron que la tierra fluía leche y miel, se apresuraron a hablar sobre los grandes obstáculos, las ciudades fortificadas y los gigantes. Habían visto lo que habían pensado que verían y lo relataron con creciente pesimismo. De igual manera aumentó el terror de los israelitas al escuchar el informe. Caleb acalló al pueblo con palabras de ánimo y fe. No negó lo que los diez espías habían dicho pero puso su esperanza en lo que Israel podía hacer con la ayuda de Dios. Para él y Josué no se trataba de Israel contra los gigantes sino de Dios contra los gigantes. Pero los diez espías le contradecían. Excluían a Dios y exageraban su informe original. Ahora todos los cananeos eran gigantes según ellos. No podrían conquistar a Canaán, decían.

B. LA REACCION DE ISRAEL Y EL JUICIO DE DIOS.
Núm. 14

1. La rebelión de Israel. Cap. 14:1-10: Los israelitas prefirieron aceptar el criterio de los diez espías antes de depositar su fe en el Dios invisible. ¡Qué cuadro más vergonzoso el de los israelitas dando gritos de desesperación y llorando toda la noche! Quisieron nombrar a otro caudillo y volver a Egipto. Reconocieron que Jehová les había llevado hasta allí pero lo calumniaron diciendo que les había traído a una trampa para matar a los hombres a espada y hacer a sus mujeres y niños esclavos de los cananeos.

¡Pensaron en el peligro de guerrear pero no en el de volver a Egipto sin Moisés, sin la nube, sin el maná y sin la protección de Jehová! ¿Cómo los recibirían los egipcios? ¿Podrían aguantar nuevamente el yugo de la servidumbre? Si hay dificultades en el camino del creyente, cuántas más hay en el de aquel que vuelve atrás.

Los cuatro fieles procuraron disuadir a los rebeldes de su error. Josué argüía: "Con nosotros está Jehová; no los temáis", pero la multitud dio rienda suelta a su pasión y habló de apedrearlos. En aquel momento Dios intervino, mostrando su gloria en el tabernáculo.

2. La intercesión de Moisés. Cap. 14:11-19: Ilustra cómo la intercesión de un hombre de Dios puede salvar a la nación de la destrucción. Los argumentos de Moisés se basaban en la reputación de Dios y en su misericordia insondable. El gran mediador pidió a Dios que manifestara su carácter y poder perdonando a su pueblo.

La palabra **jesed** traducida "misericordia" en los versículos 18 y 19 es de mucho significado. Expresa lealtad, fidelidad, amistad y constancia. Dios es fiel a su pacto y a sus obligaciones. Se encuentra esta palabra más o menos doscientas cincuenta veces en el Antiguo Testamento.

3. Perdón y castigo. Cap. 14:20-38: Aunque Dios perdonó a Israel, lo disciplinó también. Quería enseñarles "cuán malo y amargo" es "dejar a Jehová" (Jer. 2:19). Los diez espías fueron muertos y el pueblo fue condenado a peregrinar cuarenta años en el desierto, un año por cada día de la exploración de Canaán. Todos los hombres mayores de veinte años morirían en el desierto salvo los dos espías fieles.

Era la incredulidad de Israel lo que les impedía la conquista de Canaán y los excluía de la tierra prometida. No estaban en condiciones de tomar posesión de ella. Si hubieran entrado con semejante incredulidad, habrían sufrido una matanza horrible, "Mirad, hermanos, que no haya en ninguno de vosotros corazón malo de incredulidad para apartarse del Dios vivo... Si oyereis hoy su voz, no endurezcáis vuestros corazones, como en la provocación" (Heb. 3:12, 15).

4. La vana tentativa de los israelitas. Cap. 14:39-45: Se arrepintieron de su rebelión y trataron de conquistar Canaán por sus propias fuerzas pero ya era tarde. Habían perdido la oportunidad de apropiarse de la tierra y solamente les quedaba la lúgubre perspectiva de peregrinar treinta y ocho años más en el desierto.

C. PRECEPTOS DIVERSOS. Núm. 15.

Tal vez las leyes del capítulo 15 hayan sido dadas poco después de haber decretado Jehová que muriera en el desierto la incrédula generación hebrea, la cual había rehusado entrar en Canaán. Los preceptos referentes a los sacrificios que habían de ser ofrecidos cuando Israel entrara en Canaán (15:1-21), animarían a los hebreos jóvenes a creer que a la larga la nación se apropiaría la tierra prometida.

La provisión para expiar las faltas inadvertidas (15:22-29) contrasta marcadamente con el castigo severo del pecado consciente (15:30-31). Quizás los israelitas arrepentidos de haber sido incrédulos en Cades-barnea habrían perdido la esperanza de poder agradar a Dios. A ellos animó Dios recordándoles la misericordia que podía obtenerse mediante sacrificios que expiaran pecados cometidos por ignorancia (Lev. 4 y 5). Toda desobediencia, aunque inintencional, era pecado, pero si no era deliberada, podía ser expiada. En cambio, el israelita y también el extranjero radicado en Israel, que con plena conciencia "ultrajara a Jehová" despreciando su palabra y quebrantando su mandato sería destruido. El castigo del hombre que fue encontrado juntando leña en el día de reposo servía de ejemplo y advertencia de cuán grave es el pecado intencional a la vista de Jehová (15:32-36).

Las franjas o flecos que los israelitas habían de hacer en los bordes de sus vestidos eran para recordarles que debían obedecer los mandamientos del Señor y no andar según la voluntad humana. La obediencia a Dios había de ser la característica distintiva de Israel. ¿Qué puede hacer el cristiano para no olvidar la redención divina y la importancia de cumplir la voluntad de Dios?

PREGUNTAS

**El viaje de Sinaí a Cades-barnea. El fracaso en Cades-barnea
Núm. 10:11 - 15:41**

1—a) ¿Quiénes eran los que promovían descontento entre los israelitas (11:4; Ex 12:38).

b) ¿Por qué ardió tanto la ira de Jehová? (Sal. 78:18-20).

c) En su opinión, ¿cuál sería un posible paralelo espiritual a los alimentos y condimentos de Egipto de los cuales tenían los israelitas un "vivo deseo"?

d) ¿Cuáles eran los dos problemas que le parecían irremediables a Moisés?

e) ¿Cómo los solucionó Dios?

f) ¿Qué indicio de la humildad de Moisés se ve en el capítulo 11?

2—a) ¿Cuál fue el motivo aparente de la crítica de María y Aarón? (12:1). ¿Y la razón verdadera? (12:2).

b) ¿Cómo debe comportarse un varón de Dios frente a las críticas? ¿Cómo reaccionó Moisés ante la crítica? (1 Pedro 2:23).

c) ¿Qué testimonio dio Dios acerca de Moisés? (Heb. 3:1-6).

d) ¿Por qué castigó Dios tan severamente a María?

3—a) Según Deuteronomio 1:22-23, ¿dónde se originó la idea de enviar espías a explorar Canaán? ¿Por qué hicieron tal petición?

b) ¿Cuáles eran las características de Canaán?

c) ¿Qué factor tenían en cuenta Josué y Caleb que pasaron por alto los diez espías restantes? (Escriba también la cita.)

4—a) ¿Qué condición de corazón manifestaron los israelitas en su reacción ante el informe de los diez espías?

b) ¿Qué lección práctica deriva Ud. del episodio? ¿Cómo reaccionamos nosotros frente a los obstáculos en el camino a la tierra de promisión? (Fil. 3:13-14; Hech. 20:22-24).

c) ¿Qué nos enseña el capítulo 14 acerca de la incredulidad? (Ver 1 Cor. 10:5; Heb. 3:7-12; Judas 5).

5—a) ¿Sobre qué bases formuló Moisés su intercesión? ¿Presenta aquí alguna razón que no se encuentra en su intercesión en el episodio del becerro de oro? (Ex 32:11-13).

b) ¿Por qué castigó Dios a Israel después de haberlo perdonado?

c) ¿Cuál fue el castigo para Israel?

d) Indique cómo el castigo de Israel era en realidad un acto de misericordia de Dios.

CONTROVERSIA ACERCA DE LA AUTORIDAD.
Núm. 16, 17, 19

A. LA REBELION DE CORE. Cap. 16

1. El motivo de la rebelión: El enfrentamiento de Coré a la autoridad religiosa de Aarón y el desafío de Datán y Abiram al gobierno de Moisés constituyen una de las amenazas más serias que los líderes tuvieron que enfrentar porque abarcaba los dos aspectos: religioso y político. Coré era un levita el cual parece codiciaba el sacerdocio (16:10). Datán y Abiram por ser descendientes de Rubén, primogénito de Jacob, pensaban que la autoridad civil les pertenecía a ellos. Las dos facciones formaron una alianza político-religiosa y consiguieron el apoyo de doscientos cincuenta príncipes de Israel. Denunciaban que Moisés y Aarón se habían aferrado a los puestos de autoridad por tiempo indefinido y argüían así: "¿Por qué ha-

bían de ser estos oficios conferidos a los dos hermanos? ¿Acaso no era toda la congregación santa? ¿Y no podrían otros tanto como ellos gozar de la presencia de Dios?"

Ciertamente toda la nación era santa, consagrada a Dios (Ex. 19:6), pero los rebeldes volvieron la espalda al hecho de que el Dios de Israel había elegido a Moisés y Aarón para llevar los dos cargos principales y por tanto la rebelión era contra Jehová mismo (16:11). Datán y Abiram describieron a Egipto como una "tierra que fluye leche y miel" (16:13), y esta burla demuestra su falta absoluta de reverencia.

2. La prueba: Moisés no hizo ningún esfuerzo por justificar la posición suya ni la de Aarón. No les recordó a los israelitas lo que había hecho por ellos ni habló de sus abnegadas labores, sino que llevó el problema directamente a Dios en oración. La prueba que Moisés luego propuso permitía que Dios fuera el que indicara a quiénes pertenecían el sacerdocio y la autoridad. El terrible juicio divino sobre los rebeldes demuestra cuán grave es levantarse contra las autoridades que Dios ha puesto en la congregación.

No debemos interpretar la frase "descendieron vivos al Seol" (16:33) como que llegaron en forma corporal al lugar subterráneo donde residían los espíritus de los muertos. Significa que fueron sepultados vivos (16:32). Los "hombres de Coré" que fueron tragados por la tierra (16:32) probablemente sean los siervos de Coré; no los hijos de Coré, pues Números 26:11 dice: "mas los hijos de Coré no murieron".

Se hizo evidente la mala actitud de la congregación de Israel durante la prueba efectuada por Moisés al día siguiente. Aparentemente muchos israelitas se desviaron por las palabras insolentes de los amotinados contra Aarón y Moisés. Su ceguedad y obstinación llegaron al colmo al culpar a Moisés del escarmiento terrible de los rebeldes. Intervino Jehová para enseñarles a respetar a sus siervos y el triste resultado fue que catorce mil setecientas personas murieron en una plaga. Aarón se asemeja a Jesucristo, el gran mediador, al ponerse "entre los muertos y los vivos y cesó la mortandad" (16:48).

Al perdonar la vida a los hijos de Coré se demostró la insondable gracia divina. Aunque fueron excluidos del sacerdocio, los descendientes de Coré llegaron a ocupar puestos de honor en el servicio del santuario. Uno de ellos, Samuel, fue un profeta destacado y el último juez de Israel (1 Crón. 6:33). Se atribuyen varios salmos a los hijos de Coré. Esto nos revela que en el reino de Dios una persona puede alcanzar la cumbre del éxito y del honor a pesar de que fracasen sus padres.

3. Las lecciones prácticas: El pecado de Coré se encuentra a veces en la iglesia. Hay creyentes que no quieren someterse a las autoridades puestas por Dios. Razonan así: Puesto que todos los creyentes somos santos y formamos un "real sacerdocio" (1 Ped. 2:9), no es necesario hacer caso a los pastores o a otros líderes. Algunos llegan al extremo de pasar por alto la iglesia considerándola innecesaria y anticuada.

El relato de la rebelión de Coré arroja luz sobre la manera en que los siervos de Dios deben actuar en semejantes situaciones:

a) El líder recordará que fue elegido por Dios y que el ataque es contra la autoridad que Dios ha puesto en la iglesia (Efes. 4:7-11).

b) Una actitud de deslealtad o rebeldía notada en la congregación no debe ser determinante para la decisión del líder. Puede ser que convenga que se retire, pero hay casos en que debe permanecer firme y confiar en el apoyo divino.

c) Debe acudir a Dios y no tratar de defenderse ni usar de la astucia ni de la violencia. Dios vindicará a sus siervos y condenará toda lengua que se levante contra ellos en juicio (Isa. 54:17). Alguien ha observado: "Hay solamente una cosa peor que no tener razón, es tener razón acompañada de un espíritu malo".

d) El verdadero siervo de Dios sentirá compasión por los que se oponen a él. Moisés exhortó a Coré y a los levitas advirtiéndoles de su error. Aunque Moisés se mostró muy humano en su reacción a los líderes intratables (16:15), después tuvo lástima de la congregación rebelde y actuó para salvarla del juicio de Dios (16:42-46).

B. LA PRUEBA DE LAS VARAS. Núm. 17

Aunque Dios ya había dicho que sólo la familia de Aarón y sus descendientes servirían como sacerdotes (16:40), dio a Israel prueba adicional de la superioridad en asuntos religiosos de la tribu de Leví y de la familia de Aarón: la vara de Aarón reverdeció. La vara era tenida por símbolo de autoridad y preeminencia, un cetro. Puesto que la vara no podía reverdecer de por sí, la prueba demostró que el sacerdocio de Aarón no se basaba sobre sus dones naturales sino sobre la elección divina. La vara fue colocada en el tabernáculo para recordar a los hebreos continuamente que la voluntad de Dios es soberana en cuanto al sacerdocio.

C. I. Scofield en su versión anotada de la Biblia traza la semejanza entre el florecimiento de la vara de Aarón y la resurrección de Jesucristo. Destaca que la resurrección fue la evidencia divina de que Cristo es el sumo sacerdote elegido por Dios. La autoridad del sacerdocio de Aarón había sido negada en la rebelión de Coré, por lo tanto, Dios mismo la confirma (17:5). Cada uno de los jefes de tribu llevó una vara que estaba completamente seca; Dios dio vida solamente a la vara de Aarón. De la misma manera, todos los fundadores de religiones han muerto y Cristo también entre ellos; pero solamente El ha resucitado de entre los muertos y ha sido exaltado para ser Sumo Sacerdote (Heb. 4:14; 5:4-10).

C. LA PURIFICACION DEL CAMPAMENTO. Cap. 19

Puesto que una multitud de personas murieron por la rebelión de Coré, y con los medios ordinarios para quitar la contaminación resultante de tocar cadáveres no se daba abasto, el Señor proveyó un sacrificio especial para purificar el campamento. Los israelitas habían de lavarse según las reglas de purificación. Se preparó el agua de purificación, mezclando en ella las cenizas de la vaca alazana; la ceremonia fue en algunos aspectos semejante a la limpieza del leproso. El escritor de la Carta a los Hebreos aludió a esto al mencionar las "cenizas de la becerra" (9:13). Encierra un claro simbolismo. Como las cenizas de la vaca alazana limpiaban ceremonialmente al israelita contaminado, así la sangre de Jesús satisface la justicia divina, limpia la conciencia del pecador y le reconcilia con Dios.[5]

EXPERIENCIAS EN EL VIAJE A MOAB. Núm. 20-25

A. EL PECADO DE MOISES Y AARON. Núm. 20:1-13

1. **La ocasión:** Se cree que el acontecimiento en el cual Moisés y Aarón pecaron tuvo lugar el último año del peregrinaje de Israel. En el mismo año María, Aarón y Moisés murieron.

Parece que el término Cades se refiere a toda una región y no a un área pequeña. No había agua que beber y se suscitó aquel espíritu de murmuración que había sido el pecado de la generación anterior. Al ver en los hijos el mismo espíritu que había visto en los padres, Moisés se amargó. Al igual que Jeremías, podría haber dicho: "En vano he azotado a vuestros hijos; no han recibido corrección".

2. El pecado: ¿Cuál fue la falta que cometió Moisés? Salmo 106;32, 33 dice que los israelitas le irritaron e "hicieron rebelar a su espíritu y habló precipitadamente con sus labios". Dios le había dado la instrucción de hablar a la roca de la cual saldría agua, pero Moisés perdió la paciencia y se airó. En vez de hablar a la roca, le habló con enojo al pueblo y luego golpeó la roca dos veces. No solamente desobedeció a Dios sino que se arrogó a sí mismo el poder de obrar milagros diciendo: "¡Os hemos de hacer salir aguas...!" No santificó a Dios (Núm. 27:14).

Dios denominó esta actitud de Moisés incredulidad y rebelión (Núm. 20:12; 27:14). Ya no tenía la misma paciencia y compasión por el pueblo que había tenido. Fracasó en su punto más fuerte: su mansedumbre. Aarón abrigó la misma actitud, de manera que Dios les impuso a ellos el mismo castigo que al resto de la generación. ¿No fue un castigo demasiado duro por un solo acto de desobediencia? Como el brote de una planta revela que hay una raíz debajo de la superficie, la impaciencia de Moisés demostró que ya no era apto para introducir a Israel en la tierra. Dios levantaría a otro caudillo para hacerlo. Aarón murió al poco tiempo y Moisés llegó solamente hasta el límite de Canaán.

B. EDOM NO PERMITE EL PASO. Núm. 20:14-21

Edom negó a Israel el paso por su tierra probablemente porque consideraba peligroso para su seguridad nacional la entrada de una multitud tan grande. Al decir "Israel tu hermano", (20:14) esgrimieron el argumento de parentesco de razas que ciertamente existía, puesto que habían sido hermanos mellizos Jacob y Esaú, los antepasados de Israel y Edom respectivamente (Gén. 25:23; 36:1-9). Desde un principio existió enemistad entre los dos, y a menudo Edom era condenado por los profetas (Isa. 34:1-17; Jer. 49:7-22; Ez. 25:12-14; 35:1-15).

C. LA SERPIENTE DE BRONCE. Núm. 21:4-9

Puesto que los edomitas se negaron a dar paso a Israel, los israelitas tuvieron que rodear la tierra de Edom tomando por una ruta larga en "un desierto grande y espantoso" (Deut. 8:15). Desanimados por las dificultades del viaje, los israelitas volvieron a murmurar. Dios los castigó enviando serpientes ardientes y venenosas que los mordieron. Todavía en la región de Elat, al norte del Golfo de Acaba, se encuentran víboras venenosas con manchas de color rojo. Pronto los israelitas se dieron cuenta de su pecado y pidieron a Moisés que intercediera por ellos. El antídoto indicado por Dios fue la serpiente de bronce.

Jesucristo se refirió a este acontecimiento como similar a su obra en la cruz (Juan 3:14-16). Pero ¿cómo es que la serpiente, un símbolo de Satanás y del mal, puede ser símbolo de Jesucristo? En efecto, no es una figura de nuestro Señor sino del pecado cargado sobre Cristo en la cruz (2 Cor. 5:21). La imagen de la serpiente muerta e impotente levantada en el palo simboliza la destrucción del pecado y del castigo de la ley (Col. 2:14, 15).

A la vista de Dios, el hombre está envenenado y agoniza en el desierto de este mundo. Pero el enemigo fue destruido en la cruz y el aguijón del pecado fue quitado (1 Cor. 15:55, 56). Una mirada de fe al Dador de la salud y la vida trae el remedio espiritual.

D. LAS VICTORIAS MILITARES DE ISRAEL.
Núm. 21:1-3, 21-35

Aunque Israel no procuraba la guerra, debía enfrentar los ataques de los cananeos y amorreos. Al ser atacado por el rey de Arad, que estaba situado al sur del Mar Muerto, Israel buscó la ayuda de Jehová y prometió destruir completamente las ciudades del enemigo. Dios dio la victoria a Israel y los israelitas cumplieron su promesa. El uso de la maldición enseña que era una guerra santa y todo aquel que se oponía a Dios estaba bajo su juicio.

Se prohibía a Israel librar guerra contra los moabitas y amonitas pues eran descendientes de Lot y por tanto parientes de los hebreos (Gén. 19:30-38). Sin embargo, cuando los reyes Sehón y Og negaron paso a Israel y enviaron ejércitos para combatir, los israelitas los derrotaron y se adueñaron del territorio palestino al oriente del río Jordán desde el río Arnón al sur hasta el norte, una distancia de aproximadamente ciento ochenta kilómetros. La derrota de Sehón y Og era el comienzo de la conquista de la tierra prometida, pues Dios quería que su pueblo habitara a ambos lados del Jordán. Los cananeos se llenaron de terror al darse cuenta de que Jehová les quitaría Canaán para luego entregarlo a los israelitas (Josué 2:9).

E. BALAAM. Núm. 22-25.

1. ¿Quién es Balaam?: Balaam era de Petor, Mesopotamia, cerca del río Eufrates (22:5). Sus poderes sobrenaturales eran

altamente estimados por los moabitas y madianitas (22:6). Es uno de los más misteriosos y extraños personajes de la Biblia. ¿Era un profeta de Jehová o meramente un adivino en cuya boca Jehová puso sus palabras? Tenía cierta comunión con Dios (22:8-12), sabía algo de la justicia divina (Miq. 6:5), y algo sobre la vida de ultratumba (23:10), oía los dichos de Dios, veía "la visión del omnipotente" (24:4), y no hablaría lo que Dios no le dijera (22:18). En cambio parece que en ocasiones buscaba agüeros o señales respecto al futuro (24:1). Así que se infiere que tenía un don de profecía pero su conocimiento de Dios estaba enturbiado en cierta medida por los conceptos paganos.

2. **Balaam vacila.** Cap. 22: Balac temía a los israelitas y de acuerdo con los madianitas envió a Balaam el mensaje de que viniera a maldecir a Israel. Así sucede muchas veces que el adversario procura encontrar un creyente para usarlo contra el avance del pueblo de Dios. Al principio Balaam se niega a ir con la delegación de Balac porque Dios le había prohibido maldecir a Israel, pues era el pueblo bendito. Pero al ver la segunda delegación compuesta de personajes importantes, nuevamente preguntó a Dios, pues deseaba maldecir a Israel para recibir la paga de Balac. Esta vez Dios le dio permiso para acompañar a los mensajeros del rey, pero con la condición de que haría lo que Jehová le dijere.

Surgen algunas preguntas en cuanto al incidente en que el ángel de Jehová estorbaba el viaje del profeta. ¿Cambió Dios de idea al permitir que Balaam acompañara la segunda delegación moabita cuando le había advertido que no fuera con la primera? Luego ¿se arrepintió Dios de haberle dado permiso y por eso envió el ángel para detenerle? La respuesta se encuentra en 23:19. Parece que no era la voluntad directiva de Dios que Balaam fuera con ellos, sino sólo su voluntad permisiva. Probablemente permitió que Balaam acompañara a los moabitas para demostrar a Balac el carácter singular de Israel y el poder divino para frustrar toda adivinación contra el pueblo de Dios. Balaam fue reprendido porque interpretó el permiso divino de ir con los príncipes como si fuera permiso de maldecir a Israel. Fue motivado por el dinero de Balac.

En segundo lugar, ¿cómo es posible que la asna de Balaam hablara? El animal no es capaz de hablar ni de razonar. Es evidente que fue un milagro de Dios. Si Satanás podía hablar por la serpiente en Edén, ¿acaso Dios no puede hablar por un asna? En todo el incidente, Dios enseña a Balaam que sólo le es permitido hablar lo que El mismo transmite.

3. Las profecías de Balaam. Caps. 23 y 24: Balaam profetizó cuatro veces pronosticando la prosperidad futura de Israel y la destrucción de sus enemigos. Las profecías de Balaam son las siguientes:

a) Israel no era meramente una nación entre otras muchas naciones sino "un pueblo que vive aparte" (23:9. Biblia de Jerusalén). Gozaría la gran bendición de tener una descendencia numerosa (23:7-10).

b) Dios es inmutable y no cambia de idea como hacen los hombres, por lo tanto bendeciría a Israel dándole fuerza irresistible para derrotar a sus enemigos. Dios no veía lo malo en Israel pues veía a los israelitas a través del pacto, y las maldiciones y adivinaciones no surtirían efecto contra su pueblo (23:18-24).

Los creyentes pueden echar mano de las promesas de Números 23:21 y 23. Dios ve a su pueblo no tal como es sino a través de la justicia provista por su Hijo. Con los justos no tienen poder las maldiciones de los espiritistas y adivinos.

c) Israel se extendería ampliamente y obtendría dominio irresistible sobre las naciones enemigas (24:3-9).

d) Se levantaría en un futuro lejano un rey brillante en Israel quien conquistaría Moab y Edom. Amalec sería arruinado eternamente y hasta Asiria perecería (24:15-24).

BALAAM

¿A quién se refiere la "ESTRELLA de Jacob", y el "cetro de Israel"? Muchos estudiosos de la Biblia creen que el rey David cumplió esta profecía pues él conquistó Moab y Edom (2 Sam. 8:2, 14). Otros estudiosos consideran que la profecía se refiere primero a David y luego al Mesías, Jesucristo. En este contexto la "estrella" significa un gobernador brillante. Comenta una nota de la Biblia de Jerusalén: "En el oriente antiguo la estrella es el signo de un dios; de ahí pasó a ser signo de un rey divinizado." A través de los siglos la iglesia cristiana ha interpretado la profecía como mesiánica.

4. La enseñanza de Balaam. Cap. 25: Al fracasar en su intento de dañar a Israel mediante maldición, Balaam recurrió a otra estratagema. Aconsejó a Balac que indujera a los israelitas a participar en las fiestas religiosas de los madianitas y a cometer fornicación con ellos (Apoc. 2:14). Sabía que Dios juzgaría esa falta de santidad y así Balaam lograría su propósito malvado. La acción enérgica de Finees detuvo la mortandad resultante y consiguió para él y sus descendientes la promesa del sumo sacerdocio.

5. Las lecciones prácticas:

a) Balaam representa al creyente que cumple la letra de la ley pero viola su espíritu. No hablaría lo que Dios no le dijera, pero sí quería hacer lo malo. Quiso que Dios cambiara de idea y que le permitiera hacer su propia voluntad. Luego al no poder maldecir al pueblo de Dios de palabra, buscó dañarlo enseñando a los madianitas a poner tropiezos delante de ellos.

b) Balaam es una muestra del profeta asalariado que quiere negociar con su don; "amó el premio de la maldad" (2 Pedro 2:15).

c) Balaam en su trato con los madianitas ilustra la mala influencia de los maestros insinceros que procuran adelantar la causa de la iglesia aconsejándole hacer alianza con el mundo y los mundanos (Núm. 31:16; Apoc. 2:14).

d) El relato de Balaam ilustra cuán vacío es en una persona el conocimiento de Dios si no está acompañado del sincero deseo de obedecerle. Balaam deseaba morir la muerte de los rectos pero no vivir una vida recta. En consecuencia murió a manos de los israelitas en la guerra contra Madián (Núm. 31:8).

e) Nos enseña que nada puede prevalecer contra los propósitos de Dios ni contra su pueblo. Además Dios hace que la ira del hombre le alabe (Sal. 76:10).

PREGUNTAS

Controversia acerca de la autoridad; Experiencias en el viaje de Moab.
Núm. 16-17; 19-25

1—a) ¿Por qué fue gravísima la rebelión descrita en el capítulo 16?

b) ¿Cuáles fueron los argumentos de los rebeldes en contra de la autoridad espiritual de Aarón y de Moisés? Explíquelos. (16:13-14).

c) ¿Qué había de malo en sus argumentos? (Ver. Heb. 5:4; 2 Cor. 10:18).

d) ¿Cuál era el motivo verdadero de cada partido de los rebeldes?

2— ¿Cómo reaccionó Moisés?

3—a) ¿Por qué Dios amenazó con destruir a toda la congregación? (16:19) ¿Qué lección nos enseña?

b) ¿Por qué castigó Dios tan severamente a los rebeldes? (Piense en lo que habría pasado si los rebeldes hubieran tenido éxito.)

4—a) ¿Cómo interpretaron los israelitas la destrucción de los rebeldes? ¿Qué nos enseña acerca del corazón de esta gente?

b) Note cómo Aarón actuó de mediador. ¿Por qué actuaba tan vigorosamente en algunas ocasiones (Ex. 11:10; Núm. 14:5; 16:46-50) y sin embargo fue tan débil en el episodio del becerro de oro? (Ex. 32:1-6; 21-24). Examine Ud. el factor que le infundía valentía. ¿Dónde encontraba su fuerza?

5—a) ¿Cómo confirmó Dios la elección de Aarón como sumo sacerdote? (Capítulo 17).

b) ¿Qué semejanza es evidente entre la confirmación de Aarón como sumo sacerdote y la manera en que Dios confirmó que Jesús era su escogido?

6—a) Compare el método prescripto por Dios para sacar agua de la roca por segunda vez con el del relato de Exodo 17:5-6. ¿Qué diferencia ve Ud.?

b) ¿Cuál fue el pecado de Moisés y Aarón? (Note que Moisés fracasó justamente en su cualidad más fuerte.) (12:3).

c) ¿Por qué fue Dios tan severo con Moisés privándole de entrar en la tierra prometida?

7—a) ¿Por qué envió Jehová serpientes que mordían a los israelitas?

b) Para que el remedio pudiera ser eficaz ¿qué disposición debían tener los israelitas?

c) ¿Qué simbolizaba la serpiente? (Juan 3:14, 15; 2 Cor. 5:21).

d) ¿Cuál fue la nueva manera de conseguir agua? Haga una aplicación práctica.

8— ¿Cuál era el significado de las victorias militares de Israel en aquel entonces?

9—a) ¿Tenía Balaam el don de profecía o era adivino? Dé algunas razones para apoyar su respuesta.

b) Note qué claro fue el primer mandato de Dios a Balaam. (22:12). ¿Por qué volvió Balaam a preguntarle a Dios por segunda vez? (22:19).

c) ¿Cuál fue su error de concepto respecto del carácter de Dios? (23:19-20).

d) ¿Cuál fue la debilidad de Balaam? (Indique el versículo del Nuevo Testamento que lo describe.)

10—a) Si Dios le había dado permiso para acompañar a la delegación de Balac, ¿por qué envió a un ángel para detenerlo? (Note el motivo de Balaam y compárelo con 22:12).

b) Si Balaam hubiera maldecido a Israel, ¿habría sido eficaz su maldición? (23:23). Explique. ¿Qué nos enseña acerca de maldiciones pronunciadas contra creyentes?

c) Explique por qué Dios no vio iniquidad en Israel. (23:21; Gén. 15:6; Ex. 12:13).

d) ¿Qué profecía dio Balaam que podía ser mesiánica? Si no era mesiánica, ¿a quién se refería?

e) Al fracasar el intento de dañar a Israel por medio de maldiciones, ¿a qué otra estratagema recurrió Balaam? (Ver 31:16; (Apoc 2:14).

f) Explique por qué Dios premió tanto a Finees por un acto de violencia. (25:10-13; 1 Cor. 5:1-2, 6-7; 2 Cor. 7:11).

g) Note el deseo de Balaam en cuanto a su muerte (23:10) y cómo murió (31:8). ¿Por qué no se cumplió su deseo?

LOS PREPARATIVOS PARA ENTRAR EN CANAAN.
Núm. 26-36

Sabiendo que pronto Israel entraría en Canaán, Moisés hizo algunos preparativos.

A. EL SEGUNDO CENSO. Cap. 26

La generación que había sido contada en el primer censo ya había muerto con excepción de Moisés, Josué y Caleb. Los israelitas hicieron nuevas listas por razones militares y en preparación para el reparto de Canaán. El segundo censo indicó que el número total de los israelitas no había disminuido mucho. Había dos mil hombres menos que en el primer censo hacía treinta y nueve años.

B. LEYES SOBRE LAS HERENCIAS. 27:1-11

En caso de no haber herederos varones en una familia, las hijas del difunto tendrían derecho de heredar.

C. EL NOMBRAMIENTO DEL SUCESOR DE MOISES.
27:12-23

Le había llegado a Moisés el momento de morir. Cuando hirió la peña dos veces Moisés perdió la paciencia, se irritó y habló con enojo arrogándose la gloria. Ahora, sin embargo, demostró otro espíritu. Se sometió al juicio de Dios sin pensar en sí mismo. Su única solicitud fue por el bienestar del pueblo y especialmente por que Dios designara un dirigente que fuera un verdadero pastor para el rebaño de Dios (27:16-17).

¿Por qué Moisés no dejó todo en las manos de Dios confiando que los israelitas elegirían sabiamente a su sucesor? Reconocía Moisés que tanto su propio criterio como el del pueblo podían estar equivocados. Era una época crítica, pues Moisés había ocupado el cargo durante un período muy largo. También tenía una tarea muy importante por delante, es decir, la conquista de Canaán.

Muchos pastores han fallado en este punto. Cuando el sucesor no es la persona adecuada para llevar el cargo, la iglesia no prospera y la obra de años puede echarse a perder.

No procuró Moisés instalar a uno de sus hijos, a Gersón o a Eliezer. No confiaba en su propio razonamiento para estudiar la situación y elegir un hombre, sino que pidió la dirección de Dios. Pidió que Dios pusiera "un varón que saliera y entrara delante de la congregación", una expresión hebraica que se aplicaba a un hombre capaz de comenzar y terminar con éxito las empresas que emprendiera. Dios designó a Josué, "varón en el cual hay espíritu". Stanley Horton explica qué significa: "Que tiene el Espíritu en él". Es decir, lleno del Espíritu.[6]

Hacía mucho tiempo que Josué había estado con Moisés ayudándole como su mano derecha. Ahora asumió su responsabilidad.

¿Por qué era necesario que Eleazar confirmara la elección del nuevo caudillo Josué? Esto fue ordenado para disipar toda duda de que la elección era de Dios. Moisés honró a Josué y reconoció en público que era el dirigente escogido por Dios.

D. GUERRA CONTRA MADIAN. Cap. 31

Dios mandó a Israel considerar a Madián como enemigo y destruirlo por completo por la seducción de Baal-peor (31:16). Asimismo si permitía a Madián permanecer, habría peligro de que corrompiese a los israelitas nuevamente. Era una guerra santa. Como quien ejecuta una sentencia divina, el ejército iba acompañado del sacerdote y de las trompetas sagradas. Tenía el propósito de inculcar en el corazón de los hebreos cuán grave es el pecado de la prevaricación contra Jehová.

La guerra santa tuvo un lugar importante en los comienzos de la historia de Israel. Jehová sería soberano y llevaría a cabo sus propósitos en la historia a pesar de toda oposición. Sería el gran Dirigente de los ejércitos de Israel y les entregaría la victoria. Pero una parte de los cautivos y el botín le pertenecía y habría de ser entregada a los sacerdotes y levitas. En el caso de Madián, una parte de la nación se escapó y más tarde llegó a ser un gran opresor de Israel (Jueces 6-8).

E. DIVISION DE LA TRANSJORDANIA. Cap. 32

La tierra de Canaán, prometida por Dios a los patriarcas, tenía por límite oriental el río Jordán, pero la derrota de los amorreos había hecho a los israelitas dueños de una buena porción de la Transjordania, tierra rica en pastos. Las tribus de Rubén, Gad y Manasés la pidieron para sí, alegando su gran número de ganado. Aunque Dios los había liberado de Egipto y les había prometido una heredad en Canaán, no estaban dispuestos a dejar la elección de su terreno en las manos divinas. Moisés permitió que Rubén, Gad y la mitad de Manasés tomaran posesión de la Transjordania, con la condición de que participasen en la conquista de Canaán.

Estas dos tribus y media recibieron una de las porciones más ricas en Palestina, pero sus descendientes pagaron un precio muy elevado. Transjordania carecía de fronteras naturales que les ofrecieran debida protección contra invasores. Consecuentemente, las otras tribus tuvieron que enviar sus ejércitos muchas veces en los siglos siguientes, para defender a los transjordanos de los conquistadores extranjeros (1 Sam. 11; 1 Reyes 22:3). Hay intérpretes de la Biblia que consideran que las dos tribus y media proporcionan un ejemplo de lo que pasa a los creyentes carnales. Se satisfacen con la liberación de la culpa del pecado y no desean entrar en la plenitud del Espíritu y por ende son los más vulnerables a los ataques del enemigo.

F. MANDATOS REFERENTES A OCUPAR CANAAN.
Núm. 33:50 - 36:13.

Anticipando la pronta entrada de los israelitas en la tierra prometida Moisés les dio varios mandatos. Les exhortó a expulsar completamente a los cananeos, pues si no, éstos les serían por "aguijones" en sus ojos y "espinas" en sus costados. Nombró a los líderes que estarían encargados del reparto de Canaán. El mismo sería por sorteo y en proporción al tamaño de las tribus. Los levitas no recibirían una porción, puesto que habrían de servir a todo Israel. Sin embargo recibirían cuarenta y ocho ciudades diseminadas por Canaán. Se designaron tres ciudades para refugio. Alguien que matara a otro sin querer, podría encontrar asilo allí. Los asesinos a conciencia, sin embargo, no serían aceptados en tales ciudades. Habrían de ser ejecutados, pues si la tierra de Jehová se contaminaba con la sangre del inocente podría ser únicamente limpiada con la sangre del homicida.

Números termina presentando leyes referentes a la heredad de casos en que la mujer se casara con un israelita fuera de la tribu de ella. Para conservar los términos de las tribus, las mujeres herederas del patrimonio paternal no debían casarse fuera de su propia tribu. Así Números termina con la expectación de entrar pronto en Canaán.

PREGUNTAS

Los preparativos para entrar en Canaán
Núm. 26-36

1—¿Por qué se hizo nuevamente el censo de Israel?

2—a) ¿De qué se preocupó Moisés al saber que iba a morir pronto? ¿Qué luz arroja sobre su carácter?

b) ¿Cómo solucionó Moisés el problema?

c) ¿Cómo fue preparado Josué para ser caudillo de Israel? (Ver Ex. 17:9-11; 24:13; 33:11; Núm. 11:28; 14:6-8).

d) Extraiga del pasaje 27:12-23, una lección práctica para el pastor que está por salir de su iglesia.

3—a) Dé el motivo por el cual Dios mandó destruir a Madián.

b) Haga un paralelo con la guerra contra el pecado (Col. 3:5-11; Mat. 5:29-30).

c) ¿Qué clase de guerra era la que emprendieron contra Madián?

d) En un sentido esta guerra era una preparación para otra. Mencione cuál.

e) ¿Por qué mandó Moisés que los israelitas dieran muerte a las mujeres madianitas que tenían cautivas?

f) ¿Cómo reconocieron los jefes militares que Jehová les había dado la victoria? (31:48-54).

4—a) ¿Por qué pidieron las tribus de Rubén y Gad que Moisés les diera el territorio de Transjordania?

b) ¿Qué es censurable de su petición? (Fil. 2:21; 1 Cor. 10:24; Sal. 37:3).

c) ¿Qué consecuencia sufrieron los descendientes de Gad y Rubén?

d) ¿Cuál es la gran verdad que enseña números 32:23 acerca del pecado? (Explíquelo en sus propias palabras y dé una ilustración bíblica de este principio).

5—a) Mencione algunas instrucciones finales que Moisés dio a los israelitas a fin de prepararlos para conquistar a Canaán.

b) ¿Por qué los levitas no recibirían un territorio en Canaán como recibían las otras tribus? ¿Qué privilegio aseguró Moisés para ellos?

c) ¿Por qué exigía la ley mosaica que el homicida fuera ejecutado?

CITAS SOBRE NUMEROS

1. Myer Pearlman, *A través de la Biblia libro por libro*, s. f., p. 26.
2. Roberto Jamieson, A. R. Fausset y David Brown, *Comentario exegético y explicativo de la Biblia*, tomo 1, s. f., p. 125.
3. *Ibid.* p. 126.
4. *Ibid.* p. 133.
5. Elmer Smick, "Numbers" en *The Wycliffe Bible commentary*, Charles F. Pfeiffer y Everett F. Harrison (editores), 1972, p. 137.
6. Stanley Horton, *El maestro*, segundo trimestre, 1967, p. 57.

CAPITULO 6

DEUTERONOMIO

INTRODUCCION

1. Título y fondo histórico: La palabra **deuteronomio** proviene de la Versión Griega y significa "segunda ley" o "repetición de la ley". El libro consiste mayormente en los discursos de Moisés dirigidos al pueblo en la fértil llanura de Moab; Israel estaba a punto de cruzar el río Jordán y comenzar la conquista de Canaán y Moisés estaba por acabar su carrera.

Puesto que la primera generación que salió de Egipto había muerto y la segunda no había presenciado las obras maravillosas de Dios realizadas en los primeros años, ni las entendía, Moisés se las trajo a su memoria. También les recordó los preceptos de la ley de Sinaí para que los grabaran en sus corazones pues ellos los guardarían de la iniquidad de los cananeos. Luego Moisés escribió los discursos en un libro. Por lo tanto se distingue de los otros libros del Pentateuco por su estilo oratorio y su fervor exhortativo.

2. Propósitos:

a) Preparar al pueblo para la conquista de Canaán. Jehová había sido fiel en dar a Israel victoria tras victoria sobre sus enemigos. La presencia y el poder de Dios eran la garantía de que El les entregaría la tierra. Moisés les anima repitiendo treinta y cuatro veces la frase: "Entrad y poseed la tierra", y añade treinta y cinco veces: "Jehová tu Dios te ha entregado la tierra".

b) Presentar los preceptos de la ley en términos prácticos y espirituales para ser aplicados a la nueva vida en Canaán.

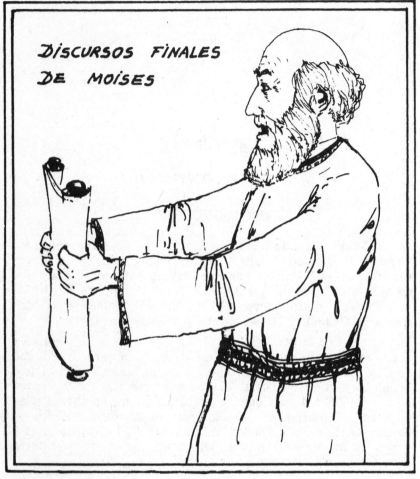

c) **Dar a Israel instrucciones y advertencias** en cuanto a los detalles de la conquista, los requisitos de los futuros reyes, cómo distinguir entre verdaderos profetas y profetas falsos, las bendiciones que trae la obediencia y las consecuencias de la desobediencia.

d) **Estimular lealtad a Jehová** y a su ley. Se puede decir que la enseñanza de Deuteronomio es la exposición del gran mandamiento "Amarás a Jehová tu Dios de todo tu corazón y de toda tu alma, y con todas tus fuerzas" (6:5).

3. El Contenido: Deuteronomio es mucho más que la simple repetición de la ley. Se explican los privilegios y responsabilidades del pueblo escogido y su relación con Jehová. Jehová es el único Dios (4:35; 6:4), el "Dios fiel, que guarda el pacto y la misericordia a los que le aman y guardan sus mandamientos" (7:9). Israel es el pueblo escogido de Jehová en virtud del pacto que hizo con ellos en Sinaí. Israel es un reino de sacerdotes y una nación santa (Ex. 19:6). Los israelitas heredarán todas las promesas hechas a sus padres. Puesto que Israel es el único pueblo con quien Jehová ha establecido pacto, debían reverenciarle y amarle (4:10; 5:29; 6:5; 10:12; 11:1, 13, 22). Por medio del pacto Israel gozaba de los privilegios más sublimes.

Se llama Deuteronomio "El libro de las revistas" pues Moisés pasa revista a la historia de Israel en el desierto, haciendo hincapié en que Jehová siempre fue fiel a su pacto, aunque Israel ha sido infiel. Se encuentra repetida muchas veces la palabra "acuérdate", o su equivalente, en el libro. El acordarse de la bondad de Dios en el pasado debe estimular la gratitud y el amor de su pueblo. Así se expresó el Apóstol: "Nosotros le amamos a él, porque él nos amó primero" (1 Juan 4:19).

Además Moisés exhorta a Israel a que observe estrictamente los mandamientos de Jehová para que se cumpla su futuro glorioso prometido en la ley. Si Israel hacía caso a Dios, el mismo poder que los había librado de Egipto y los había sostenido cuarenta años en el desierto, los guardaría en la tierra prometida. En cambio si Israel descuidaba su relación con Dios y seguía dioses falsos, sería castigado hasta ser esparcido en las tierras de sus enemigos. Así que Deuteronomio es el libro de la piedad, una exhortación viva y apremiante recordando las graves consecuencias de olvidar los beneficios de Jehová y apartarse de su culto y de su ley.

4. Bosquejo: Los discursos de Moisés se dividen naturalmente en tres secciones. Con brillantez Myer Pearlman capta el énfasis de las divisiones, respectivamente: "¡Recuerda!; ¡Obedece!; ¡Presta atención!"[1]

I. "¡Recuerda!" Revisión de la historia de las peregrinaciones 1:1 - 4:43

    A. Revisión de los fracasos de Israel. Cap. 1

    B. Victorias y reparto del territorio al este del Jordán. Caps. 2 y 3

    C. Exhortación a la obediencia. Cap. 4:1 - 43

II. "¡Obedece!" Exposición de la ley 4:4 - 26:19

    A. Los diez mandamientos y su aplicación 4:44 - 11:32

B. Leyes tocantes al culto y a la vida santa 12:1 - 16:17

C. Leyes de justicia y de humanidad 16:18 - 26:19

III. "¡Presta Atención!" Profecías sobre el futuro de Israel. Caps. 27-34

A. Bendiciones y maldiciones. Caps. 27-30

B. Días finales de Moisés. Caps. 31-34

5. Importancia de Deuteronomio: Este libro desempeñó un papel importante en la historia y la religión de Israel. El código deuteronómico fue la norma para juzgar las acciones de los reyes de Israel. Al descubrirlo en el templo, su lectura despertó un gran avivamiento en el año 621 a. de J.C. (2 Reyes 22). Era la base de las exhortaciones de Jeremías y Ezequiel. Los judíos escogieron el gran pasaje 6:4 y 5 como su credo o declaración de su fe.

El Nuevo Testamento se refiere y cita a Deuteronomio más de ochenta veces. Parece que era uno de los libros favoritos de Jesús, pues lo citaba muy a menudo. Por ejemplo, citó versículos de Deuteronomio para resistir al diablo en su tentación. También la profecía acerca del profeta que sería como Moisés (18:15-19) preparó el camino para la venida de Jesucristo.

6. Tema: Exhortación a la lealtad a Jehová y advertencia contra la apostasía.

7. Método de tratar el material del libro de Deuteronomio: No se dedicará en este estudio tanto espacio a Deuteronomio como a otros libros escritos por Moisés. El quinto libro del Pentateuco contiene muchas repeticiones de porciones encontradas en los libros anteriores. Además Deuteronomio es fácil de entender pues está escrito en lenguaje popular, como un sermón. Este estudio tratará más extensamente las partes de Deuteronomio que presentan material nuevo y destacará los principios generales de las divisiones del libro.

¡RECUERDA! REPASO DE LA HISTORIA DE LAS PEREGRINACIONES 1:1 - 4:43

A. REPASO DE LOS FRACASOS DE ISRAEL. Cap. 1

1. Tiempo y lugar: Cap. 1:1-5: Los cuarenta años del peregrinaje de Israel estaban por cumplirse. La generación incrédula ya había muerto. Israel se encontraba en la llanura de Moab, cerca del río Jordán. Allí Moisés se dirige a la nueva generación que está a punto de posesionarse de la tierra prometida a los patriarcas. Sus discursos tienen el propósito de preparar al pueblo para conquistar Canaán y renovar el pacto de Sinaí.

2. Elección de los jueces y Cades-barnea. Cap. 1:6-46: En su primer discurso Moisés repasa la historia de Israel comenzando con el relato de la partida de Horeb. Narra cómo nombró a los jueces. Este relato tenía tal vez el propósito de recordar a los israelitas que Dios había multiplicado grandemente la descendencia de Abraham. Era una evidencia de la fidelidad de Dios, quien cumpliría su promesa de entregar a los israelitas la tierra de Canaán.

Les recuerda que la primera generación había perdido la oportunidad de entrar en Canaán por su incredulidad y rebelión. El no entrar en la tierra fue pecado, porque Jehová había jurado a los patriarcas que se la daría a ellos y a sus descendientes. Era un juramento inmutable del Dios inmutable. Israel fue castigado severamente al ser excluidos de Canaán hasta morir la primera generación.

Moisés añade detalles en Deuteronomio que no se encuentran en los libros anteriores. Por ejemplo, de acuerdo con 1:22, fueron los israelitas quienes sugirieron a Moisés enviar espías, pero según Números 13:2 fue Dios el que lo mandó. No hay contradicción alguna, pues Dios mandó que Moisés le hiciera caso en esto al pueblo para que se manifestase lo que había en su corazón. Explica en 9:20 por qué le fue perdonada la vida a Aarón cuando hizo el becerro de oro. Por otro lado Moisés omite ciertos detalles: no menciona en 11:6 a Coré en el relato de la rebelión de Datán y Abiram (Núm. Cap. 16) probablemente porque algunos de los hijos de Coré fueron perdonados y permanecían en la congregación. Su pecado había sido alejado y no sería recordado más (Sal. 103:12).

B. VICTORIAS Y REPARTO DEL TERRITORIO AL ESTE DEL JORDAN. Caps. 2 - 3

Moisés recuerda a Israel que Jehová los había bendecido en todo (2:7), los había guiado en "aquel grande y terrible desierto" y les había dado victoria sobre sus enemigos en Sehón y Og. En cambio no les había permitido atacar a los edomitas por ser ellos los descendientes de Esaú, ni a los moabitas y amonitas los cuales eran descendientes de Lot. Como Soberano sobre las naciones, Dios les había especificado cierto territorio como su heredad.

C. **EXHORTACION A LA OBEDIENCIA.** Cap. 4:1 - 43

Considerando lo que le había sucedido a la generación anterior, Moisés apela fervientemente a Israel para que no cometa el mismo error, para que guarden la ley y la pongan por obra. Si obedecían la ley, vivirían y tomarían posesión de Canaán.

Otro motivo para obedecer a Dios era que sólo Israel tenía el alto privilegio de ser su pueblo. Sólo para Israel Jehová estaba tan cerca, les había hablado con voz audible y había firmado con ellos un pacto.

Notamos el celo de Dios. Como el marido que da a su esposa el amor sin reservas y demanda lealtad de ella, así Dios exige la más absoluta fidelidad de su pueblo. Moisés advierte solemnemente que el apartarse de Dios para prestar culto a los ídolos traería como consecuencia la dispersión de los hebreos. En cambio el arrepentimiento traería la restauración.

Cuando Moisés habla al pueblo utiliza generalmente el término "vosotros" (4:1-8; 11-18; 20-23), pero algunas veces piensa en sus integrantes individualmente y usa la forma "tú" (4:9-10; 19:1-21). En otras oportunidades se incluye él mismo en su nación y se expresa con la primera persona del plural "nosotros" (2:8).

PREGUNTAS

Introducción a Deuteronomio. Repaso de las peregrinaciones
Deut. 1:1 - 4:43

A. Sobre la introducción

1—a) ¿Qué significa la palabra Deuteronomio?
  b) ¿En qué sentido es apropiado el nombre de este libro?
  c) ¿En qué sentido es inadecuado?

2— Mencione las circunstancias en las cuales Moisés escribió Deuteronomio.

3— Dé brevemente cuatro razones o propósitos que tuvo Moisés para escribir el libro.

4—a) ¿En qué difiere el estilo de Deuteronomio del de los otros libros del Pentateuco?
  b) ¿Por qué?

5— Indique de qué manera se da importancia en el Nuevo Testamento a Deuteronomio.

6— Mencione el tema de Deuteronomio.

7— ¿Cuáles son las tres grandes divisiones del libro?

8— ¿Qué motivo llevó a repasar la historia de Israel? (Mencione el aspecto negativo y el positivo.)

B. Sobre la Biblia

1—a) Note cómo describe Moisés el fracaso de Israel en Cades-barnea. ¿Cuáles son las tres palabras que él usa para describir el pecado de la nación? (1:26, 27, 32). En su opinión, ¿cuál de los aspectos de su pecado era la raíz de los otros dos?

b) ¿Por qué eran los israelitas muy culpables al negarse a entrar en la tierra? (1:19, 31-33).

c) ¿Cuál es el testimonio que da Dios referente a Caleb? (1:36). ¿Cómo sería recompensado Caleb?

2—a) ¿Qué relación ve Ud. entre la obra hecha por Dios y la responsabilidad del hombre? (2:24, 31-34). ¿Cuál es nuestra parte?

b) ¿Cómo ayudaría a Israel a tomar Canaán el relato de la toma de Transjordania? (3:1-11. Piense en lo que estaba por delante en Canaán, Núm. 13:28.) Haga una aplicación práctica.

3—a) ¿Qué significa "añadir" a los mandamientos y "disminuir" de ellos? (4:2, 6; 12:32; Mat. 15:8, 9; 5:19; Apoc. 22:19).

b) Mencione las dos razones por las cuales Israel debía servir a Jehová (4:7-8). Note otros motivos de gratitud (4:20, 31, 34-38).

c) Indique el propósito sublime por el cual Dios liberó a Israel. (4:20). Compárelo con la predicación del evangelio (Hechos 15:14).

¡OBEDECE! EXPOSICION DE LA LEY. Cap. 4:44 - 26:19

A. LOS DIEZ MANDAMIENTOS Y SU APLICACION.
4:44 - 11:32

1. El decálogo. Caps. 4:44 - 6:3: Los diez mandamientos eran el fundamento del pacto que hizo Jehová con Israel. Se llaman "testimonios" (4:45), pues son la revelación del carácter, voluntad y propósito divinos. La ley declara que Dios es uno y es santo. Señala también el camino que debe seguir el hombre para vivir en armonía con su Creador y con su prójimo.

El decálogo comienza con las palabras: "Yo soy Jehová tu Dios, que te saqué de tierra de Egipto, de casa de servidumbre" (5:6). Jehová exige obediencia porque: a) Es Dios, el Soberano; b) Ha entablado una relación personal con su pueblo. La expresión "tu Dios" o su equivalente se encuentra más de trescientas veces en Deuteronomio y es la base de la verdadera fe. Recuerda la relación entre un padre y sus hijos: c) Jehová ha redimido a su pueblo de servidumbre, por lo tanto espera que los redimidos le obedezcan.

La diferencia entre el decálogo presentado aquí y el de Exodo 20 la hallamos en el cuarto mandamiento. Para observar el día de reposo, Deuteronomio añade otra razón además de que descansó el Creador: los israelitas habían sido rescata-

dos de la servidumbre de Egipto y debían dar a sus criados y
animales de trabajo un día de descanso semanal (5:14-15).

2. El gran mandamiento. Cap. 6:4-5: Los judíos llaman a
estos versículos **Semá** por la primera palabra que se traduce
"oye". Es el credo de los judíos; dos veces por día los judíos
piadosos repiten la **Semá**. Es la afirmación de la fe monoteísta
pero no niega la posibilidad de que Dios sea trino, o sea que en
un mismo Dios hay tres personas. La palabra traducida "uno"
(6:4) no es un término hebreo que indica unidad indivisible,
más bien parece enseñar que Jehová es el único Dios. La Biblia
Nácar-Colunga traduce la frase así: "Yavé es nuestro Dios. Yavé
es único".

Se debe amar a Dios "de todo tu corazón, y de toda tu
alma, y con todas tus fuerzas". Jesús lo citó como el primero
y gran mandamiento. Luego citó de Levítico 19:18 las palabras
"Amarás a tu prójimo como a ti mismo", para presentar el
corazón de la ley y la síntesis más perfecta de la verdadera
religión (Mat. 22:37-40).

3. La religión en el hogar. Cap. 6:6-9: "Estas palabras estarán sobre tu corazón y las repetirás a tus hijos". Los padres
no deben depender de la instrucción pública de la religión sino
que deben instruir a sus hijos en sus hogares. Los israelitas
fallaban en este deber y apostataban cada vez más. Asimismo
muchos cristianos descuidan la instrucción de sus hijos en las
cosas espirituales y luego éstos se apartan del camino del Señor.

**4. Advertencia contra la idolatría y exhortaciones a la
obediencia.** Cap. 6:10-11:32: Moisés previó el peligro de que los
israelitas, una vez arraigados en la tierra de Canaán, se ol-
vidarían de su Dios y servirían a dioses ajenos. Advirtió también a Israel en cuanto a la cobardía, a la autosuficiencia,
y prohibió buscar acuerdo con las naciones derrotadas. Dios
escogió a Israel para que fuera un pueblo santo, especial (7:6),
"un pueblo único de entre todos los pueblos que están sobre
la tierra" (14:2).

Añade que Dios les entregaría la tierra de Canaán porque
la había prometido a los padres, no porque los israelitas fueran
más numerosos que otros (al contrario era el más insignificante de los pueblos, 7:7), tampoco porque fueran rectos y
justos, sino porque los cananeos eran extremadamente impíos
(9:4-5). Lejos de ser justos, los israelitas murmuraban y se
rebelaban continuamente. En Sinaí prestaron culto al becerro

de oro, en Masah amenazaron con apedrear a Moisés y en Cades-barnea rehusaron entrar en la tierra prometida.

Las "avispas" que Jehová envió sobre los cananeos (7:20) fueron posiblemente las bandas de egipcios que invadieron a Canaán en aquella época, ya que la avispa era uno de los emblemas de Egipto. El arqueólogo Juan Garstang pensó, sin embargo, que "las avispas" se llamó a las guerras internas que debilitaron a los cananeos antes que los israelitas invadiesen Canaán.

Jehová pide de su pueblo cuatro cosas: que teman a Dios, que anden en todos sus caminos, que le amen y sirvan (10:12). La ley santa de Dios y su justicia inflexible nos llenan de temor, en cambio su misericordia y gracia nos inspiran a servirle. De esta manera el monte Sinaí está relacionado con el monte Calvario. Muchas personas no entienden el significado de la cruz porque no conocen la ley y sus exigencias.

B. LEYES TOCANTES AL CULTO Y LA VIDA SANTA.
12:1 - 16:17.

El propósito de las leyes de este grupo era lograr la consagración completa a Jehová. Las exigencias en cuanto a los diezmos, las primicias y los sacrificios estaban relacionadas con el establecimiento de un solo lugar de culto que al principio fue el tabernáculo y después el templo.

1. Precauciones contra la idolatría. Caps. 12 y 13: Al entrar en Canaán los israelitas estarían rodeados de idolatría, por tal motivo Moisés los preparó para resistir esta tentación y les ordenó tres cosas:

a) Debían destruir completamente todos los lugares del culto pagano para que la tierra fuera santa.

b) Debían prestar culto a Jehová en un solo lugar. Esto los prevendría contra la tendencia de mezclar las costumbres idólatras cananeas con el culto puro a Dios. Jehová mismo elegiría el centro religioso para poner en él su nombre (es decir, revelar su carácter y gloria), y allí debían traer los israelitas sus sacrificios y ofrendas.

c) Debían erradicar a los que cayeran en la idolatría. Dios permitiría que se levanten falsos profetas para probar a su pueblo y así descubriría si le amaban con todo su corazón o no. No debían dejar que los falsos profetas los engañaran con sus señales y milagros. Debían darles muerte. También los idó-

latras israelitas debían ser muertos públicamente; sus perte-
nencias serían quemadas, a fin de que los verdugos no fueran
motivados por la esperanza de recibir ganancia por su obra.
¿No era severo infligir la pena capital por idolatría? Era imprescindible preservar a Israel de la idolatría pues de otro
modo sufrirían el mismo castigo que los cananeos. La venida
del Redentor dependía de la preservación moral de la raza escogida. Ya no castiga la idolatría con la pena capital; ahora
debemos permitir que la cizaña, la falsa religión crezca al lado
del trigo y los ángeles se encargarán de la separación al fin
del mundo (Mat. 13:38-43).

2. Deberes filiales y religiosos. Deut. 14:1 - 16:17: Como
pueblo consagrado a Jehová los israelitas debían manifestar la
santidad en todos los aspectos de la vida. Esta santidad debía
expresarse de varias maneras:

a) No debían practicar las costumbres paganas (14:1). Como hijos de Dios hechos a su imagen, no debían desfigurar
sus cuerpos (ver 1 Cor. 6:19-20).

b) Debían comer solamente lo que era limpio (14:3-21).
El apóstol Pablo interpreta lo inmundo en términos espirituales como tipos de lo impuro en la esfera moral (2 Cor. 6:17).

c) Debían ofrecer a Dios los diezmos de los frutos de su
trabajo (14:22-29). Los productos de la tierra y todo lo que
tiene el hombre deben considerarse como una dádiva de Dios
y una décima parte ha de ser apartada para el Señor. En el
versículo 29 del capítulo 14 se evidencia el gran cuidado de
Dios hacia el hombre pobre y se encuentra la promesa de
bendecir al que da generosamente. Hoy también "la religión
pura y sin mácula" incluye el cuidado de los necesitados
(Sant. 1:27).

d) Debían cancelar las deudas cada séptimo año, el año
de remisión (15:1-6; 12-18). Esta ley tenía el propósito de
evitar que los ricos aumentasen sus bienes y los pobres se em-
pobrecieran más con el correr del tiempo. También debían dejar en libertad a los que se habían visto obligados a venderse
o ponerse al servicio de su acreedor para pagar sus deudas. La
remisión de Jehová muestra que El es misericordioso. Es además un símbolo de la liberación mucho más grande que iba a
realizar Cristo (Luc. 4:18).

e) Debían hacer anualmente los tres peregrinajes al centro
religioso para celebrar las tres fiestas sagradas (16:1-17).

PREGUNTAS

Exposición de la ley
Deut. 4:44 - 16:17

A. Sobre la Biblia

1—a) ¿Qué sugiere el uso del vocablo "tu" en la formulación de los diez mandamientos?

b) Al dar la ley a Israel, ¿por qué fue necesario que Moisés actuara como mediador entre Dios y el pueblo?

c) ¿Qué actitud manifestada en las palabras de los israelitas elogia Dios? (5:28).

d) ¿Cuál sería el resultado de temer a Dios y guardar siempre sus mandamientos? (5:29).

2—a) ¿Cuál es el gran mandamiento? (6:3-5).

b) ¿Qué enseña el gran mandamiento en cuanto a la naturaleza de Dios?

3—a) ¿Qué responsabilidad de los padres hacia sus hijos está recalcada en 6:6-9 y 11:18-20?

b) Los judíos escribían literalmente los mandamientos sobre prendas de su ropa y postes de su casa. ¿Dónde deberían haber grabado la ley? (En un lugar mucho más importante).

4—a) ¿Por qué escogió Dios a Israel en lugar de otros pueblos? (La razón se encuentra en el capítulo 7.)

b) Indique el gran fin por el cual escogió Dios a Israel.

5— ¿Por qué expulsaría Dios a los cananeos? (Cap. 9).

6—a) ¿Cuál es la enseñanza espiritual sobre la circuncisión que se encuentra en el capítulo 10? Note también 30:6. (¿Qué significa "no endurezcáis más vuestra cerviz"?)

b) ¿Qué enseña este capítulo acerca de la relación entre el pueblo de Dios y el extranjero en su medio? Note también lo que enseñan las siguientes referencias: 16:11, 14; 24:17, 19-21; 26:12; 29:11-15.

c) ¿Qué expresión de la naturaleza de Dios es la base para tratar con justicia y misericordia a los indefensos, a los extranjeros y a los necesitados? (10:17).

d) Note el monoteísmo del capítulo 10. Indique los versículos que lo recalcan.

7— ¿Qué tres argumentos esgrimió Moisés en el capítulo 11 para persuadir a los israelitas a guardar los mandamientos y a enseñárselos a sus hijos? (11:2-9, 10-17, 22-25).

8—a) Note las instrucciones de Moisés para proteger a los israelitas de la idolatría cananea: 12:1-14. Mencione dos mandatos importantes.

b) Note cuántas veces ocurre la frase "el lugar que Jehová escogiere para poner en él su nombre". ¿A qué lugar se refiere?

c) ¿Qué significa "poner en él su nombre"?

9— Dé una aplicación espiritual a los mandatos en 12:2-3; 13:5, 12-15.

10—a) ¿Para qué fin emplea Dios a los falsos profetas? (13:1-3). Dé una aplicación práctica.

b) ¿Cómo sabrían los israelitas cuándo un profeta es falso, según estos versículos?

c) Si se hubiera permitido a los verdugos tomar el botín de los herejes ejecutados, ¿en qué peligro se habría puesto a los inocentes? (Note el posible motivo de declarar hereje a alguien.)

C. LEYES DE JUSTICIA Y DE HUMANIDAD. 16:18 - 26:19.

Puesto que en Israel regía una teocracia (gobierno de Dios), las funciones civiles y religiosas se unían para que todo quedara bajo la dirección divina.

1. Administración de la justicia. Cap. 16:18 - 17:13: Los jueces serían escogidos por el pueblo hebreo. Como representantes de Dios y para proteger los derechos de su pueblo, debían juzgar imparcialmente.

2. Instrucciones acerca de un rey. Cap. 17:14-20: Dios a su tiempo daría a Israel un rey. Moisés adelantaba las condiciones bajo las cuales se habría de establecer su reinado. Son las siguientes:

a) Debía ser elegido por Dios. Sería un israelita y no un extranjero. Saúl y David cumplieron estos requisitos, pero tuvieron su cumplimiento más completo en Cristo el gran Rey.

b) "No debía aumentar para sí caballos ni volver a Egipto". Esto significaba que el rey no debía depender del poderío militar, ni de alianzas con otras naciones, sino del poder divino. Tampoco debía imitar a los otros reyes orientales con un despliegue de gloria terrenal.

c) No debía tomar para sí muchas mujeres; debía ser espiritual y no sensual. Tampoco debía casarse con el fin de formar alianzas con otras naciones.

d) No debía amontonar para sí riquezas, es decir que no debía usar sus poderes para fines egoístas, sino para servir al pueblo de Dios. "Donde está vuestro tesoro, allí estará también vuestro corazón" (Luc. 12:34).

e) Debía escribirse una copia de la ley para el rey. El rollo original de las escrituras de Moisés estaba guardado en el santuario. Los levitas y sacerdotes habían de entregar a cada monarca una copia cuando éste fuera coronado. De esta manera el rey podía leer diariamente la Palabra divina con el fin de temer a Dios, de sujetarse a la ley revelada y de hacer sus decisiones conforme a la voluntad de Dios. Parece que se añadían instrucciones para el rey limitando sus poderes ("para que no se eleve su corazón sobre sus hermanos" 17:20a.)* Dios no quería que los reyes de Israel fueran monarcas absolutos ni déspotas arbitrarios sobre el pueblo del pacto, sino subalternos del Rey Celestial. ¡Qué hermoso ejemplo para el pastor de un rebaño!

3. Las porciones de los levitas. Cap. 18:1-8: Puesto que Jehová guardó la vida de los primogénitos en la noche de la pascua, éstos le pertenecían a El (Ex. 13:1-2; 11-16). Sin embargo, Dios tomó a los levitas en lugar de los primogénitos (Núm. 3:11-12) para servir en el tabernáculo, enseñar la ley y ayudar a los sacerdotes. Por lo tanto no recibirían terreno como las otras tribus. "Jehová es su heredad" (10:9). Estarían dispersos por todas partes a fin de que sus servicios estuvieran al alcance de todo el pueblo hebreo y debían ser sostenidos por los diezmos de los israelitas.

4. Los profetas y el Profeta. Cap. 18:9-22: Se encuentra la promesa que Dios levantaría un orden de profetas con la prohibición de recurrir a adivinos y espiritistas. A través de los siglos, el hombre ha anhelado conocer el futuro y ver más allá. De este deseo nació el espiritismo, el cual forma parte de muchas religiones paganas y engañan a los que acuden para consultar a los médiums. Moisés mandó a los israelitas que erradicaran completamente la práctica de adivinación, espiritismo y magia.

No era necesario consultar a los espiritistas para saber el futuro, porque Dios enviaría profetas verdaderos y sus credenciales serían tales que no dejarían lugar a dudas. Serían profetas de Jehová y no de otro dios (18:20). El hombre que se lanza al oficio profético sin ser llamado por Dios es un falso profeta (18:20). Los genuinos no profetizarían de su propio corazón sino que hablarían solamente las palabras que Dios les daría (18:18). Sus palabras se cumplirían indefectiblemente (18:22). Sin embargo, podía ocurrir en ciertos casos que falsos profetas obraran milagros y se cumplieran sus palabras pero quedarían al descubierto a través de su doctrina no concordante con la de Dios (13:1-2). Dios permitía que hicieran señales para probar a su pueblo, a fin de que se manifestase si

---

* Al establecer la monarquía, el profeta Samuel leyó "las leyes del reino" (indudablemente su lectura incluía Deuteronomio 17:14-20) y las escribió en un libro (1 Sam. 10:25). Se considera que el libro preparado por Samuel era una especie de constitución que describía los privilegios reales y las limitaciones a las cuales el monarca debía sujetarse.

le amaban o no (13:3). Finalmente el verdadero profeta honraría la Palabra escrita de Dios (Isa. 8:19, 20).

Aunque se puede aplicar este pasaje (18:15-19) al orden de los profetas, estos versículos hablan primordialmente del Profeta por excelencia, que sería superior a Moisés (Hechos 3:22-23; 7:37).

Hay semejanzas entre Moisés y Jesús; la vida de Moisés fue salvada en la infancia y durante su juventud renunció a la corte real para identificarse con su pueblo; así también sucedió con Jesús. Llegaron a ser los dos grandes libertadores. Al igual que Moisés, Jesús fue el más humilde de los hombres (Núm. 12:3; Mat. 11:29), lleno de compasión y amor (Núm. 27:16-17; Mat. 9:36), un intercesor poderoso (Deut. 9:18; Heb. 7:25), hablaba a Dios cara a cara, es decir tenía la más íntima comunión con Dios (34:10; Juan 1:18), reflejaba la gloria de Dios (Ex. 34:29-30; 2 Cor. 4:4), era el gran revelador de la voluntad y el carácter de Dios (Juan 1:17), era el mediador de su pueblo, obrador de grandes milagros y autor de una nueva dispensación.

5. Las ciudades de refugio. Cap. 19:1-14; Núm. 35:6-28: Según las leyes antiguas de Israel, cuando uno hería o mataba a una persona, aunque fuera por accidente, podía ser muerto por el pariente más próximo de la víctima; éste se llamaba "el vengador de la sangre". Moisés señaló tres ciudades al este del Jordán que servirían de asilo a quienes mataran a otros por accidente. Josué apartó otras tres ciudades al oeste del mismo río.

Los ancianos de la ciudad juzgaban al fugitivo para determinar si era o no culpable de homicidio. Si había matado sin mala intención o por casualidad, podía quedarse en la ciudad y estar seguro mientras permanecía dentro de sus límites. Pero si salía, el vengador de sangre tenía derecho de matarlo. Si se quedaba hasta que muriera el sumo sacerdote entonces tenía libertad de volver a su hogar sin más peligro.

Esto enseña que Dios nos juzga no según nuestros actos por sí mismos sino según la intención del corazón. El asilo era solamente para el matador involuntario. Estas ciudades son una ilustración de Jesucristo pues "ninguna condenación" hay para los que están en El (Rom. 8:1). Sin embargo Jesús recibe no solamente a los que hacen mal por casualidad sino también a los que realmente tienen culpa. Como las ciudades de refugio estaban dispersas en Israel de modo que cualquiera podría alcanzarlas, así también Jesús es accesible para todos. Así como el fugitivo tenía que quedarse en la ciudad para estar

seguro, el creyente tiene que permanecer en Cristo si quiere
ser salvo (Juan 15:6).

6. Leyes diversas. Caps. 19:15 - 26:19: Puesto que las leyes
que se encuentran en estos capítulos son muchas y la mayoría
corresponden a una época pasada, consideraremos solamente
algunas de ellas:

a) La ley se muestra considerada en cuanto al servicio militar (20:5-8). El que acababa de construir una casa nueva, o
de sembrar una viña, o contraer matrimonio, estaba eximido
del servicio militar. No se aceptaba a los miedosos pues no
serían buenos guerreros y su temor sería contagioso.

b) Los israelitas debían destruir completamente a los cananeos y sus ciudades (20:16-18). El propósito era que la religión de Jehová no fuera contaminada con las costumbres paganas.

c) Los israelitas debían mantener diferencias de vestimen-
tas entre los sexos (22:5). Dada la similitud del atavío femenino
y masculino era necesario poder distinguir entre ambos. Dios
originalmente creó al varón y a la mujer y cada uno tiene
su naturaleza y funciones distintas. Esta ley los protegía de
la perversión e inmoralidad.

d) La esclavitud, el concubinato, la poligamia y el divorcio eran tolerados, pero muy restringidos (21:10-17; 23:15-16;
24:1-4; Ex. 21:2-11). La esclavitud no existía en gran escala,
como en otras naciones, y las leyes mosaicas en cuanto a estas
desgracias eran muy humanitarias. Dios permitió estos abusos
porque los hebreos no estaban preparados todavía para la elevada moralidad del Sermón del Monte.

Moisés no instituyó el divorcio sino toleraba una costumbre
ya arraigada en Israel (Mat. 19:8). La ley mosaica aliviaba en
algo su injusticia pues obligaba al hombre tener una ofensa
concreta como causa para repudiar a su mujer y darle un
certificado legal de repudio. El repudio de la mujer se limitaba
a una sola causa: por haber descubierto en ella "alguna cosa
indecente" (24:1). Aunque el Antiguo Testamento no define
"la cosa indecente", Jesús la describe como "fornicación" (Mat.
19:9). Si el hombre repudiaba a su mujer, ella tenía la posibilidad de casarse con otro pero nunca con su primer marido.
Era una advertencia contra el divorcio precipitado. Al igual
que los otros males, el divorcio era permitido "por la dureza
de vuestros corazones" (Mat. 19:8).

PREGUNTAS

La exposición de la ley
Deut. 16:18 - 26:19

1—a) ¿Por qué prescribió Moisés condiciones para que Israel escogiera rey? (17:14-20).

b) ¿Cómo encontraría el rey la sabiduría necesaria? (2 Tim. 3:15-17.)

c) ¿Qué rey del Antiguo Testamento violó casi todas las condiciones descritas aquí? (1 Reyes 10:26 - 11:4).

2—a) ¿Cómo encaró Dios el anhelo de los israelitas de saber acerca del futuro?

b) Dé cuatro características de un verdadero profeta.

c) ¿Quién es el profeta semejante a Moisés?

d) ¿Qué mandato acerca del Profeta venidero deja Moisés? (18:15; ver Marcos 9:5).

3—a) ¿De qué manera las reglas de las ciudades de refugio protegían a los que no eran culpables y a la vez promovían el castigo de los culpables?

b) ¿Qué nos enseñan las reglas en cuanto a cómo ve Dios los actos de violencia? (¿Qué aspecto de la violencia se tiene en cuenta?)

4—a) ¿Qué papel debían desempeñar los sacerdotes en tiempos de guerra? (20:1-4). Haga un paralelo espiritual en cuanto al ministerio de un pastor.

b) ¿Qué determinaría la exención del servcio militar, según 20:5-7?

c) ¿Por qué los miedosos habían de volverse a su casa? ¿Ve Ud. un paralelo espiritual?

5—a) ¿Por qué debía mantenerse una diferencia de vestimenta entre los sexos? (22:5).

b) ¿Por qué no abolió Dios los males de la esclavitud, el concubinato y la poligamia?

c) ¿Qué hizo Dios para aliviar estos males?

d) ¿Estableció Moisés el divorcio en Israel?

e) A la luz del Nuevo Testamento, ¿cuál es "la cosa indecente" en un cónyuge que es razón para repudiarlo? (24:1; Mat. 19:4-9).

f) ¿Cómo se aliviaba en algo la posibilidad de injusticia en el repudio de una mujer? (Dé tres reglas de la ley mosaica.)

6— Note cómo el Apóstol Pablo usaba o aplicaba citas de Deuteronomio.

Compare 19:15 con 1 Timoteo 5:19;
22:10 con 2 Corintios 6:14a;
21:23 con Gálatas 3:13;
25:4 con 1 Corintios 9:9;
1 Timoteo 5:18.

¡PRESTA ATENCION! PROFECIAS SOBRE EL FUTURO DE ISRAEL. Deut. 27-34

A. BENDICIONES Y MALDICIONES. Caps. 27-30.

Moisés explica detalladamente las bendiciones y maldiciones que acompañan al pacto en Sinaí e invita a la nueva generación a renovarlo; sin embargo la ratificación final del pacto con Jehová sería hecha en Canaán después de cruzar el río Jordán.

1. La promulgación de la ley en Ebal. Cap. 27: Al entrar en la tierra prometida, Israel tenía que caminar por el valle entre los montes Ebal y Gerizim. Este valle forma un anfiteatro natural que es ideal para proclamar la ley ante una multitud. Allí debían edificar un altar, revocarlo con cal e inscribir la ley sobre él. Debían ofrecer sacrificios de holocausto y ofrendas de paz. El holocausto significaba consagración, y la ofrenda de paz comunión con Dios. De esta manera al entrar en la tierra los israelitas se consagrarían nuevamente al Señor y gozarían de la comunión con su gran Dirigente espiritual. Eran actos imprescindibles para recibir el apoyo divino y alcanzar la victoria sobre los cananeos.

Seis de las tribus iban a tomar posición sobre las faldas del monte Ebal y las otras seis sobre Gerizim. Cuando los levitas leyeran las maldiciones, los israelitas situados en la falda de Ebal debían contestar "Amén". Cuando se leyeran las bendiciones, las tribus sobre Gerizim contestarían de la misma forma (Jos. 8:33-34). Así, antes de conquistar Canaán, los israelitas tendrían grabadas en sus corazones las condiciones que determinarían la bendición o la maldición. Es interesante que el altar debía ser edificado sobre Ebal, el monte de la maldición. Esto señala hacia el Redentor que se ofreció sobre el altar de Dios siendo hecho maldición por nosotros y así nos libertó (Gál. 3:13).

2. Sanciones de la ley, bendiciones y maldiciones. Cap. 28: Moisés enumera extensamente y con varios detalles minuciosos las bendiciones y maldiciones, de modo que a la entrada de los israelitas en la tierra prometida la elección de su destino quedaba delante de ellos. La obediencia traería bendición y la desobediencia maldición. Si los israelitas hubieran prestado atención a las advertencias de Moisés, se habrían salvado de grandes padecimientos a través de su historia.

La obediencia traería las siguientes bendiciones a Israel (28:1-14):

1) Prosperidad extraordinaria y general	2-6	
2) Liberación de los enemigos	7	
3) Abundancia de producción	8, 11, 12	
4) Bendiciones espirituales	9, 10	
5) Prominencia entre las naciones	1, 10, 13	

La desobediencia traería las siguientes maldiciones (28: 15-68):

1) Maldiciones personales   16-20
2) Peste   21, 22
3) Sequía   23, 24
4) Derrota en las guerras   25-33
5) Plaga   27, 28, 35
6) Calamidad   29
7) Cautividad   36-46
8) Invasiones de los enemigos   47-57
   a) Devastación de la tierra 47-52. (Se cumplió en las invasiones de los asirios y babilonios.)
   b) Canibalismo en tiempo del sitio 53-57. (Ver 2 Rey. 6:28; Lam. 2:20).
9) Plagas   58-62
10) Dispersión entre las naciones   63-68

Se cumplió la dispersión varias veces: en 722 a. de J.C. cuando los asirios tomaron Samaria, en 597-586 a. de J.C. al llegar los babilonios y en 70 d. de J.C. con los romanos. Se describe con precisión en 28:68 lo que pasó en el año 70 d. de J.C. cuando Tito destruyó Jerusalén y vendió a los judíos como esclavos.

Observa Halley: Este capítulo "bosqueja toda la historia futura de la nación hebrea y pinta en colores vívidos la cautividad babilónica y la destrucción en manos de los romanos. Forma una de las evidencias más sorprendentes e indiscutibles de la inspiración divina de la Biblia".[2]

3. Ultimo discurso de Moisés. Llamamiento a renovar el pacto. Caps. 29 y 30: Moisés apela personalmente a esa generación para que reanuden el pacto y juren ser leales. Predice la apostasía de Israel y su castigo; experimentarán la bendición y la maldición; finalmente la gracia de Dios abriría la puerta para el arrepentimiento y el perdón. Dios circuncidará el corazón de su pueblo a fin de que le amen y le obedezcan. La circuncisión de corazón se refiere a la transformación de la voluntad de modo que le sirvieran sinceramente.

No deben pensar que la ley es demasiado difícil para cumplirla. No está en el cielo ni más allá del mar, no es inalcanzable, "está la palabra en tu boca y en tu corazón para que la cumplas" (30:11-14). El corazón es lo que importa. Si el corazón está en armonía con Dios, es fácil obedecerle. Pablo parafraseó este pasaje remplazando la palabra escrita por la Palabra encarnada (Rom. 10:6-8).

Moisés presenta a Israel dos alternativas: servir a Jehová o servir a sus enemigos. Al dejar a Jehová, Israel será luego siempre presa de los invasores. Unicamente el brazo invisible de Dios puede protegerlo si el pueblo se apoya en él. También sucede así en la vida de cada cristiano: Dios es la única defensa contra las pasiones, los vicios y las costumbres malas.

B. DIAS FINALES DE MOISES. 31-34

1. Ultimas disposiciones. Cap. 31:1-29: Al cumplir ciento veinte años, el gran dirigente sabía que le quedaba poco tiempo antes de morir. Alentó a los israelitas a esforzarse para tomar posesión de Canaán, puso en su cargo de sucesor a Josué y entregó el libro de la ley a los levitas para ser guardado junto al arca en el lugar santísimo. Moisés dio instrucciones a los levitas para que congregaran a los israelitas en los años sabáticos a fin de leerles la ley. Así los levitas recibieron el cargo docente en Israel.

¿Qué era el libro de la ley? (31:9). Se cree que era más que el código de la ley, el cual había sido dado en el Monte Sinaí. Posiblemente incluyera casi todo el libro de Deuteronomio, o por lo menos la parte importante que se encuentra entre los capítulos 27 hasta 30. El capítulo 31 contiene evidencia clara de que Moisés escribió las cosas importantes de la fe hebrea.

2. El cántico de Moisés. Caps. 31:30 - 32:47: Al cruzar el Mar Rojo Moisés había cantado al Señor (Ex. 15:1; Apoc 15:3), y ahora cuando está a punto de acabar su carrera, compone otro cántico de gozo a Jehová. Se le llama "la clave a toda profecía" porque cuenta el nacimiento y niñez de Israel, su integridad y apostasía, su castigo y restauración. En cambio, el tema es el nombre de Jehová, su tierna solicitud por su pueblo, su justicia y misericordia. El cántico de Moisés tenía mucha importancia pues "los cánticos nacionales se graban profundamente en la memoria, y tienen una influencia poderosa para conmover los sentimientos de un pueblo".[3]

Se encuentran algunas figuras retóricas de mucho interés en este cántico. Se designa a Dios como la "Roca" de Israel (32:4, 18, 30, 31) metáfora expresiva del poder y estabilidad divina. Era el Refugio y el Defensor de su pueblo. En tiempos de ataque, las personas en peligro solían a veces subirse a las peñas desde donde podían defenderse más fácilmente; por eso se consideraba la roca propicio lugar de refugio.

Moisés ilustra el cuidado cariñoso y extraordinario de Dios para con su pueblo en el desierto empleando tres figuras poé-

ticas: Israel es "la porción de Jehová" y "su herencia" (32:9).
Eso indica que Dios se ha reservado a Israel como heredad especial. Lo guardó como un hombre guarda la pupila de su ojo,
parte vital y muy tierna (32:10). También se compara al cuidado divino con la solicitud del águila hembra. Enseña a su
cría a volar e interviene en caso de que la joven águila en su
primer tentativa comience a caer al suelo. La madre pasa
debajo de su cría que cae y la lleva sobre sus plumas (32:11).

El término **Jesurún** (32:15) es una expresión de cariño; significa "niño mimado", o posiblemente "el justo". Sin embargo,
Jesurún sería como un animal engordado que, en vez de sentir
gratitud y someterse a su amo generoso, da coces. Así Israel,
visto proféticamente, no obstante las grandes bendiciones que
recibiría de Jehová, le volvería las espaldas y se entregaría a la
idolatría.

3. Moisés bendice a las tribus. Cap. 33: Poco antes de subir
al Monte Nebo para contemplar la tierra prometida y morir,
Moisés bendijo a las tribus de Israel. Las convocó excepto a
Simeón*, y profetizó poéticamente las bendiciones que ellas
recibirían al establecerse en Canaán. La última bendición de
Moisés y la última bendición de Jacob contrastan mucho entre
sí. Jacob sintetizó la historia de la conducta de sus hijos, que
a veces fue triste y humillante. Moisés por el contrario pasa
por alto sus pecados y presenta la gracia mostrada por Dios a
favor de ellos.

¿Cómo se explica la diferencia entre las dos bendiciones
siendo que se refieren ambas a las tribus de Israel? Un comentarista, C. H. Mackintosh, observa: "Jacob contempla a sus
hijos desde el punto de vista personal; Moisés los ve según
la relación que existe con Jehová en virtud del pacto."[4]

Es de notar que las bendiciones se concretarían con la ubicación de cada tribu en la tierra de Canaán tal como fue dividida más tarde. Con ojo profético, el anciano caudillo vio la
tierra prometida y la ubicación posterior de cada tribu. También
se relacionan las bendiciones de cada tribu con la necesidad o
función de cada una de ellas. Para Rubén, la cual había perdido la primogenitura, Moisés pidió la multiplicación de sus
hijos. Judá tendría gran poder; sería como el que toma la delantera en las acciones militares contra los enemigos de Israel.
Leví recibió el sacerdocio y el ministerio de consultar a Jehová
en pago de su celo por la causa del Señor en la ocasión en

---

* Simeón fue omitida en las bendiciones de Moisés posiblemente porque
iba a ser absorbida por Judá en una época posterior.

que Moisés decretó la muerte de los adoradores impenitentes del becerro de oro. Moisés contempló la tranquilidad futura de Benjamín al habitar en los montes. Acerca de las dos tribus de José, Efraín y Manasés, se profetizó la fertilidad de su tierra y su gran fuerza semejante a la de un búfalo. Zabulón e Isacar prosperarían en empresas comerciales sobre las costas del mar. Dan sería valiente y fuerte como un león joven que llega a la plenitud de sus fuerzas. Neftalí recibiría una tierra fértil en la región del mar de Galilea. De Aser, Moisés profetizó gran abundancia de olivares y seguridad. El secreto para recibir todas las bendiciones se encuentra en el incomparable Dios de Jesurún. Los israelitas alcanzarían victoria sobre sus enemigos porque Dios se la concedería. Cuando Israel se colocaba en los brazos eternos, esos mismos brazos lo conducían por el campo de batalla y lo utilizaron para ejecutar el juicio divino contra los corrompidos cananeos.

4. **La muerte de Moisés.** Cap. 34: Como parte de la recompensa por su fidelidad, Dios le permite a Moisés contemplar la tierra prometida desde la cumbre del monte Nebo. Pero por su desobediencia en el incidente de las aguas de Meriba, no se le permite entrar en aquella tierra. Demuestra que aunque Moisés es un libertador, no es el libertador por excelencia, pues no pudo alcanzar para su pueblo la victoria final. Sin embargo, no hubo profeta antes ni después en Israel como él. Dios llevó el espíritu de Moisés con El y sepultó el cuerpo en un lugar desconocido por los israelitas. Si se hubiera conocido el lugar de su entierro el pueblo lo habría convertido en un santuario idólatra. Muchos creen que Josué escribió este último capítulo como tributo final a Moisés.

¿No entró Moisés nunca en la tierra prometida? ¿No le vemos más en las páginas de las Sagradas Escrituras? Sí, le vemos en Palestina hablando con Cristo en el Monte de la Transfiguración. ¡Cuán apropiado era darle este honor! Moisés había tenido una gran parte en la preparación de la venida y obra de Aquel cuyo ministerio fue prefigurado por el gran caudillo de Israel.

CITAS SOBRE DEUTERONOMIO

1. Myer Pearlman, *A través de la Biblia libro por libro*, s. f., p. 36-37.

2. Henry Halley, *Compendio manual de la Biblia*, s. f., p. 145.

3. Roberto Jamieson, A. R. Fausset y David Brown, *Comentario exegético y explicativo de la Biblia*, tomo 1, s. f., p. 178.

4. Citada en Stanley Horton, *El maestro*, segundo trimestre, 1967, p. 63.

PREGUNTAS

Profecías sobre el futuro de Israel
Deut. 27-34

1—a) ¿Qué debían hacer los israelitas al entrar en la tierra prometida? (27:1-10) ¿Por qué?

   b) Note la solicitud de Dios para que su pueblo tenga gozo. Vea también 12:7, 12; 16:11, 14.

   c) ¿Por qué enumeró Moisés las bendiciones y las maldiciones?

   d) ¿Qué actitud del corazón traería como consecuencia la maldición? (28:45-48; Heb. 10:26-31; 12:25-29).

   e) ¿Cómo se cumplieron las advertencias de Moisés?

2—a) ¿Por qué exhortó Moisés a los israelitas a que reanudaran el pacto a esta altura? (Cap. 29). ¿Qué lección espiritual deriva Ud. de reanudar el pacto?

   b) ¿Por qué no confiaba Moisés en que los israelitas serían fieles a Dios? (Compare 29:4, 18, 19 con Hech. 20:29, 30).

   c) Según Deuteronomio 29:29, ¿por qué le revela Dios el futuro al hombre? (Ver Sant. 1:22).

3—a) ¿Cuáles eran las condiciones para la restauración y bendición? (Cap. 30).

   b) ¿Qué gran bendición daría Dios a los israelitas a fin de que pudieran cumplir su ley?

   c) ¿Qué quiere decir Deuteronomio 30:11-13? (Se interpreta leyendo 30:11 y 14.)

   d) ¿Qué nuevo significado le da el Apóstol Pablo a estos versículos? (Ver Rom. 10:6-9).

4—　¿Qué actitud demostraba tener Moisés frente a la muerte? (Cap. 31). ¿Qué lección deriva Ud. de esto?

5—a) ¿Cuál es el tema del cántico de Moisés?

   b) ¿Cuál es el rasgo del carácter de Dios que resalta en el cántico?

   c) ¿Qué rasgo del carácter de Israel manifestado a través de los siglos se pone de relieve en el capítulo 32?

6—a) ¿Cómo contrasta la bendición de Moisés con la de Jacob? ¿Por qué?

   b) ¿Con qué aspecto del futuro de la tribus se relacionaba la bendición divina, según el capítulo 33?

   c) ¿Dónde se encontraba el secreto para recibir las bendiciones? (33:26-27).

7—a) ¿Qué lecciones deriva Ud. de la muerte de Moisés?

   b) ¿Entró finalmente Moisés en la tierra prometida? Explíquelo.

   c) ¿Quién escribió probablemente el último capítulo de Deuteronomio?

Proyecto:

   Medite sobre la vida de Moisés y escriba luego sobre los factores de carácter que le llevaron a la grandeza y la utilidad. Puede titularlo: El hombre que usa Dios.

APENDICE

I. LA ALTA CRITICA

Durante los siglos XVIII y XIX, en las universidades alemanas, se aplicaron a la Biblia métodos de investigación y análisis que los historiadores habían desarrollado para reconstruir el pasado. Trataron de descubrir la fecha de cada libro, su autor, su propósito y las características del estilo y el lenguaje. Se preguntaron ¿cuáles son las fuentes originarias de los documentos bíblicos? ¿Son dignas de confianza? ¿Cuál es el significado y el fondo histórico de cada uno de ellos? A este movimiento se lo llamó la Alta Crítica.

La Baja Crítica, en cambio, es la que se ocupa del estudio del texto mismo. Observa los manuscritos existentes para establecer cuál es el texto más aproximado al original. Sus investigaciones han dejado textos muy exactos y dignos de confianza.

La crítica bíblica, tanto textual como alta, puede arrojar mucha luz sobre las Escrituras si se aplica con reverencia y erudición. Los Padres de la Iglesia, los reformadores y eruditos evangélicos han realizado tales estudios con gran beneficio. Sin embargo, los críticos alemanes, bajo la influencia del racionalismo de aquel entonces, llegaron a conclusiones que serían capaces de destruir toda confianza en la integridad de las Escrituras si pudieran demostrarse.

Los críticos alemanes se acercaron al estudio de la Biblia con ciertos presupuestos o prejuicios: (1) Rechazaron todo elemento milagroso. Es decir que para ellos la Biblia no es inspirada por Dios, sino un libro más, un libro como cualquier otro. (2) Aceptaron la teoría ideada por el filósofo Hegel de que la religión de los hebreos había ido evolucionando. Según esta teoría, Israel en el principio creía en muchos espíritus, luego fue desarrollando la creencia en un solo Dios, y más tarde llegó a la fase sacerdotal. También el culto hebreo evolucionó en cuanto a sus sacrificios, fiestas sagradas y sacerdocio.

Los críticos racionalistas desarrollaron la teoría de que el Pentateuco no fue escrito por Moisés, sino que es una recopilación de documentos redactados, en su mayor parte, en el siglo V a. de J.C. Juan Astruc (1753), profesor de medicina de París, inició esta teoría, notando que se usaba el nombre "Elohim" (Dios) en algunos pasajes del Génesis, y "Jehová" en otros. Para Astruc, esto era una evidencia de que Moisés había usado dos documentos como fuentes, (cada uno con su manera especial de nombrar a Dios) para escribir el Génesis. Más tarde, los estudiosos alemanes descubrieron lo que a ellos les parecían ciertas repeticiones, diferencias de estilo y discordancia en las narraciones. Llegaron a la conclusión de que Moisés no escribió el Pentateuco, sino que lo hizo un redactor desconocido que empleó varias fuentes al escribirlo.

A fines del siglo XIX, Julio Wellhausen y Karl H. Graf desarrollaron la "hipótesis Graf-Wellhausen", que fue aceptada como la base fundamental de la Alta Crítica. Usaron la teoría de la evolución religiosa de Israel como uno de los medios para distinguir los supuestos documentos que constituirían el Pentateuco. También la utilizaron para poner fechas a esos documentos. Por ejemplo, si les parecía que un cierto documento tenía una teología más abstracta que otro, llegaban a la conclusión de que había sido redactado en una fecha posterior, ya que la religión iba siendo cada vez más complicada. Así es que establecieron fechas según la medida de desarrollo religioso que ellos imaginaban. Consideraron que el libro de Génesis era, en su mayor parte, una colección de mitos cananeos, adaptados por los hebreos.

Wellhausen y Graf, denominaron los supuestos documentos así:

(1) El "Jehovista" (J), que prefiere el nombre Jehová. Habría sido redactado posiblementee en el reino de Salomón y considerado el más antiguo.

(2) El "Elohista" (E) que designa a Dios con el nombre común de Elohim. Habría sido escrito después del primer documento, alrededor del siglo VIII a. de J.C.

(3) El código Deuteronómico (D) comprendería todo el libro de Deuteronomio. Habría sido escrito en el reinado de Josías por los sacerdotes quienes usaron este fraude para promover un despertamiento religioso (2 Reyes 22:8).

(4) El código sacerdotal (P) es el que pone un interés especial en la organización del tabernáculo, el culto y los sacrificios. Podría haber tomado cuerpo durante el cautiverio babilónico, y dio el plan general del Pentateuco.

Consideraron que los documentos con excepción del "D", corren paralelamente a través de los primeros libros del Pentateuco. La obra final habría sido redactada en el siglo V antes de Cristo, probablemente por Esdras. Esta especulación de Wellhausen y Graf se llama: "la teoría documentaria, J.E.D.P."

Los eruditos conservadores rechazan llanamente la teoría documentaria J.E.D.P. Señalan que los títulos de Dios no están distribuidos en el Génesis de una manera tal que se pueda dividir el libro como sostienen los de la teoría documentaria. Por ejemplo, no se encuentra el nombre de Jehová en diecisiete capítulos, pero los críticos asignan porciones de cada uno de estos capítulos al documento "Jehovista". Además, no debemos extrañarnos de que Moisés haya designado a Dios con más de un título. En el Corán (libro sagrado de los musulmanes), hay algunos pasajes que emplean el título divino "Alá" y otros "Rab", y no por eso se atribuye el Corán a varios autores.

¿Y qué podemos decir en cuanto a los relatos duplicados y contradictorios que los críticos supuestamente encontraron en el Génesis? Los conservadores explican que algunos son ampliaciones, tales como las órdenes de que los animales entren en el arca (6:19 y 7:2); el primero era un mandato general y el segundo da un detalle adicional. Los dos relatos de la creación (1:1-2:4a y 2:4b-2:25) son suplementarios. El primero presenta la obra general de la creación, y el segundo, el enfoque sobre el hombre y su ambiente.

También, llaman la atención ciertas diferencias entre el lenguaje, estilo y punto de vista de lo que denominan los distintos documentos. Sin embargo, estos juicios son muy subjetivos. No nos debe extrañar que cuando Moisés escribió las partes legales y ceremoniales haya usado un vocabulario y estilo algo diferente del que empleó en las partes históricas. Además, Gordan Wenham, un erudito contemporáneo del Antiguo Testamento, dice que las diferencias del estilo, usadas para distinguir las fuentes del Pentateuco, ya no tienen significado a la luz de las antiguas convenciones literarias.[1] Dice otro erudito moderno, R. K. Harrison, que hasta un cierto defensor de la alta crítica admite que "las diferencias son pocas y se las puede clasificar como accidentales".[2]

Los arqueólogos han descubierto muchísimas evidencias que confirman la historicidad de gran parte del libro de Génesis, y por eso ya no se le puede denominar "una colección de leyendas cananeas adaptadas por los hebreos". Empero, no han hallado evidencia alguna de supuestos documentos que hayan existido antes del Pentateuco.

Un autor evangélico señala lo absurdas que son las conclusiones de la alta crítica: nos exige que aceptemos como reales un número de documentos, autores y recopiladores sin el más mínimo indicio de evidencia externa. "No han dejado tras sí huella alguna, ni en la literatura, ni en la tradición hebrea, tan tenaz para con el recuerdo de sus grandes nombres".[3] De modo que el estudioso evangélico no debe creer que el Pentateuco es la obra de un redactor en la época de Esdras. Parece que los documentos J.E.D.P. existen solamente en la imaginación de los eruditos que prefieren aceptar las especulaciones de los racionalistas antes que creer la doctrina de la inspiración divina.

CITAS

1. *Manual bíblico ilustrado*, David Alexander y Pat Alexander (editores), 1976, p. 183.

2. R. K. Harrison, "Deuteronomy" en *The New Bible commentary revised*, D. Gunthrie y J. A. Motyer (editores), 1970, p. 202.

3. *Nuevo auxiliar bíblico*, G. C. Robinson y A. M. Stibbs (editores), 1958, p. 57.

II. TEORIAS ACERCA DE LA CREACION

¿Qué dicen las Escrituras y qué dicen los científicos modernos acerca de la antigüedad de la tierra? Los geólogos, arqueólogos y demás científicos sacan sus conclusiones calculando el tiempo requerido para la carbonificación de la corteza terrestre, la acumulación de sal en el océano y la formación de rocas sedimentarias. Los científicos cristianos en busca de una explicación han formulado varias teorías reinterpretando el relato bíblico en términos científicos que no lo violenten. Consideremos algunas:

1. **Teoría del vacío o del arruinamiento y recreación:** Según esta teoría, hubo una creación perfecta en el pasado distante (Gén. 1:1) seguida de una gran catástrofe ocurrida entre Génesis 1:1 y 1:2 la cual dejó a la tierra desolada y en caos (Jer. 4:23-26; Isa. 24:1 y 45:18). La ruina de la tierra fue el resultado del juicio divino al caer Satanás y sus ángeles (Ez. 28:12-15; Isa. 14:9-14; 2 Ped. 2:4 y Jud. 6). La frase "la tierra estaba desordenada y vacía" (Génesis 1:2) podría traducirse "llegó a ser algo caótico y vacío". El caos mencionado en 1:2 terminaría con un vasto período de tiempo en el cual ocurrieron los hechos prehistóricos. Después de este cataclismo, la tierra fue re-creada en seis días literales.

Esta teoría daría cuenta de la antigüedad de la tierra y permitiría la interpretación literal de los seis días de la creación. Sin embargo, se enfrenta con serias dificultades: ¿Enseña realmente la Biblia que la caída de Satanás provocó una catástrofe universal? ¿Tienen algo que ver las descripciones en Jeremías 4:23-26 e Isaías 24:1 con la época pre-adánica? Parece que estas profecías se refieren a un futuro posterior al momento de la profecía. Jeremías se refirió a la invasión babilónica e Isaías al juicio final de las naciones. Consideremos la frase de Isaías 45:18b, respecto de la tierra: "no la creó caótica, sino para ser habitada la plasmó" (Biblia de Jerusalén). ¿Se refiere al caos resultante de una catástrofe, o más bien a una etapa en el proceso de la creación primitiva? Sería extraño que el relato bíblico dedicara sólo un versículo a la creación y dos capítulos a la re-creación. Además las referencias en el resto de la Biblia parecen aceptar que los seis días creativos se refieren a la creación original. Así que, esta teoría puede considerarse altamente especulativa, y carente de sólidas evidencias bíblicas.

2. **Teoría de la creación progresiva:** Algunos consideran el primer capítulo de Génesis como "una descripción poética de los pasos sucesivos de la creación". Los días de la creación representarían eras de tiempo indefinido o sea épocas geológicas, en las cuales Dios paulatina y progresivamente llevó a cabo su actividad creadora. "La mañana" y "la tarde" se refieren al comienzo y fin de cada período. Los días de creación nos proporcionan "cuadros majestuosos vertidos en el conocido molde bíblico del número siete".[1] Señalan que el mismo término "día" se usa en Génesis 2:4 para resumir el período completo de la creación.

Se arguye que es lógico que Dios haya empleado una forma poética para describir el proceso de la creación, pues su revelación se acomoda al entendimiento del hombre. Los hombres del Antiguo Testamento no habrían comprendido una descripción literal. Los que aceptan esta teoría opinan que no existe problema alguno en creer que los días de la creación representan vastos períodos de tiempo puesto que Dios es eterno y "un día delante del Señor es como mil años y mil años como un día" (2 Ped. 3:8). También esta teoría puede armonizar bien con muchas de las teorías corrientes de ciertos científicos, aun contemplando la idea de que podrían haber sido desarrolladas las distintas formas de los animales dentro de los géneros creados por Dios.

Se perfila una discrepancia entre esta teoría y el relato bíblico en cuanto al día de la creación de las lumbreras. ¿Creó Dios en el principio (Gén. 1:1) todo el universo, incluso el sol, la luna y las estrellas, o fueron creadas las lumbreras en el cuarto día? (Ver Génesis 1:14-19). Y si fueron creadas en el cuarto día, ¿cómo se explica la existencia de luz desde el principio de la creación? Los que creen que los días de creación fueron períodos de veinticuatro horas dicen que era luz cósmica, o sea luz creada por Dios aparte de las lumbreras. Debe de haber existido como energía. Sin embargo, encuentran dificultad en explicar cómo comenzó el ritmo del día y de la noche

(Gén. 1:5), el cual en su forma actual resulta del girar de la tierra sobre su eje y de la posición del sol. Algunos estudiosos han supuesto que Dios habría creado un foco de luz ubicado cerca de la tierra, que sirviera provisionalmente hasta la creación del sol el cuarto día.

En contraposición a la explicación de un foco provisorio de luz, los que aceptan la teoría progresiva de la creación creen que la descripción de la creación en el primer capítulo del Génesis se presenta desde el punto de vista de una persona sobre la tierra. Los cuerpos celestes fueron creados el primer día (el primer período de la creación) pero no eran visibles hasta la cuarta época geológica. Así esta teoría interpreta poéticamente Génesis 1:14-19 como refiriéndose a la aparición de las lumbreras a la vista de un ser terrestre.*

Los que se oponen a esta teoría consideran que al interpretar poéticamente el relato bíblico de la creación se está tratando de conciliar la enseñanza clara del Génesis con las ideas erróneas de algunos científicos. Temen que estos científicos cristianos estén inclinados (tal vez inconscientemente) a atribuir una vasta antigüedad a la tierra para poder admitir la teoría de la evolución. Alegan que las teorías científicas tienden a tener una breve idea y se reemplazan a menudo por otras ideas contradictorias. Confían en que tarde o temprano la interpretación literal de Génesis 1 será verificada por los descubrimientos científicos.

---

* Según la teoría progresiva de la creación, Dios creó toda la materia "en el principio" (1:1). Explican los siguientes pasos bíblicos por lo que enseña la ciencia. Al principio la tierra debe haber sido "una desolada masa agitada y cubierta de agua hirviente" por el calor intenso de la acción creadora. Las densas capas de nieblas y gases emanados dejaban a la tierra en absoluta oscuridad. El primer día (época geológica), la corteza terrestre se habría enfriado algo y las capas de gas habían disminuido lo suficiente como para permitir el paso de la luz solar. De modo que se podían distinguir el día de la noche aunque los cuerpos celestes aún no eran visibles (el relato está hecho desde el punto de vista de una persona sobre la tierra). Al segundo día Dios levantó el denso manto de niebla que cubría las aguas creando una atmósfera entre ellas. El tercer día hizo que las grandes marejadas de agua que cubrían la tierra formaran un núcleo despejándose así los continentes. Esto implicaría el hundimiento de algunas partes de la superficie terrestre y la elevación de otras. Luego, cuando ya hubo tierra seca, Dios le ordenó que produjera toda clase de vegetación. El manto de nubes le debe de haber dado un efecto de invernadero, y el calor que reinaba produciría un clima tropical en todas partes. Las plantas crecerían abundantemente, se producirían los yacimientos carboníferos a través de muchos surgimientos y resurgimientos alternativos. La tierra se habría enfriado paulatinamente, hasta que se rasgó el manto de nubes en el cuarto día y apareció el sol.

3. Teoría de la catástrofe universal causada por el diluvio:

Los que aceptan esta teoría interpretan literalmente los días de la creación, pero explican que los grandes cambios geológicos, la estratificación de las rocas y los yacimientos de carbón y de petróleo se pueden atribuir al cataclismo universal del diluvio. Rechazar la teoría de "uniformismo", que considera la formación de rocas sedimentarias como resultado de un proceso uniforme y extremadamente lento de depósito de minerales. Según esta teoría, serían necesarios mil años para acumular 30.5 cm. de roca estratificada. Así estos científicos midiendo la roca sedimentaria llegan a la conclusión de que la tierra tiene millones de años.

En cambio, los que atribuyen el depósito de minerales al cataclismo del diluvio, presentan algunos argumentos que son dignos de considerar. Señalan que se han encontrado fósiles animales intactos en las estratificaciones de las rocas y aun troncos de árboles de tres metros de altura en pie en yacimientos de carbón.[2] Este fenómeno indica que en esos casos, por. lo menos, la roca estratificada y los yacimientos de carbón no se formaron paulatinamente, sino de la noche a la mañana; de otro modo, los animales y los árboles se hubieran deshecho pudriéndose. ¿Cómo se puede explicar este fenómeno? Parece que hubo un cataclismo que los sepultó, depositando minerales en el caso de la roca y residuos de vegetación en el caso de los yacimientos de carbón. ¿No podría ser la consecuencia del diluvio que describe la Biblia?

En Siberia, al norte de Rusia, se han encontrado mamuts en perfecta preservación congelados en el hielo. Murieron tan repentinamente que algunos aún tenían pasto en la boca. ¿Cómo se pueden explicar estos hechos? Los científicos piensan que tal vez hubo un cambio de clima tan drástico y repentino que hizo que los mamuts murieran de frío y se congelaran casi instantáneamente. Luego sus cuerpos fueron cubiertos de hielo y preservados hasta hoy.

Es posible que Dios efectuara el cataclismo del diluvio en parte alterando la posición del eje de la tierra. Así habría habido abruptos cambios de clima en ciertas áreas; se habrían producido enormes marejadas que depositarían masas de vegetación en ciertos lugares para formar los yacimientos de carbón y petróleo y se habrían formado también, con depósitos de sedimentos, las rocas sedimentarias. A la vez, los terremotos producirían grandes cambios en la corteza de la tierra.

Es interesante notar que algunos científicos y pensadores modernos tienden a abandonar el principio de uniformismo y creer que hubo una catástrofe universal que produjo repentinamente muchos de los cambios geológicos. Si ellos tienen razón, se esfumará el problema de armonizar el relato bíblico con lo que parece ser la gran antigüedad del globo terráqueo.

CITAS

1. Henry Halley, *Compendio manual de la Biblia*, s. f., p. 58.
2. Stuart E. Nevins, "Stratigraphic evidence of the flood" en *A symposium on creation. III*, Donald W. Patten (editor), 1971, pp. 36-46.

BIBLIOGRAFIA

A. Libros y obras publicadas

Albright, W. F. *From the stone age to Christianity*. Garden City, New York: Doubleday and Co., 1957.
.... *The archaeology of Palestine*. Harmondsworth, Middlesex: Penguin Books, 1956.

Berkhof, Luis. *Principios de interpretación bíblica*. Grand Rapids, Michigan: Editorial Tell, s. f.

Cole, R. Alan. *Exodus* en *The Tyndale Old Testament Commentaries*. London: The Tyndale Press, 1973.

Evans, William, *The books of the pentateuch*. New York: Fleming H. Revell Co., 1916.

Gillis, Carrol O. *Historia y literatura de la Biblia*, (cinco tomos). El Paso, Texas: Casa Bautista de Publicaciones, 1954.

Holdcroft, L. Thomas. *The pentateuch*. Oakland, California: Western Book Co. 1966.

Horton, Stanley. *El maestro*. (Guía de la escuela dominical), tercer trimestre, 1961, Springfield, Missouri: Editorial Vida.
.... *El maestro*. (Guía de la escuela dominical), primer trimestre, 1966. Springfield, Missouri: Editorial Vida.
.... *El maestro*. (Guía de la escuela dominical), segundo trimestre, 1967. Springfield, Missouri: Editorial Vida.

Kidner, Derek. *Génesis* en *The Tyndale Old Testament commentaries*. London: The Tyndale Press, 1971.

MacLaren, Alexander. *Expositions of the Holy Scripture*, (diez y siete tomos). Grand Rapids, Michigan: Wm. B. Erdmans, 1944.

Meyer, F. B. *Abraham o la obediencia de la fe*. El Paso, Texas: Casa Bautista de Publicaciones, s. f.
.... *José el amado*. El Paso, Texas: Casa Bautista de Publicaciones, s. f.

Patten, Donald W. (editor). *Symposium on creation III*. Grand Rapids, Michigan: Baker Book House, 1971.

Pearlman, Myer. *A través de la Biblia libro por libro*. Springfield, Missouri: Editorial Vida, s. f.

Ross, Guillermo. *Estudios en las Sagradas Escrituras*, (siete tomos). México, D. F.: El Faro, 1955.

Schultz, Samuel, *Ley e historia del Antiguo Testamento*. Miami, Florida: Editorial Vida, 1971.

.... *The Old Testament speaks.* New York: Harper and Brothers, Publishers, 1960.

Wood, Leon. *A survey of Israel's history.* Grand Rapids, Michigan: Zondervan Publishing House, 1971.

B. Comentarios, compendios, diccionarios y
enciclopedias bíblicas

Halley, Henry. *Compendio manual de la Biblia.* Chicago: Moody Press, s. f.

Jamieson, Roberto; Fausset, A. R.; Brown, David. *Comentario exegético y explicativo de la Biblia* (dos tomos). Buenos Aires: Junta Bautista de Publicaciones, s. f.

Keil, C. F. y Delitzsch, F. *Old Testament commentaries* (seis tomos). Grand Rapids, Michigan: Associated Publishers and Authors, Inc., s. f.

Manual bíblico ilustrado. Alexander, David; Alexander, Pat (editores). Miami, Florida: Editorial Caribe, 1976.

Nuevo Auxiliar bíblico. Manley, G. T.; Robinson, G. C. Stibbs, A. M. (editores). El Paso, Texas: Casa Bautista de Publicaciones, 1958.

The international Bible encyclopaedia (cinco tomos). Orr, James, (editor). Grand Rapids, Michigan: Wm. B. Eerdmans Publishing Co., 1949.

The new Bible commentary, Davidson, F.; Stibbs, A. M. Kevan, E. F. (editores). London: Intervarsity Fellowship, 1962.

The new Bible commentary revised. Guthrie, D.; Motyer, J. A. (editores). Grand Rapids, Michigan; Wm. B. Eerdmans Publishing Co., 1970.

The new Bible dictionary, Douglas J. D. (editor). Grand Rapids, Michigan: Wm. B. Eerdmans Publishing Co., 1973.

The Wycliffe Bible commentary, Pfeiffer, Charles F; Harrison, Everett F. (editores). Chicago: Moody Press, 1972.